阎步克，1954年生。1988年毕业于北京大学历史系，获历史学博士学位。此后在北京大学中国古代史研究中心任教。1993年任教授。专业方向为魏晋南北朝史、政治制度史和政治文化史。

主要著作有：《察举制度变迁史稿》，《士大夫政治演生史稿》，《品位与职位：秦汉魏晋南北朝官阶制度研究》，《波峰与波谷：秦汉魏晋南北朝的政治文明》，《从爵本位到官本位：秦汉官僚品位结构研究》，《服周之冕：〈周礼〉六冕礼制的兴衰变异》，《中国古代官阶制度引论》及论文百余篇。

酒之爵与人之爵

东周礼书所见酒器等级礼制初探

阎步克 著

生活·讀書·新知三联书店

Copyright © 2023 by SDX Joint Publishing Company.
All Rights Reserved.
本作品版权由生活・读书・新知三联书店所有。
未经许可，不得翻印。

图书在版编目（CIP）数据

酒之爵与人之爵：东周礼书所见酒器等级礼制初探／阎步克著．—北京：生活・读书・新知三联书店，2023.5 （2024.11 重印）
（当代学术）
ISBN 978－7－108－07526－0

Ⅰ.①酒… Ⅱ.①阎… Ⅲ.①酒－古器皿－研究－中国－东周时代 ②礼仪－制度－研究－中国－东周时代 Ⅳ.① K875.24 ② K892.9

中国版本图书馆 CIP 数据核字（2022）第 191309 号

特约编辑	孙晓林
责任编辑	冯金红
装帧设计	薛　宇　宁成春
责任校对	张　睿
责任印制	董　欢
出版发行	生活・讀書・新知三联书店
	（北京市东城区美术馆东街 22 号 100010）
网　　址	www.sdxjpc.com
经　　销	新华书店
印　　刷	天津裕同印刷有限公司
版　　次	2023 年 5 月北京第 1 版
	2024 年 11 月北京第 3 次印刷
开　　本	635 毫米 × 965 毫米　1/16　印张 18.5
字　　数	229 千字　图 59 幅
印　　数	09,001－12,000 册
定　　价	98.00 元

（印装查询：01064002715；邮购查询：01084010542）

当代学术
总　序

　　生活·读书·新知三联书店从1986年恢复独立建制以来，就与当代中国知识界同感共生，全力参与当代学术思想传统的重建和发展。三十年来，我们一方面整理出版了陈寅恪、钱锺书等重要学者的代表性学术论著，强调学术传统的积累与传承；另一方面也积极出版当代中青年学人的原创、新锐之作，力求推动中国学术思想的创造发展。在知识界的大力支持下，通过多年的努力，我们已出版众多引领学术前沿、对知识界影响广泛的论著，形成了三联书店特有的当代学术出版风貌。

　　为了较为系统地呈现中国当代学术的发展和成果，我们以上世纪八十年代以来刊行的学术成果为主，遴选其中若干著作重予刊行，其中以人文学科为主，兼及社会科学；以国内学人的作品为主，兼及海外学人的论著。

　　我们相信，随着当代中国社会的繁荣发展，中国学术传统正逐渐走向成熟，从而为百余年来中国学人共同的目标——文化自主与学术独立，奠定坚实的基础。三联书店愿为此竭尽绵薄。谨序。

生活·讀書·新知三联书店

2017年3月

目录

自　序　　1

礼书"五爵"的称谓原理：容量化器名　　11
 一　礼书"五爵"与商周"五器"　　14
 二　"五爵"称谓原理：容量化器名　　25
 三　容量化器名：政治需要　　34
 四　容量化器名：业务需要　　42
 五　汉宋礼家的"凡诸觞皆形同"之说　　50
 六　战国宴乐图所见筒形饮酒器　　58
 七　从酒器组合看爵名转移　　65

"尊壶者面其鼻"辨
 ——《礼记·少仪》一个文句的注译问题　　75
 一　问题的提出　　77
 二　"尊鼻为壶嘴说"质疑　　80
 三　方壶之兽首与罍之环鼻　　87
 四　罍、罈之嬗替与"尊壶者面其鼻"的时效　　94
 五　"尊壶者""鼻宜向于尊者"与"尊鼻乡君"　　99

由《三礼图》雀杯爵推论"爵名三迁，爵有四形" ___ 111

- 一 《三礼图》中的雀杯爵 ___ 114
- 二 说"爵名三迁，爵有四形" ___ 123
- 三 "凡诸觞皆形同"，筒形杯变异与雀杯爵的"二合一" ___ 131
- 四 余论：爵是什么 ___ 142

《仪礼·士虞礼》所见废爵、足爵、繶爵辨 ___ 151

- 一 问题的提出 ___ 153
- 二 论足爵、繶爵为圆足有柄斗形爵 ___ 158
- 三 论废爵为无足斗形爵 ___ 164
- 四 四种典礼之用爵推定 ___ 170

东周礼书所见玉爵辨 ___ 177

- 一 礼学视角中的诸玉爵形制 ___ 181
- 二 礼学视角中的诸玉爵用法 ___ 187
- 三 诸玉爵、"五爵"与"废、足、繶"三爵 ___ 199
- 四 史学视角中的诸玉爵 ___ 203
- 五 圭瓒、璋瓒与"废、足、繶"三爵：同形异名 ___ 209

削觚·觚名·觚棱

——先秦礼器觚片论 ___ 217

- 一 削觚：青铜觚与漆木觚 ___ 219
- 二 从"五器"到"五爵"：器物组合与相对容积 ___ 224
- 三 觚棱与觚名 ___ 232

"觚不觚"与"削觚"

——《论语郑氏注》札记一则 _____ 245

一词二义:酒之尊与人之尊 _____ 257

    一 "道在器中":饮酒礼器的等级功能 _____ 259

    二 崇高富丽与以小为贵 _____ 262

    三 陈设曰尊与奉酒以献 _____ 270

    四 "卑"字来源臆测:低矮低贱之饮器? _____ 276

自序

这本论文集收有我近年写作的八篇文章。这次结集时,第一篇《礼书"五爵"的称谓原理:容量化器名》,比起初刊时的篇幅扩充了一万三四千字,由四节变成了七节。其他各篇,也有不同程度的订正、调整、补充。八篇文章本可以按内容相关度来排序,学生也是这样向我建议的。最后仍决定按写作和刊出的时间来排序,这样比较简便。

这些文章,都围绕东周礼书所见的酒器等级礼制而展开。在传统时代,"爵"是饮酒器之名,同时"爵"又成了最古老、最富连续性的一种品位之名;"尊"是盛酒器之名,同时"尊"又成了一个最重要的地位用词。"爵""尊"二字在殷商甲骨文中就存在了。在殷商的青铜礼器中,酒器竟占到了70%—80%。周代青铜器中,食器的比例虽然大增,但重大典礼如祭祀、飨宴、射侯等,献酒饮酒仍构成了其核心环节。而这一情况,就被记录于东周礼书之中了。不难推知,在先秦等级礼制中,酒器必曾占有过特殊地位,所以才使"爵""尊"等酒器之名变成了最重要的品级、地位用词。在凝聚了先秦礼乐精华的礼书之中,可以看到各个爵级的各色人等,在不同典礼的不同环节上使用着不同名称的酒器。其间的等级关系,就是本论文集的研究对象。因本书讨论的焦点是酒爵(及酒尊)等级与人之爵级的对应关系,所以题名为"酒之爵与人之爵"。

以上陈述多少有些按部就班，也许会给人一个感觉：这个论题是从理念中推演出来的。其实不然，它们的青蘋之末，是一个细枝末节的小小考辨。

我开设了一门很冷僻的课程：中国古代官阶制度。课程的内容，就是把历代爵秩品阶之类，一样一样地讲给学生听。每一轮上课，都会修订补充课件；平时若读到了相关资料，也会随时拷贝到讲稿里去。时间久了，各讲中的补充内容越积越多，一个学期讲不完，只能选讲一部分。而"先秦爵制"这一讲排在最前面，每轮课都得从这儿讲起，无法绕开，所以在这一讲上花的精力就多一些。所见疑问、难点引发的兴趣，与随之而来的检索推敲，也相应多了一些，结果就被拖进去了。

讲先秦爵制，就会面对这么一个问题："公侯伯子男"与"公卿大夫士"这两套品位，都名之为"爵"。"爵"不是饮酒器吗？为什么拿饮酒器的名称来为王朝品位命名呢？或谓"爵"的本义或起源，就是乡饮酒礼上的行爵次序与座席次序。我觉得这观点很有洞见，就把它讲给学生听了。还在PPT中提供了几个青铜三足爵的图像，以收图文并茂之效。东周礼书又记，行礼时所用的饮酒器，计有爵、觚、觯、角、散（即斝）五种，合称"五爵"；《韩诗外传》还说，"五爵"的容量分别是一到五升。这个知识点，也在课堂上提供了。

然而随后又读到，青铜三足爵及觚、觯、角、斝，自西周中期就不再铸造，在历史舞台上消歇了。那么我PPT上的青铜三足爵及觚、觯、角、斝图像，就有问题了，因为礼书所反映的是春秋礼制，而春秋时代已不会有上述那些青铜酒器了。不过《仪礼》《周礼》《礼记》的各种当代注译，以及各种经学辞典，众口一辞，仍用那些青铜器来解说"五爵"。又，商和周初的青铜三足爵、角、斝，考古文物学者认为是温酒器，并非用于饮酒，而礼书"五爵"全都是饮酒器。也就是说，在商周初的爵、觚、觯、角、斝这五种青铜器与礼书"五爵"之间，至少存在着时代不合、功能不合两大障碍。又，在宋代聂崇义的《三礼图》中，"五爵"全是筒形杯，与宋代金石家所定名的"五器"器形绝异，有学者因谓礼家与金石家所述饮酒礼器，是"没有交集的两个不同体系"。那么，两个体系间的异同从何而来呢？仍是悬案。

虽然我不治先秦史、文物考古学，不治经学礼学，但仍期望能在课上提供一个解释。在摸索、推敲之中，脑海中忽而电光一闪，在"五爵"一到五升的五等容量中看到了一把钥匙，于是就形成了第一篇文章：《礼书"五爵"的称谓原理：容量化器名》。我把商周初的青铜爵、觚、觯、角、斝称为"五器"，随即提出：这"五器"与礼书"五爵"之所以不能画等号，除了时代不合、功能不合两大障碍，更在于二者的"称谓原理"判然不同，"五器"是器形之别，而礼书"五爵"是容量概念，分别是一至五升的饮酒器之代称。即如：

　　一升之饮酒器便称之为"爵"；
　　二升之饮酒器便称之为"觚"；
　　三升之饮酒器便称之为"觯"；
　　四升之饮酒器便称之为"角"；
　　五升之饮酒器便称之为"散"。

赘言之，"五爵"之名跟器形无关，皆容量之辞。这种命名策略，我称为"容量化器名"。期望这个出人意表的新说，能让上述种种疑难涣然冰释，迎刃而解。

礼书中"五爵"的具体用法，证实了"爵必为五""以小为贵""五等容量"三点。换言之，"五爵"及其容量等差确系信史，而不是汉儒的向壁虚构。礼学家一直有个"凡诸觞皆形同，升数则异"之说，而战国宴乐图中的宴乐场面，足以证明"凡诸觞皆形同"其说属实：图中的饮酒器全是觚形杯，三足器无影无踪。既然"五爵"爵、觚、觯、角、散其实都是觚形杯，则百年来引礼书"五爵"以证商周"五器"，或拿商周"五器"释礼书"五爵"的各种既往做法，都属沙上建塔、空中楼阁，不妨考虑修订放弃。

古人采用"容量化器名"，用意有二。一是"业务考虑"，即这样可以为行礼提供便利；二是"政治考虑"，即可以利用容量之差区分身份地位。"五爵"使用原则是"以小为贵"，就是让尊者长者使用小爵，卑者幼者使用大爵，一升之爵最尊贵，五升之散最卑下，余类推。由此，我把一套前所未知的"容量化"酒器，展示在读者眼前了。在行礼献酒时，须依一己或对方身份随时换用大小酒爵，酒爵大小与尊卑长幼浑然一体、水乳交融，这样一种奇特的饮酒礼俗，从世界史的范围看，也是独一无二、绝无仅有的。

不光是饮酒礼器之名，就连东周礼书所见盛酒礼器之名，我认为也是"容量化器名"。燕礼、大射礼上所见酒器计有三等：瓦甒（或瓦大）、方壶、缶。它们的用法及称谓，大略如下：

  容量五斗、供国君饮用的盛酒器，即称"瓦甒"（或瓦大）；
  容量一石、供卿大夫饮用的盛酒器，即称"方壶"；
  容量大于一石、供士饮用的盛酒器，即称"缶"。

可知这三种盛酒器，是根据容量及用途定器名的，至于其具体器形，须另行推求。我认为所谓"瓦甒"（或瓦大）与"方壶"，其器形实际是青铜罍。这一认识，是根据《礼记·少仪》所载的一个摆放酒尊的规矩推论而来的。具体推论过程，请看下一篇《"尊壶者面其鼻"辨——〈礼记·少仪〉一个文句的注译问题》。

在燕礼及大射礼上，只有国君能与酒尊正面相对，这叫"唯君面尊";酒尊的正面就是有鼻的一面,于是礼乐人员在陈设典礼时,就有了"尊壶者面其鼻"这个操作规范,提示在摆放酒尊时,尊鼻要向外、对着人。对这个"鼻",当代注译者们或释为壶嘴,或说是人脸纹饰中的鼻,或说是壶肚上的兽面装饰。而我认为,商周的青铜罍在下腹部有一个兽首形的有孔凸起物,这便是《礼记·少仪》所说的"尊鼻";"尊壶者面其鼻"的"壶",其实物是青铜罍。"唯君面尊"具体怎么"面",涉及了酒尊、设尊人、酌酒人及宾主的不同朝向,传统学者对此众说纷纭,本文则提供了新的梳理评议。

宋人拿"五爵"为商西周"五器"命名,那"五爵"之名,又从何而来呢?在此,我又提出了一个新说:"五爵"爵、觚、觯、角、散(斝)都是商代的器物旧名,在三足青铜爵及角、斝消歇后,这些器名被礼乐人员拿过来,为不同容量的漆木觚冠名了。由此"爵"名发生转移。而且"爵名转移"还不止一次。《由〈三礼图〉雀杯爵推论"爵名三迁,爵有四形"》一文,首先明确了两点:

1. 东周礼书中的爵,不是青铜器,而是漆木器。
2. 东周礼书中的爵,不是三足爵,而是筒形杯。

在这个基础上,我揭举"爵名三迁,爵有四形"之论,即,"爵"这个器名,曾三次由一种器形迁移或扩展到另一种器形上去,这个过程留下了四种不同形状的爵。即:

1. 青铜三足爵最早称"爵";
2. 随后有柄斗形器称"爵";
3. 西周中后期以来筒形杯称"爵"。筒形杯先后又有觚形、卮形及"锐下有足"之形的变化;
4. 雀鸟背负杯盏的"雀杯爵"。这种爵大约是新莽发明的。

附带说，战国汉晋流行的椭圆形耳杯——或称"羽觞"，因其不是礼器，所以就没有纳入"爵"的行列。可见"爵是饮酒器通称"的说法，泛泛而言是可以的，若严格说来，则仅仅用作礼器的饮酒器，才能称"爵"。

在三足爵之后，便是斗形器称"爵"了。1976年，西周晚期的两件青铜斗形器，即伯公父器面世了。所谓"斗形"，很像今天之水舀子，体形较小而已，其器形可参看本书第117页图2-1。因为此器自名"金爵"，遂有学者提出，这种斗形器也是一种"爵"，东周礼书中的爵就是这种斗形爵。《仪礼·士虞礼》中的"废爵""足爵"被用作证据，"足爵"被说成三足爵，而那个"废爵"呢，就被说成是去掉了三足的斗形爵。然而不同意见随即出现了：伯公父器应自名为"瓒"，"金爵"实为"金瓒"，那个字其实不是"爵"。这样一来，"斗形器也是爵"的论点就有麻烦了：伯公父器的自名"金爵"是一个孤证，现在这个孤证动摇了，斗形器是否算是"爵"，堕入疑云了。

在《〈仪礼·士虞礼〉所见废爵、足爵、缲爵辨》一文中，我对《仪礼·士虞礼》中的"废爵""足爵"及学者所论未及的"缲爵"这三爵，进行了新的辨析。这三爵都用于祭祖献尸。我在《礼记·祭统》中的"尸酢夫人执柄，夫人受尸执足"一语之中，找到了突破口，经辗转推理，得出了如下结论：尸酢夫人的那个爵，就是有足有柄的斗形爵，"废、足、缲"三爵都是这种有柄斗形爵。这就为"斗形器也是一种爵"之论点，提供了一个新的支撑。三爵的装饰及用法，我排比如下：

废爵无足饰、无篆饰，用于主人初献；
足爵有足饰、无篆饰，用于主妇亚献；
缲爵有足饰、有篆饰，用于宾长三献。

对有司彻、少牢馈食礼、特牲馈食礼、士虞礼四种礼典中三爵的三等用途，及其与"五爵"的等级衔接，文中提供了一份列表。比之文字陈述，列表之法，可以把饮酒器等级结构更好地展示出来。

在东周礼书中，实际存在着三组爵：

1. 爵、觚、觯、角、散等"五爵"；
2. 废爵、足爵、缩爵等三爵；
3. 玉爵、瑶爵、散爵、璧散、璧角等"玉爵"。

《东周礼书所见玉爵辨》一文，就用于探讨第三组爵，即"玉爵"的礼制等级。所谓"玉爵"，主要包括《礼记·明堂位》中的夏琖、殷斝、周爵及璧散、璧角，同书《祭统》篇中的玉爵、瑶爵、散爵，玉爵、瑶爵又见于《周礼》。它们虽然名为"玉爵"，却不是通体玉质的爵，而是用玉装饰的漆木爵。在祭祖礼上，周王与王后、诸侯与夫人使用玉爵来献尸献宾。这样的祭祀，仪式宏大、环节繁多，天子、上公多达"九献"，随后还有数次"加爵"，献尸之余还要穿插着献宾，即向公、卿、大夫、士及群有司献酒。我对各个环节的用爵加以梳理排比，并继续利用列表来展示其间的等级关系。

因史料零碎、史阙有间，对九献之礼及相关用爵如何理解，就成了"不定方程"，可以容纳不止一组解，历代学者众说纷纭。然而先秦礼家与后代礼家，都出于同一个礼乐传统的熏陶，各种异说所用来推理的，乃是一个共同的"礼学原理"，都利用了排列组合，都含有"数理逻辑"。我所关心的，就是这个东西。仅仅知道了几个饮酒器名及器形，那远不是我的全部目的，在那些饮酒器的背后，还潜藏着一整套"体系"呢。在那个"体系"之中，诸玉爵、"五爵"、"废、足、缩"三爵，与各色人等、各级身份、各种礼典及各个行礼环节无缝对接。那个"体系"整齐清晰，匀称和谐，高下有序，并然不紊，体现了周人构建等级礼制的卓越能力，那是同一时期的其他民族难以企及的，构成了华夏礼乐的一个基本特征。这样一来，我们所收获的，就不只是几个器名器形了。

《削觚·觚名·觚棱——先秦礼器觚片论》一文，由"觚"入手，继续探讨"五器"到"五爵"的器名转型问题。在20世纪30年代，高本汉提出：觚、爵、尊、卣等青铜器，自公元前947年起就不再铸造了，此后文献中的觚、尊、爵等器名另有所指，而且所指的已不是铜器，而是木器与陶器了。这给了李济很大震撼，称之为一个"扫荡式的论断"。这等于说周中期发生过一场"器名大革命"。而我的"五器到五爵发生了命名策略的变化"这一论点，可以把高本汉的"扫荡式的论断"推进很大一步。

我推测：爵、角、斝三个器名的变迁，与饮酒礼俗的变迁相关。三足铜爵最初是仿照三足陶爵而制造的，陶爵则起源于夏族和商族居住区。"爵+觚组合"是商族最重要的酒器组合，其组合基础，就是爵以温酒、觚以饮酒之俗。而先周文化区中从未发现陶爵，这说明三足爵不是周人发明的，周人饮冷酒，温酒也不是其原生礼俗。周人一度引入了温酒礼俗及温酒器，但只时髦了一阵，周中期就放弃了。依英人罗森所论，此时发生了一场礼器革命，大量商式青铜酒器被青铜食器取代。于是青铜温酒器用不上了，不再铸造了，爵、角、斝这三个器名便被礼乐人员另作他用，与觚、觯搭配，转指五等容量。"五爵"礼制由此诞生。

进而文章提出，从"五器"到"五爵"的转变中，"组合关系"决定了器名取舍，"相对容积"决定了大小排序。文章最后又提出，"觚"意为"棱"，"觚"这个器名得自于青铜觚的耀眼夺目的扉棱；"觚"是"同"即筒形器的一种，是有棱青铜同的特称。那么，"觚"与"同"并非"势不两立"，"觚"应该视为"同"之一种。

在讨论青铜觚到漆木觚的变化时，我引用了《论语郑氏注》中一条"孔子削觚"的史料,以旁证春秋时的觚是可削的漆木酒觚,而不是青铜觚了;把《论语》与礼书中的觚释为青铜觚,是不准确的。随后,我又想把"孔子削觚"这条史料的来历弄得更清楚一点,这时就发现不同来源的《论语郑氏注》中存在异文,异文会导致不同理解;汉晋南朝的经学家对"孔子削觚"这条史料,也存在着不同诠释。因而写成《"觚不觚"与"削觚"——〈论语郑氏注〉札记一则》,以供学人参考。

除了"爵"一词二义,兼指酒之爵与人之爵之外,作为盛酒礼器之通称的"尊",居然也是一词二义的,同时用作身份地位之辞。这就是《一词二义:酒之尊与人之尊》一文的缘起。在这篇文章中,我揭举"原生性等级标识"概念,意谓在"前行政时代",在成熟的爵秩品阶发展出来之前,身份地位的标识与区隔,更多地借助于"物品化""空间化"等具有可视性的手段。

由"可视性"出发,此文首先提出,酒之"尊"之所以能引申为人之"尊",首先在于酒尊外观高耸,器身华贵,代表了最高工艺成就与美术成就,故具有强大的身份标识能力,象征着拥有者的高贵与豪富。然而可视性等级标识之发挥功能,不仅仅采用"线性"的方式,而且还会有各种曲折微妙的方式,比如说,酒器的使用又是"以小为贵"的,盛酒器的摆放又是"以下为贵"的。进而讨论"尊"字的动词用法,指出"尊"有"陈设为尊"与"奉酒以献"二义,前者意在炫耀,后者意在致敬,二义都把"酒之尊"与"人之尊"密切联系起来了。随后把"卑"字也纳入了思考。"尊"作为形容词,同"卑"构成两极。"尊"字若来源于高耸而华贵的盛酒容器,"卑"字是否来源于外观相反的某些容器呢?这种可能性是存在的:"卑"有"扁圆"之义,这个含义,可能是从扁圆的"椑榼"和扁圆的"卑匜"抽象而来的。椑榼、卑匜给人以低矮、低贱之感,由此与高耸、华贵的青铜尊,形成了鲜明对比。

总的说来，在"先秦礼书所见酒器等级礼制"这个论题上，本论文集做出了如下推进：

1. 推进了"爵"之器名的认识。指出东周礼书所见、春秋礼典所用的爵，不是青铜器，而是漆木器；不是三足爵，而是筒形杯。进而揭举"爵名三迁，爵有四形"之论。

2. 从"称谓原理"层面揭开了"五爵"真相，论定其为"容量化器名"，并对五升之差与"以小为贵"做出了具体阐述。一种独一无二的"容量化"等级酒器礼制，由此得见天日。

3. 指出礼书所见酒器等级体制，由"五爵"、"废、足、缥"三爵及诸玉爵等三组饮酒器构成。系统考察了这三组酒爵在不同典礼的不同环节中的具体用法，及其与天子、诸侯、卿大夫、士各个爵级的对应关系，并诉诸图表。

传统礼制的研究成果相当之多，而且近十几年来越来越多。然而"酒器等级礼制"这个细部，此前极少问津者，可以说仍是一片处女地。许多问题是初次提出的，为此这部论文集题为"初探"，筚路蓝缕而已。这个领域我并不熟悉，说白了就是不怎么懂，加之史料零散，推论时往往诉诸猜测想象，错讹在所难免。各篇的构思写作多在四五年前，结集时因精力所限，对学界近年成果也未及搜检吸收。期待将来能有修订机会。

徐冲君协助处理资料，陈奕玲、章名未、廖基添、陈文龙诸君协助校对错讹，谨致谢忱。

2022-02-20

礼书"五爵"的称谓原理：
容量化器名

在先秦礼书中，能看到很多用作礼器的酒器之名。礼书的现代注译者，会为读者一一解说其用途，描述其器形，甚至提供图像。就出土及传世实物所见，商周应有很多典礼含有献酒或饮酒的环节，因为在此期的青铜礼器中，酒器占了很大部分，且外观形形色色，精美多姿。一些青铜酒器上的铭文，提供了那件器物的"自名"。更多的酒器上没有自名，但因考古文物学者长久、细密的分类定名工作，人们仍可以在辞书或论著中，很便利地查到它们的名称与用途。在诠释礼书中的酒器之时，注译者就充分利用了考古文物学者的研究成果。

初看起来，先秦礼书所见各种酒器之名，在读者那里不会引发太大麻烦了。然而其实未必。比如说吧，礼书所描述的那些典礼上所用酒爵，在公众心目中，通常都是青铜三足爵。假如告诉他们，那是个错误的认识，礼书中的酒爵不可能是青铜三足爵，那对他们的既往认知，就是一个颠覆。其实，古器物类型学对酒器的分类定名，商周酒器之自名，以及礼书所见酒器之名，三者很不一致，各有各的得名之由、分类规则及命名规则。我们首先建立这样一个意识，循此前行，那么对礼书所见酒器之名，就会获得一个新的观察视角。

《仪礼》所见饮酒器，有爵、觚、觯、角、散五种，是所谓"五爵"。"五爵"袭用了商西周的爵、觚、觯、角、斝（即散，详后）之名，但名同实异，实际已是容量概念了。《韩诗外传》这部古书声称，"五爵"的容量井然有序，共五等，分别是一升、二升、三升、四升、五升，礼学家又传承着一个"凡诸觞皆形同，升数则异"的历史记忆。而这就意味着，"五爵"的器形其实是相同的，爵、觚、觯、角、散五名，分别是一升、二升、三升、四升、五升饮酒器之称。赘言之，在礼家那里，"五爵"之别其实是容量之别，而不是器形之别。"五爵"的称谓原理，我名之为"容量化器名"。这种"容量化"酒器命名策略，服务于"以小为贵"原则，即容量越小的饮酒器等级越高，以此区分身份、维系等级。

这就是那个"前所未有的观察视角"。人们一般认为，器物是根据用途与形状来命名的，若然，我在文中所创制的"容量化器名"概念，就突破了对青铜礼器命名方式的传统认识。"五爵"的研讨，还将展示一种史上绝无仅有的奇特酒器礼制，它通过在饮酒礼上随时换用大小酒杯，来区分贵贱亲疏。由此还可获得这样一个印象：周人对等级差异的细腻敏感程度、周人创制整齐等级礼制的卓越能力，在那个时代，无与伦比。下面试做阐述。

一　礼书"五爵"与商周"五器"

据东周礼书记述，饮酒器通称为"爵"，行礼时的常用饮酒器有五种，分别称为爵、觚、觯、角、散。如经学家所云："然则饮酒之器，其名有五，而总称为爵"[1]；"凡酌酒而饮之器曰爵"，"爵者实酒器之统名，其别曰爵、曰觚、曰觯、曰角、曰散"[2]。五种饮酒器通称"诸觞"，或合称"五爵"。对于"五爵"之外的饮酒器，例如觛，经学家就说"不在五爵之例"（详后）。

---

[1]《春秋左传正义》卷五桓公二年孔颖达疏。阮元校刻：《十三经注疏》，北京：中华书局1980年版（以下各篇文章凡征引此书，皆省称为"阮本"），第1743页下栏。
[2] 凌廷堪：《礼经释例》卷一一《器服之例上》，北京大学出版社2012年版，第287页。

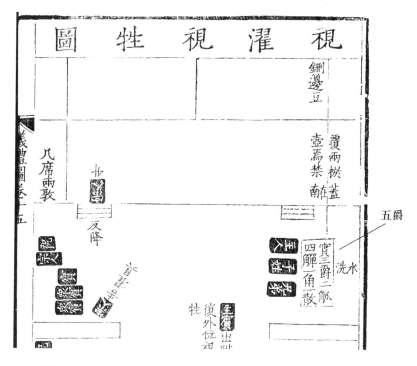

图 1　特牲馈食礼上"五爵"的摆放位置
取自杨复《仪礼图》卷一五,通志堂本,哈佛大学藏,扫描本[1]

在《仪礼·特牲馈食礼》如下文字之中,"五爵"皆备:"篚在洗西,南顺,实二爵、二觚、四觯、一角、一散。"[2]这是说篚放在洗的西侧,头朝北、尾朝南,爵、觚、觯、角、散"五爵"置于篚中。参看图1。

在特牲馈食礼的进程中,时时出现"受爵""洗觚""执觯""卒角""洗散"之类字眼儿,表明爵、觚、觯、角、散等五种饮酒器,

---

[1] 图1中"五爵"部分的"实三爵"三字,当作"实二爵"。《仪礼》原文为"实二爵",杨复《仪礼图》在正文中也引作"实二爵"。文渊阁四库全书本杨复《仪礼图》同(台北:台湾商务印书馆1986年版,第104册第263页上栏)。知图中"实三爵"三字中的"三"必为讹字。

[2]《仪礼注疏》卷四六,阮本,第1191页下栏—1192页上栏。

礼书"五爵"的称谓原理:容量化器名　　15

都在典礼上使用着,看上去各有其用。在礼书的其他篇章,以及先秦的其他文献中,也能看到这几种饮酒器名。这些器名在先秦文献中的分布,郑宪仁考述颇详[1]。"五爵"与"诸觞"这样的称呼,都意味着在礼家那里,爵、觚、觯、角、散五者已成为一个刻意为之的"系列"、一套精心的"组合"了。"五爵"不是自然生长的杂草,而是精心修剪的花木。

这五种饮酒器是什么样子呢?如去检索文物考古词典,则能看到——

  爵:有流有鋬有柱的三足酒器。
  觚:侈口细颈、状若喇叭的饮酒器。
  觯:侈口、束颈、深腹的饮酒器。
  角:形状似爵,但无流无柱的三足酒器。
  散:被认为系"斝"字之讹,而斝是一种二柱、一鋬、无流无尾的三足酒器。[2]

我随机选择青铜器爵、觚、觯、角、斝各一件,供读者观览。参看图2。

类似的分类、定名与释义,体现了现代古器物类型学的通识。现代礼学家随即就采纳了文物考古学家的分类定名,在礼学辞书中,使用上述那种定义及相应图片,来解释礼书"五爵"。有一点还要特别提

---

[1] 据郑宪仁所考,这五种饮酒器主要见于《仪礼》《礼记》《周礼》《诗经》《左传》《国语》《管子》《晏子春秋》《荀子》等。全涉五种饮酒器的文献只有《仪礼》,《礼记》涉四种而无觚,《周礼》涉四种而无角,其他文献多涉二三种。见其《对五种(饮)酒器名称的学术史回顾与讨论》,收入《野人习礼:先秦名物与礼学论集》,上海古籍出版社2017年版,第123—124页。
[2] 以上概述,主要依据何贤武、王秋华主编:《中国文物考古辞典》,沈阳:辽宁科学技术出版社1993年版,第277—279页;王巍总主编:《中国考古学大辞典》,上海辞书出版社2014年版,第42—43页;陈佩芬:《中国青铜器辞典》,上海辞书出版社2013年版,第763—828、840—866页;中国文物学会专家委员会主编:《中国文物大辞典》,北京:中央编译出版社2008年版,第239、240、242页。

图 2 青铜爵、觚、觯、角、斝示例[1]

---

[1] 五器分见《中国青铜器全集》第 1 卷,北京:文物出版社 1996 年版,图版七五兽面纹爵、图版九六兽面纹斝、图版一五六夔纹觚;同书第 2 卷,文物出版社 1997 年版,图版一三三戈觯;同书第 3 卷,文物出版社 1997 年版,图版三一亚址角。

礼书"五爵"的称谓原理:容量化器名

示,那些礼书注释及礼学辞书,都是把"五爵"释为青铜器[1]的。

从古器物分类学的角度看,爵、觚、觯、角、斝首先是五种不同器形。对这种器形意义上的爵、觚、觯、角、斝,为了简便,本文名之为"五器",以便跟礼书中的"五爵"区分开来。为何要用不同称谓做区分呢?兹阐述如下。

学者概括说:"给铜器定名,历来不外乎三法:据其形态定名、据文献记载定名、据其自名以定。"[2]所谓"三法"各有特点。现代的古器物分类,器名虽来自传统文献,分类则严格依照器形,尽可能地避免形制上的交叉重叠,以保证一型一名,进而保证科学性。

"自名"当然极其可贵,但很多古器物并无"自名"可征,"自名"还会因时因地而异,给"名从主人"造成困难。如旧藏品滕侯苏簠,器形为盨,自名是"簠"[3];西周早期的两件长隹爵,器形像爵,自名是"长隹壶"[4];平顶山出土的一件青铜提梁卣,自名是"用壶"[5];岐山出土的一件铜盉自名为"盂",一件铜盉(卫盉)自名为"盘"[6]。此外,形制为鬲而自名为"鼎"的铜器,多至十几件[7]。

---

[1] 以上概述的主要依据:钱玄:《三礼名物通释》,南京:江苏古籍出版社1987年版,第91页,爵、觚、觯、斝插图;钱玄、钱兴奇:《三礼辞典》,江苏古籍出版社1998年版,爵、象觚、觯、斝插图,第1156、867、1241、425页;钱玄:《三礼通论》,南京师范大学出版社1996年版,第145—146页,爵、觚、觯、角、斝插图。吴枫主编:《十三经大辞典》,北京:中国社会出版社、长春:吉林人民出版社2000年版,第764、749、758页。《十三经辞典》编纂委员会:《十三经辞典·仪礼卷》,西安:陕西人民出版社2010年版,第152、251页;同书《礼记卷》,陕西人民出版社2011年版,第375、611页;同书《周礼卷》,陕西人民出版社2010年版,第202、251页。
[2] 陈剑:《青铜器自名代称、连称研究》,《中国文字研究》第1辑,南宁:广西教育出版社1999年版,第337页。
[3] 罗振玉:《三代吉金文存》卷八,北京:中华书局1983年版,第807页。
[4] 贾文超:《西周勾连雷纹铜爵》,《人民政协报》2006年4月6日C02版。
[5] 平顶山市文管所:《平顶山市新出土西周青铜器》,《中原文物》1988年第1期,第21页。
[6] 岐山县文化馆、陕西省文管会:《陕西省岐山县董家村西周铜器窖穴发掘简报》;唐兰:《陕西省岐山县董家村新出西周重要铜器铭辞的译文和注释》。均见《文物》1976年第5期,第27、32、55、58页。
[7] 刘树满:《青铜鬲自名与分类研究》,《考古与文物》2017年第2期,第64页。

尤其是功用相近的器物，器名相混的例子就更多一些。换言之，"自发"而来的"自名"做不到一型一名，难免各种重叠交错，与科学要求有距离。

至于"据文献记载定名"一项，也比初看上去要复杂得多。先秦礼书所载、礼家所用的器物之名，包括"五爵"，往往独具一格，其名称背后另有奥曲。我认为，礼书、礼家所说的"五爵"，其命名遵循着另外的原理，与"五器"大异。直到笔者提笔作文之时，"五爵"的称谓原理仍不为世人所知，几乎是学界的盲区。

让我们陆续道来。礼书"五爵"中的"散"本应是斝，罗振玉首发其说[1]，王国维随后又列举五证，以示"实则散乃斝之讹字"。相关的证据之一，是1901年陕西宝鸡西周墓所出"柉禁诸器"，其中恰有爵一、觚一、觯四、角一、斝一，参看图3。五者比之《特牲馈食礼》所记，"数虽不同，而器则相若"[2]。"器则相若"，即符合现代学者对爵、觚、觯、角、斝的形制定义[3]。

又如1930年代安阳西北冈商墓出土的一组酒器，含爵二、觚一、觯二、角形器一、斝二、卣一、方彝一，共10器[4]。除去盛酒器卣、方彝，也是"五器"俱全。从商至周初，爵、觚、觯、角、斝确实都是主要酒器，就是说"五器"是真实的存在。马承源遂谓"《特牲馈食礼》与古墓发掘的情况基本相符"[5]。

---

[1] 罗振玉："诸经中散字疑皆斝字之讹""散、斝信为一物"。《殷虚书契考释·文字第五》，又《增订殷虚书契考释·文字第五》，《殷虚书契考释三种》，北京：中华书局2006年版，第183、457页。

[2] 王国维：《观堂集林》卷三《说斝》，北京：中华书局1959年版，第145—147页。柉禁诸器参看端方：《陶斋吉金录》卷一《柉禁全图》，1908年石印本。按，学者谓"柉禁"当作"棜禁"，"棜"是商周酒器的器架之称。

[3] 华觉明、萧惠芳的考察显示，"柉禁诸器"中跟禁真正配套的只有两卣、两觯、一尊五件。见其《端方柉禁诸器的工艺考察》，《东南文化》2003年第3期，第88页后收入《华觉明自选集》，郑州：大象出版社2017年版，第732页。但这不影响王国维的论点。

[4] 容庚、张维持：《殷周青铜器通论》，北京：文物出版社1958年版，第62页。

[5] 马承源主编：《中国青铜器》，上海古籍出版社1988年版，第193页。

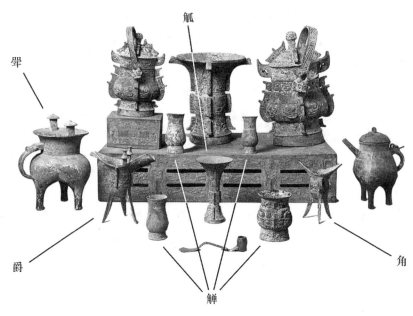

图 3 "柉禁诸器"
山西博物院、宝鸡青铜器博物院:《凤鸣岐山:周原青铜艺术》,
太原:山西人民出版社 2015 年版,第 18 页,图 7

现代学者的上述"器则相若""基本相符"判断,是以宋代金石学为中介的。宋代金石学大兴,金石学者面对各种商周酒器实物,便努力把它们与先秦文献所见,主要是礼书所见器名对应起来,包括与《特牲馈食礼》所见"五爵"之名对应起来。换言之,那五种器形之所以称为爵、觚、觯、角、斝,系宋人之功,源于宋代金石学家的定名,随后被现代学者承袭了。宋人、今人间的一致性,可参看图 4。

宋人从礼书中拿来爵、觚、觯、角、斝五种饮酒器名,把它们安在商周五种青铜酒器实物之上,其时就没有张冠李戴吗?其定名为"觚"者,也许商周时并不称觚;其定名"角"者,也许在商周本不称角。这样的可能性不能排除,是要时时留意的。更重要的是,宋人不光一对一地命名,也五对五地"扣合"。礼书"五爵"是一套组合、一个系列,宋人欲令礼书"五爵"整体性地与商周"五器"

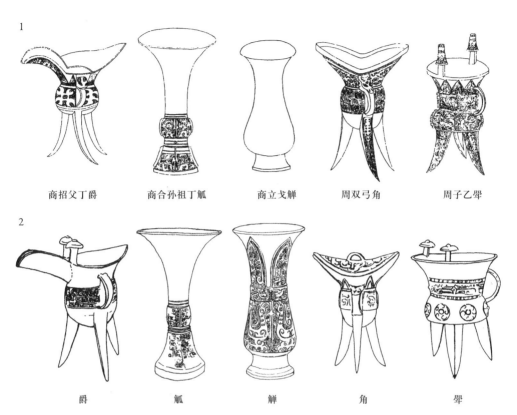

图 4 商西周的"五器"
1. 王黼:《重修宣和博古图》,扬州:广陵书社 2010 年版,第 258、289、297、324、328 页
2. 选自朱凤瀚:《古代中国青铜器》,天津:南开大学出版社 1995 年版,第 188、209、211、188、189 页

——对接,然而其间横亘着时间上和用途上两大障碍。

第一个障碍是时间上的。器形意义上的青铜爵、觚、觯、角、斝,主要存在于商代与西周前期。"爵"是象形字,把那种有流有柱有鋬的青铜三足器命名为"爵",从字形看并无问题,但这种三足爵只通行于二里头文化到早周,随后便退出了历史舞台。"觚"并不是器物自名,而是宋人命名。若论自名,觚也许称"同"[1]。觚形青铜

---

[1] 西安一位收藏家所藏西周早期的觚形器,自名为"同"。为此,有学者便提出,觚形器应该称"同","同"系筒、筩的本字。吴镇烽:《内史亳丰同的初步研究》,王占奎:《读金随札——内史亳同》,均见《考古与文物》2010 年第 2 期,第 30、34 页。

器自西周中期开始就不再铸造了。觯也来自宋人命名。商周铜器有自名为鍴、为尚的，王国维说鍴、尚就是觯的同音假借字[1]；青铜觯形器存在于殷中期到西周早期，此后罕见[2]。青铜三足角不是器物自名，而是宋人命名。此种器形存在于殷代与西周早期，然后便销声匿迹。罗振玉、王国维以"斝"当"散"，但青铜三足斝一过西周早期就不见踪影了。正如郭宝钧之概括："殷商盛用的爵、觚、斝、觯、角到西周中叶即中绝。"[3]

礼书编纂约在战国初年蔚然成风，其所记录的，主要是到春秋为止的古礼发展成就，相应地，礼书"五爵"应视为春秋礼制，或春秋礼器。而"五器"，即青铜爵、觚、觯、角、斝，自西周中期就消歇了，不再铸造了，那么春秋典礼上频繁使用的、被礼书记录下来的"五爵"，会是商周"五器"么？

容庚较早提出了怀疑："今之所称为爵者，其名定于宋人。其时代多属商，间及于西周前期，后此盖未见，则是否即《仪礼》中所用未可知也。"[4]杜金鹏则明确予以否定："综合几十年来的考古材料知道，陶爵大约绝迹于殷周之际，而铜爵不见于西周以后。但东周以来的文献典籍，却常常说当时以爵饮酒，……现在我们可以断定，文献所见东周秦汉时代的所谓爵，与商周陶爵、铜爵毫不相干。"[5]朱凤瀚亦然："凡此东周文献所言及之爵，或是饮酒器总称，或是酒器专称，但皆不会是指上述商西周时期的铜爵"；而且周初以前的觚、觯、角、斝，都不可能是东周礼书中所说的同名器

---

[1] 王国维：《观堂集林》卷六《释觯、觛、卮、𦉢、𦉢》，第292页。
[2] 西周中期以后，觯在中原已极罕见了，但直到春秋晚期徐国还在使用觯，曾一次出土三件。学者认为，这反映了徐国文化古老、进步缓慢。是为特例。参看董楚平：《吴越徐舒金文集释》，杭州：浙江古籍出版社1992年版，第271页。
[3] 郭宝钧：《商周铜器群综合研究》，北京：文物出版社1981年版，第121页。
[4] 容庚：《商周彝器通考》，上海人民出版社2008年版，第287页。
[5] 杜金鹏：《商周铜爵研究》，《考古学报》1994年第3期，第286页；又其《铜爵研究》，收入其《夏商周考古学研究》，北京：科学出版社2007年版，第775页。

物[1]。这类看法已反映在工具书之中了。2009 年版《中国大百科全书》特别说明:"东周文献中的'爵'用为专名或饮酒器通名,与商至西周爵的形制当有区别。"[2]

第二个障碍是用途上的。现代学者指出,三足器爵、角、斝在器形上同属一系,它们并不是饮酒器,很可能是煮酒器或温酒器[3]。也就是说,器形意义上的"五器",实由"温酒器+饮酒器"构成,前者即爵、角、斝,后者即觚、觯。温酒器与饮酒器相搭配并非不合理,以爵温酒而以觚饮酒,顺理成章。然而问题在于,礼书所见"五爵"都是饮酒器,其中的爵、角、斝,跟觚、觯一样,都是饮酒用的,而不是温酒用的。"五器"与"五爵"在用途方面抵牾不合,略如下表1:

表1 "五器"与"五爵"用途对比

	温酒器			饮酒器				
商周"五器"	爵	角	斝		觚	觯		
礼书"五爵"				爵	觚	觯	角	散

宋代金石学家既不清楚爵、觚、觯、角、斝在西周中期便消沉下去了,也不明白其所定名的爵、角、斝并非饮酒器,而是温酒器,所以意识不到"五器"不能跟"五爵"画等号。吕大临《考古图》所列之爵,其器形为三足爵,却又引用《仪礼·乡饮酒礼》及《士虞礼》所述之爵为证[4]。"五爵"是一个系列、一套组合,而"五器"中有三个三足器、两个筒形器,若把它们视为一个系列、一套饮酒器的组合,不觉得别扭么?

---

[1] 参看朱凤瀚:《中国青铜器综论》,上海古籍出版社 2009 年版,第 157、243、251、168 页。
[2] 《中国大百科全书》,北京:中国大百科全书出版社 2009 年版,第 12 册第 276 页。
[3] 容庚、张维持:《殷周青铜器通论》,第 43—45 页。朱凤瀚:《中国青铜器综论》,第 168—169 页。
[4] 吕大临:《考古图》卷五,北京:中华书局 1987 年版,第 109 页上栏、第 110 页下栏。

对"五爵"与"五器"的关系,郑宪仁曾有专门讨论:"历代礼学注疏与礼图成为一个礼学的学术体系,金石学成为另一个学术体系,而影响到考古学对这五种酒器的称名。……在东周礼书所记载的五种饮酒器与被金石学者所称的爵、觚、觯、角、散(斝)等五种酒器,在目前看来是不能相合的两套体系,金石学者看到的是西周中期以前的五种酒器,而礼学家看到的是传世古籍中的五种饮酒器,虽然用了相同的名称,但在诠释上难以有交集的。"[1]"酒器称谓"问题看似简单,然而竟从中滋生出了"不能相合的两套体系"。二者真的"在诠释上难以有交集"么?

叶国良也曾论及:"五种饮酒器,普遍使用于商代与西周中期以前,而不见于春秋与战国时代,然而《仪礼》不仅有之,而且成为一套,……这说明了《仪礼》记载的饮酒礼仪源自西周中期以前,甚至是早商","礼仪的保守性强,礼器的使用持续性也长,某些器物虽然不见于西周中后期的发掘物中,但不可因而论其无。反过来说,春秋战国时代的发掘物中不见有此等器物,而《仪礼》却沿用五种名称,而且成套使用,正说明了该书所记载的饮酒仪节乃是起源于商代、实行于西周的礼仪"[2]。叶国良仍没有说清楚,春秋使用的五种饮酒器,到底是不是商周"五器",他似乎想说"是",但碍于没有实物,只能说"不可因而论其无"。

叶国良所说的"礼仪的保守性",仍是有意义的。商、西周"五器"当然不会是"无名氏",那五种酒器肯定都有器名。在宋人用礼书"五爵"爵、觚、觯、角、散(斝)为商周酒器实物命名之时,五个器名所面对的,也就是那么五六种器形,从范围说相差不大,其命名虽难免误打误撞,但也有很大概率"歪打正着"。就"礼仪的

---

[1] 郑宪仁:《对五种(饮)酒器名称的学术史回顾与讨论》,第160、122页。
[2] 叶国良:《从出土文物看〈仪礼〉内容的时代》,《人文中国学报》第21期,2015年10月,第81—82页。

保守性"而言，我相信礼书"五爵"的五个器名，是从商、西周继承而来的。或谨慎一点说："五爵"器名来自商周"五器"的可能性，大于凭空新创的可能性。若然，从商、西周的爵、觚、觯、角、散（斝），到春秋的爵、觚、觯、角、散（斝），其间发生了什么？

"五爵"与"五器"之间不会没有交集，我认定这里隐藏着未知的秘密。本文将就以下两个问题尝试作答：

1. 在爵、觚、觯、角、散（斝）"五器"消沉之后，东周礼书所见爵、觚、觯、角、散（斝）"五爵"，又是一个什么体系？

2. 商与西周的若干温酒器名，如爵、斝等，似乎在春秋时变成饮酒器名了。这个转变又是怎么发生的？

针对第一个问题，本文将提出，在"五器"消沉后，爵、觚、觯、角、散（斝）之名发生了本质变化，变成"五爵"体系中的一套"容量化器名"了。"五器"是器形之别，而"五爵"是容量之别，其称谓原理，业已判然不同。针对第二个问题，本文将提出，爵、斝等三足温酒器名，可能是因温酒习惯的消失，而在西周中期之后转为饮酒器名，并进入了"容量化器名"体系。

二 "五爵"称谓原理：容量化器名

《礼记·礼器》有一段关于饮酒器用法的论述，郑玄注及孔颖达疏又提供了更多的相关信息。这些信息告诉人们：第一，饮酒器的使用规则是"以小为贵"；第二，爵、觚、觯、角、散五者的容量，分别是一升、二升、三升、四升、五升。由此，一组"容量化器名"就呈现在人们眼前了。

我们就由此开始。请看:

《礼记·礼器》:有以小为贵者:宗庙之祭,贵者献以爵,贱者献以散;尊者举觯,卑者举角。

郑玄注:凡觞,一升曰爵,二升曰觚,三升曰觯,四升曰角,五升曰散。

孔颖达疏:"一升曰爵,二升曰觚,三升曰觯,四升曰角,五升曰散"者,皆《韩诗说》文。按《(五经)异义》:"今韩诗说:一升曰爵。爵,尽也,足也。二升曰觚。觚,寡也,饮当寡少。三升曰觯。觯,适也,饮当自适也。四升曰角。角,触也,不能自适,触罪过也。五升曰散。散,讪也,饮不能自节,为人所谤讪也。总名曰爵,其实曰觞。觞者饷也。觚亦五升,所以罚不敬。觚,廓也,所以著明之貌。君子有过,廓然明著,非所以饷,不得名觞。"[1]

首先,要对阐述"五爵"升数的"韩诗说",做一分析。孔疏指出,郑玄注中"凡觞"云云,来自"韩诗说",随即又通过征引许慎的《五经异义》,传述了"韩诗说"的详细内容。又,孔颖达之《毛诗疏》《左传疏》也都征引了"韩诗说",所引内容略同。

根据《汉书》,在汉初文景之时,有燕人韩婴"推诗人之意,而作《内、外传》数万言",至东汉初为止,这个学派留下了四种著作:《韩故》三十六卷、《韩内传》四卷、《韩外传》六卷、《韩说》四十一卷[2]。第四种名为《韩说》,这是什么性质的书呢?查《后汉书》,孔嘉"作《左氏说》云",李贤注:"说,犹今之疏也。"[3]那么《春秋》为

---

[1]《礼记正义》卷二三,阮本,第1433页上栏、中栏。
[2]《汉书》卷八八《儒林韩婴传》、卷三〇《艺文志》,北京:中华书局1962年版,第3613、1708页。
[3]《后汉书》卷三一《孔奋传》,北京:中华书局1965年版,第1099页。

"经",《左氏》为"传",《左氏说》相当"疏"。若然,则《诗经》为"经",《韩诗外传》为"传",《韩说》就相当于"疏"了。而张舜徽云"说""以称说大义为归",与注家不同[1],当偏重议论发挥。

不过,《五经异义》所征引的"韩诗说",就是《汉志》所记述的《韩说》吗?孔疏"皆《韩诗说》文"一语,显然是拿"韩诗说"当书名了。检阅《五经异义》,其中征引先儒之说,多采用"今春秋公羊说""古春秋左氏说""礼戴说""今尚书夏侯、欧阳说""古尚书说""古诗毛说""今孝经说"之类提法[2]。厉承祥同学据此提出,《五经异义》的"××说"只表示某说法出自某一学派,还不宜径视为书名[3]。其说可从。那么目前只能说,《五经异义》所引"韩诗说",其内容出自韩诗学派,它们可能来自《韩说》那部书,但也可能不是。所以对孔疏中的"韩诗说",本文只用引号,不用书名号[4],并把它看成韩诗后学的增益之文。

除了孔疏之外,在贾公彦的《仪礼疏》中,也出现了韩诗学派的"五爵"升数记述,但所引书名为《韩诗外传》,而不是"韩诗说"。《仪礼·士冠礼》贾疏:"案《韩诗外传》云:一升曰爵,二升曰觚,三升曰觯,四升曰角,五升曰散。"《士昏礼》贾疏所引略同[5]。《韩诗外传》的这段文字,较前引"韩诗说"为简。推测是《韩诗外传》在先,此后"韩诗说"又有增益。下表2左栏所列,为《韩诗外传》之文;其右栏所列,本文认定为"韩诗说"所增益者:

---

[1] 张舜徽:《汉书艺文志通释》,武汉:华中师范大学出版社2004年版,第220页。
[2] 陈寿祺:《五经异义疏证》,上海古籍出版社2012年版,相关各处。
[3] 这是2018年3月1日我的讨论班上,硕士生厉承祥同学提出的看法。
[4] 按,北京大学出版社1999年版简体标点本《礼记正义》(第729页)、北京大学出版社2000年版《礼记正义》(第850页下栏)、上海古籍出版社2008年版《礼记正义》(第972页),对《礼器》孔疏中引《五经异义》时所出现的两处"韩诗说",均加书名号。本文因前一处"韩诗说"被孔疏认作为书,所以加了书名号,以体现孔疏的原义;后一处"韩诗说",因本文无法认定为书名,所以只用引号。
[5]《仪礼注疏》卷三、卷四,阮本,第951页中栏、第963页下栏。又,《大射仪》贾疏又引作"案《韩诗传》云"(第1040页下栏),"韩诗传"应是"韩诗外传"之省写。

表 2 《韩诗外传》与"韩诗说"的内容区分

《韩诗外传》	"韩诗说"
（凡觞，）	
一升曰爵。	爵，尽也，足也。
二升曰觚。	觚，寡也，饮当寡少。
三升曰觯。	觯，适也，饮当自适也。
四升曰角。	角，触也，不能自适，触罪过也。
五升曰散。	散，讪也，饮不能自节，为人所谤讪也。
总名曰爵，其实曰觞。	觞者饷也。
觥亦五升，所以罚不敬。	觥，廓也，所以著明之貌。君子有过，廓然明著。非所以饷，不得名觞。

其左栏"凡觞"二字来自郑玄注，这两个字与随后的"一升曰爵……"浑然一体，也应视为《韩诗外传》原文[1]。

"韩诗说"把爵、觚、觯、角、散几个器名，用声训之法，解作尽、寡、适、触、讪，应系踵事增华、穿凿附会，本文置而不论。至于《韩诗外传》所见一升、二升、三升、四升、五升，都是容量之辞，这就至关重要了。"若干升"的容量之辞，被注疏拿来解释《礼记·礼器》的"贵者献以爵，贱者献以散；尊者举觯，卑者举角"，对其间联系，我是这样理解的：

"贵者献以爵"之"爵"，意谓此器容量一升，仅此而已；
"贱者献以散"之"散"，意谓此器容量五升，仅此而已；

---

[1] 附带说，若本文之说成立，则"韩诗说"溢出《韩诗外传》的那部分内容，王谟、黄奭、宋绵初、范家相等将之辑入《韩诗内传》，便不尽妥。分见王谟《汉魏遗书钞》经翼第一集（嘉庆三年刻本）；黄奭《黄氏逸书考·汉学堂经解》（道光黄氏刻、朱长圻补刻本）；宋绵初《韩诗内传征》卷一，《续修四库全书》，上海古籍出版社 2002 年版，第 75 册第 88 页下栏；范家相《三家诗拾遗》卷三，《景印文渊阁四库全书》，台北：台湾商务印书馆 1986 年版，第 88 册第 532 页上栏。隋唐之时，《内传》四卷与《外传》六卷被合钞为一了（参用杨树达说），所以被贾疏引为《外传》者，也有可能是《内传》的文字，把它辑入《外传》未必尽非。但《内传》应比《外传》文字更简，仍不应该含有"韩诗说"中的后学增益之文。

"尊者举觯"之"觯",意谓此器容量三升,仅此而已;

"卑者举角"之"角",意谓此器容量四升,仅此而已。

所谓"仅此而已",意思是此爵、此散、此觯、此角系容量概念,而且仅仅是容量概念,与器形无涉。换言之,组成"五爵"的爵、觚、觯、角、散(斝),并非商西周之"五器";"五爵"中的五个器名,已是"容量化器名"了。

屈万里觉得"韩诗说"不怎么可信:"汉人已很少能够见到先秦的彝器,自不免传闻异辞。而且,《韩诗说》把每一件酒器的名称,都穿凿附会地加以诠释。"[1]真的是这样吗?在这地方,把"韩诗说"和《韩诗外传》区分开来为好。"韩诗说"的器名诠释,若称之为汉儒的穿凿附会,绝非冤案;但《韩诗外传》的容量传述,我不认为是汉人的穿凿附会,而是有依据的,来自一个古已有之的饮酒礼制。

还有更多的先秦秦汉资料,可以印证那种容量等差的存在。《考工记·梓人》:"梓人为饮器,勺一升,爵一升,觚三升。献以爵而酬以觚。一献而三酬,则一豆矣。"[2]这记载从两方面强化了"容量化器名"的论点:第一,"爵一升,觚三升"表明,这里的爵、觚之名,是跟特定容量联系在一起的;第二,"献以爵而酬以觚"表明这里的爵、觚是礼器,是饮酒礼上用于献酬的。

据学者研究,《考工记》很可能是齐国官书,其主体内容约成于春秋战国之交,其中的工匠之名与器物规范,是手工业漫长发展的累积。虽然在传抄中,《考工记》也可能吸收了不同时代与地域的内容,但至少"梓人为饮器"这一条,我相信出自战国初年之前。因

---

[1] 屈万里:《兕觥问题重探》,《中研院历史语言研究所集刊》第43本第4分,台北:台湾商务印书馆1971年版,第537页。
[2] 《周礼·冬官·考工记》贾公彦疏引,阮本,第925页下栏。

为"爵一升，觚三升""献以爵而酬以觚"之文，与《仪礼》"容量化器名"吻合。只有在传统的饮酒礼制尚未崩坏、木爵木觚仍被用于献酬的时代，也就是战国初年以前的时代，梓人才会有这样的生产任务，而且是按规定容量制造爵、觚的生产任务。《仪礼》大约在战国初年开始编纂，与《考工记》最初成篇的时代非常接近，二书所述献酒用爵、酬酒用觚的礼制，也彼此相通。顺便说，孔子有"削觚"之辞："孔子曰：削觚而志有所念觚，不时成。"[1]孔子生活的年代，也就是削木为觚的年代；承担"削觚"任务的人，便是梓人。战国中期以后，直壁的卮和浅腹耳杯大行其道，高筒形木觚便消歇了。

当然《考工记》的"觚三升"之文，与《韩诗外传》的"觚二升"并不一致，其间相差一升。为此许慎《五经异义》质疑《韩诗》："谨按：《周礼》'一献三酬当一豆'，即觚二升，不满豆矣。"[2]若按爵1升、觚2升，以及一次用爵献酒、三次用觚酬酒计算，则1+2×3=7（升），距离一豆（斗）还差3升。觚若改以3升计，则1+3×3=10（升），正好一豆（斗）。基于这样的理由，许慎认可《考工记》的"觚三升"，不赞成《韩诗外传》的"觚二升"。

而且，许慎似乎在传达另一套容量等差：

觚三升：乡饮酒之爵也。一曰：觞受三升者谓之觚。

觯四升：乡饮酒角也。《礼》曰："一人洗举觯。"觯受四升。

斝六升：斝，玉爵也。……或说斝受六升。[3]

---

[1]《太平御览》卷七六一《器物部》引，北京：中华书局1960年版，第3377页上栏。
[2] 陈寿祺：《五经异义疏证》，第12页。
[3] 许慎：《说文解字》卷四下《角部》，卷一四上《斗部》，北京：中华书局1963年版，第94页上下栏，第300页上栏。

觚三升、觯四升、罍六升等容量记载，看上去是另一套"容量化器名"，有异于《韩诗外传》。最初我怀疑"觯四升"是许慎从《考工记》的"觚三升"推理而来的，然而"一曰：觯受三升者谓之觚"的"一曰"二字，表明它并非出自许慎的考索，而是别人"曰"的；"或说罍受六升"的"或说"二字，也表明那不是许慎的个人意见，而是耳食所得，听来的。许慎从什么地方获知，还有另一套容量等差存在着，在其之中，觚三升、觯四升、罍六升。这种酒器容量差异，应来自礼俗的地区差异。礼制因地而异的情况，在礼书中不难看到，比如在《礼记·投壶·记》中，就能看到"鲁令弟子辞"与"薛令弟子辞"的地区之异，以及"鲁鼓"与"薛鼓"的地区之异[1]。不同容量等差的存在，不但没有否定，反而强化了"容量化器名"的可信性：不止一个地方使用"容量化器名"。

觯若为四升，就跟角一样大了，所以许慎把觯解释为"乡饮酒角也"。对许慎的这个说法，王先谦不以为然："许以'觚'为三升，故云'觯受四升'，混'觯'于'角'也。"[2]许慎刻意强调"乡饮酒角也""乡饮酒之爵也"，其"乡饮酒"三字，表明这是礼学意义上的觚与觯，用于饮酒之礼。人们会问：若觚为三升，那二升的饮酒器是什么？许慎并没有提供下落。无论如何，在《仪礼·特牲馈食礼》中觯、角各为一器，《礼记·礼器》中"尊者举觯，卑者举角"有明文，则觯与角的容量是不可以相等的，否则相关的礼数就不成立了，相关的经文就无意义了。然而，若用"礼制的地区差异"，进而是"容量化器名的地区差异"来解释，则许慎未必就是错误的，那也许代表了另一些地区的不同礼俗。

至于《考工记》的"献以爵而酬以觚"的"觚"，仍是疑窦。郑

---

[1]《礼记正义》卷四九，阮本，第1667页上栏。
[2] 王先谦：《诗三家义集疏》卷一《卷耳》，北京：中华书局1987年版，第29页。

玄《驳五经异义》提出，觯有一个从角从氏的写法，这写法很容易讹为觚字，所以《考工记》的"觚三升"应是"觯三升"之讹；"豆"当作"斗"，"一献而三酬则一豆"，等于是说"一爵三觯则一斗"，一斗就是十升。郑玄之前，马融已有类似意见了，而且马融还赞成三升曰觯[1]。若依马、郑，以"觚三升"为"觯三升之讹"，《考工记》跟《韩诗外传》便完全一致了。王筠认为"豆当为䅓"，䅓是一种盛酒器[2]。李家浩指出，从大坟头汉墓木牍看，一鐕容量即是一斗[3]。又查《仪礼·乡饮酒礼》："主人坐取爵，实之宾之席前，西北面献宾"，"主人实觯酬宾"，《记》：……献用爵，其他用觯"[4]。看来主人献宾用爵，自饮酬宾用觯，而不是用觚。那么《考工记》的"献以爵而酬以觚"的"觚"字，确实应该作"觯"，"觚"系传写之讹。

贾公彦又记："《礼器制度》云：'觚大二升，觯大三升。'是故郑从二升觚、三升觯也。"贾氏随即评论说："叔孙通前汉时作《汉礼器制度》，多得古之周制，故郑君（玄）依而用之也。"[5]《汉礼器制度》的作者叔孙通，在秦被征为博士，在汉为刘邦制朝礼，由此他成了礼制史上承周启汉、继往开来的人物。这位叔孙通生于先秦，学业成于先秦，成长在号称"礼乐之邦"的鲁地。秦楚汉之间这个地方的礼乐活动，可以参考如下记载：

---

[1]《周礼注疏》卷四一贾疏："又南郡太守马季长说：一献而三酬则一豆，豆当为斗，一爵三觯相近。"又《论语注疏》卷六何晏集解："马曰：觚，礼器。一升曰爵，二升曰觚。"分见阮本，第925页下栏、第2479页中栏。

[2] 王筠："豆当为䅓，形之误也"，"斗为量器，䅓为酒器，各有专义，而声同可借"。见其《说文释例》卷六，北京：中华书局1987年版，第150页。刘乃叔赞成王筠的意见，见其《"豆酒"辨》，《文史》1999年第3辑，第38页。

[3] 李家浩：《谈古代的酒器鐕》，《古文字研究》第24辑，北京：中华书局2002年版，第454—457页。

[4] 分见《仪礼注疏》卷八、卷九、卷一〇，阮本，第981页下栏、第984页上栏、第990页中栏。

[5] 分见《周礼注疏》卷四一、卷五，阮本，第925页下栏、第671页中栏。

1. 陈涉之王也，鲁诸儒持孔氏之礼器往归陈王。

及高皇帝诛项籍，举兵围鲁，鲁中诸儒尚讲诵、习礼乐，弦歌之音不绝。

故汉兴，然后诸儒始得修其经艺，讲习大射乡饮之礼。叔孙通作汉礼仪，因为太常，诸生弟子共定者，咸为选首。[1]

2. 适鲁，观仲尼庙堂车服礼器，诸生以时习礼其家，余祗回留之不能去云。[2]

第1条表明，历经战国纷争、秦帝暴政、秦末战乱，直到汉初，鲁儒一直坚忍不拔地传承着华夏礼乐，系一缕于不绝。陈胜揭竿而起，鲁儒还曾手持"孔氏之礼器"，投入颠覆"暴秦"的壮举。第2条是司马迁瞻仰孔庙的感受。他面对庙堂中的车服礼器，肃然起敬，一时观海难言。可知那些"孔氏之礼器"，至司马迁时，仍被保存着，在"诸生以时习礼其家"时被使用着，对此，司马迁曾身临亲见。

我推测，对鲁儒"讲诵、习礼乐""讲习大射乡饮之礼"的活动，甚至对"孔氏之礼器"，叔孙通必曾耳闻目睹，甚至躬亲其事。《汉礼器制度》的"觚大二升，觯大三升"之文，当即"古之周制"，亦即鲁儒所传"孔氏之礼器"中的酒器容量，以及鲁地"大射乡饮"时的酒器容量。郑玄认可《汉礼器制度》的权威性，"依而用之"，而不取许慎异说。

宋人王黼抨击郑玄、阮谌《礼图》："三代之器遭秦灭学之后，礼乐扫地而尽，后之学者知有其名，而莫知其器，于是为臆说以实之。"[3] 其实郑、阮《礼图》源于叔孙通，叔孙通也是渊源有自，非自出心裁。王黼的"后之学者知有其名，而莫知其器"之言才是臆说。

---

[1]《史记》卷一二一《儒林列传》，北京：中华书局2014年版，第3761页。
[2]《史记》卷四七《孔子世家》，第2344页。
[3] 王黼：《重修宣和博古图》卷七，第131页上栏。

秦汉间华夏礼乐虽遭重创，赖儒者传承呵护、存亡继绝，还不至"扫地而尽"，"人间犹有未烧书"。相应地，先秦饮酒礼器至汉犹存，在"大射乡饮"之际，在"仲尼庙堂"之中，在"诸生以时习礼其家"之时，历历在目，斑斑可考。

相应地，《韩诗》之祖韩婴对"五爵"的记述，就不是无根之谈。若韩婴胡编乱造，就会成为众矢之的，必将取辱于鲁儒，何以自立于学林。而且在《韩诗外传》之前，还有《考工记》《汉礼器制度》两种文献，也记有爵一升、觚二升、觯三升之制，足以互相支撑。而且在"五爵"之外，毛诗学者还有一个"觥大七升"之说。许慎《五经异义》："韩诗说：'觵五升，所以罚不敬也。'……诗毛传说：'觵大七升。'许慎云：觵罚有过。一饮七升为过多，当谓五升是也。"[1]"觵"亦作觥。在饮酒礼上，觥用于罚酒，跟"五爵"配合使用。那么又有了一种称"觥"的饮酒器事涉容量。毛诗一系的经学家也在传述着"容量化器名"。

三　容量化器名：政治需要

本文认定，"五爵"是一套"容量化器名"。为什么古人要把饮酒器名"容量化"呢？借用现代语词：一是为了"政治需要"，二是为了"业务需要"。政治需要，就是通过"以小为贵"的酒器设计，维系尊卑贵贱、长幼亲疏；业务需要，就是以此来给礼乐人员的陈设、赞导及饮酒者行礼提供便利。先来看"政治需要"。

古人说"百礼之会，非酒不行"，"非酒无以为礼"[2]。酒精能麻

---

[1]《春秋左传正义》卷二七孔疏引，阮本，第1913页中栏。
[2] 分见《汉书》卷二四《食货志下》，第1182页；王与之《周礼订义》卷七七引郑锷，《景印文渊阁四库全书》，第94册第508页上栏。

醉神经、刺激大脑。饮酒所带来的兴奋欣快，是其他饮料难以替代的。对这一点，饮用果酒的原始民就已深知了。"酒"在上古典礼中所扮演的重要角色，可以从酒器的发展史中看到。"酒"字从酉，学者或认为"酉"就是最原始的盛酒礼器——尖底瓶的象形。新石器后期，陶质的爵、觚、杯、尊、壶、罍、盉等多种容器被认为是酒器。在二里头文化之中，青铜酒器问世了。商周时青铜酒器蔚为大观，商中后期的酒器竟然占到了青铜礼器的 2/3 以上。酒器形制多样化了，酒器名目也多样化了。

周人对酒又敬又畏，既用酒来强化典礼的神圣或热烈，又严防酒祸、禁民群饮。这样，一个礼俗便滋生了：尊贵者的饮酒器较小，卑贱者的饮酒器较大，是为"以小为贵"，用以体现高贵者的节制与教养。反过来说，在饮酒典礼上使用较小酒杯，便成了身份高贵的标志[1]。礼制进化的主要表现之一，就是充分利用数列手段。像一、三、五、七、九、十二，或二、四、六、八之类的数列，被"周礼"大量使用。"数列化"给人一种特殊感受：它已超越了散漫无序的自然状态，升华为严整有序、精致美妙的文明成果了；与之同时，它又是体现自然秩序的，来自神圣的宇宙原理。饮酒器为此"数列化"了：逐渐固定为五种，逐渐形成了一至五升的容量等差，爵、觚、觯、角、散（斝）五个器名被用以转指不同容量，以便通过"以小为贵"来精细区分贵贱尊卑。

"以小为贵"就是尊贵者用小爵、卑贱者用大爵。下面来看几个实例——

  《礼记·礼器》：贵者献以爵，贱者献以散。
  孔颖达疏：《特牲》注云主人献尸用角。角受四升，其器

---

[1] 对饮酒器为何"以小为贵"，可参看我的《一词二义：酒之尊与人之尊》一文，原刊《华中国学》2020 年秋之卷，武汉：华中科技大学出版社 2022 年版，第 12—21 页。已收入本书。

小。佐食洗散以献尸。散受五升，其器大。是尊者小，卑者大。按天子诸侯及大夫皆献尸以爵，无贱者献以散之文，礼文散亡，略不具也。《特牲》"主人献尸用角"者，下大夫也。

"贵者献以爵，贱者献以散"的体现之一，就是祭祖典礼上向尸献酒之时，献酒者应按照一己身份高低，而使用容量不同的饮酒器。孔疏以《仪礼·特牲馈食礼》为证：士祭祖，"主人洗角，升酌，酳尸"。可见身份为士的主人，是用四升之角酳尸的。《特牲馈食礼》又记："利洗散，献于尸。""利"就是佐食者，是在典礼上打杂服役的吏。则身在群吏的佐食者，是用五升之散献尸的。利作为卑者，用五升之散，亦即用较大之爵；主人是尊者，用四升之角，亦即用较小之爵。此即"以小为贵"。

孔疏又说，特牲馈食礼之所以令主人用角献尸，其另一目的是"下大夫"。"下"的意思是"低于""低下"。《特牲馈食礼》所记是士礼，士低于大夫，故其饮酒器低于大夫，用角献尸。如果主人是大夫，那用什么献尸呢？从大夫、诸侯直到天子，都用爵献尸。爵只容一升，容量最小，所以最尊贵了。

我们继续看：

《礼记·礼器》：尊者举觯，卑者举角。

孔疏引崔灵恩：按《特牲》《少牢礼》，尸入举奠觯，是"尊者举觯"。《特牲》主人受尸酢，受角饮者，是"卑者举角"。此是士礼耳。[1]

崔灵恩征引《仪礼·特牲馈食礼》及《少牢馈食礼》来解释

---

[1]《礼记正义》卷二三，阮本，第1433页上栏—中栏。

《礼器》之文。如前所述,特牲馈食礼是士礼。祭祖礼上尸全场最尊,所以尸用觯尝酒,觯三升;相对于尸,身份是士的主人算是卑者,所以受尸酢时用角尝酒,角四升。或者说尸是受祭者,尊,所以用觯;士是祭祀者,卑,所以用角。

综合上述讨论,祭祀献尸时的用爵情况,便可以概括如下了——

1. 天子、诸侯及大夫献尸,用一升之爵;
2. 士祭礼,尸奠,用三升之觯;
3. 士祭礼,士献尸、尸酢士,用四升之角;
4. 士祭礼,贱者如佐食者,献尸用五升之散。

以上的用爵之法,是依据一己身份高低,而使用不同容量的饮酒器。还有另一用爵之法:不是根据一己身份,而是根据对方,也就是献酒对象的身份,而换用不同容量的饮酒器。其事如《礼记·祭统》所记上公九献之礼:

尸饮五,君洗玉爵献卿。尸饮七,以瑶爵献大夫。尸饮九,以散爵献士及群有司,皆以齿。明尊卑之等也。[1]

依《祭统》之文,在国君祭祀之时,要穿插着向卿、大夫、士与群有司献酒,在这时候,国君将分别使用玉爵、瑶爵、散爵。玉爵、瑶爵都是一升之爵,因为用不同质地的玉料装饰,所以高下有异。对于"散爵",王国维说是"杂爵",也就是以"杂"释"散"[2]。其说不确。孙希旦则认为"散爵"是五升之散,因系国君所用,所以饰之以

---

[1]《礼记正义》卷四九,阮本,第1605页中栏。按王引之认为,文中的"皆以齿"三字为衍文,见其《经义述闻》卷一六,南京:江苏古籍出版社1985年版,第382页。
[2] 王国维:《观堂集林》卷三《说觯》,第147页。

璧。这个解释较王氏为优[1]。又方悫也以"散爵"为五升之爵:"凡觞皆谓之爵。此言玉爵、瑶爵,正谓一升之爵尔。言'散爵'即五升之散也。《礼器》曰:'宗庙之祭,贵者献以爵,贱者献以散。'则不特献者然也,虽受献者亦然。"[2]卿、大夫贵,所以国君献卿、献大夫用一升之爵;士与群有司贱,故国君献士与群有司用五升之散。方氏所谓"则不特献者然也,虽受献者亦然",就是"献贵者以爵,献贱者以散"的意思,也就是根据献酒对象的贵贱而换用大小酒器的意思。

在大射礼与燕礼上,也有因对方身份各异而换用酒爵之事。《仪礼·大射仪》:

> 主人洗、酌,献士于西阶上。士长升,拜受觯。
> 郑玄注:献士用觯,士贱也。
> 贾公彦疏:言"献士用觯",对上献大夫已上觚。觚二升,觯三升,用大者贱,用小者尊,故云"士贱也"。[3]

主人向士献酒时使用三升之觯,郑注指出这是因为"士贱"。贾疏解释说,"献士用觯,士贱也"一点,是跟献大夫以上用觚的做法比较而言的。那么再来审视《大射仪》:

> 主人盥,洗象觚,升酌膳,东北面献于公;
> 主人洗觚,升实散(此散为散尊,对膳尊而言,散尊、膳尊都是盛酒器,不是酒爵),献卿于西阶上;
> 主人洗觚,升,献大夫于西阶上。[4]

---

[1] 孙希旦:《礼记集解》卷二三、二五,北京:中华书局1989年版,第638、1245页。
[2] 卫湜:《礼记集说》卷一一五引方悫,《景印文渊阁四库全书》,第119册第489页上栏。
[3] 《仪礼注疏》卷一八,阮本,第1042页下栏。
[4] 《仪礼注疏》卷一七,阮本,第1032页上栏,第1033页上栏、中栏。

主人向公、卿、大夫献酒,用二升之觚;因为此公是国君,身份最高,向公献酒,还改用了象骨装饰的象觚;向士献酒,则换用了容量较大的三升之觯。又,除了大射礼,燕礼上也有"献士于西阶上"等类似环节,参看《仪礼·燕礼》。据郑玄注,这仍是"献士用觯,士贱也"的意思,同于大射礼。综合大射礼与燕礼,则有:

1. 主人献公(国君),用二升之象觚;
2. 主人献卿、大夫,用二升之觚;
3. 主人献士,用三升之觯。

此即依对方身份而定酒爵大小的又一例子。贾疏所云"用大者贱,用小者尊",其"贱""尊"不是就献酒者而言,而是就受献者而言的,即,献尊者用小爵,献贱者用大爵。

在传统政治文化中,"齐家"与"治国"同等重要,"家事""国事"都是"天下事",权要们动不动就标榜自己有"家国情怀"。所以"五爵"礼制除了用于维系尊卑贵贱,还被用于维系长幼亲疏。例如:

> 《仪礼·特牲馈食礼》:实二爵、二觚、四觯、一角、一散。
> 郑玄注:二爵者,为宾献爵止,主妇当致也。
> 二觚,长兄弟酬众宾长为加爵,二人班同,宜接并也。
> 四觯,一酌奠,其三,长兄弟酬宾,卒受者,与宾弟子、兄弟弟子举觯于其长,礼杀,事相接。[1]

大致说来,在特牲馈食礼上,主妇、长兄弟、众兄弟、宾长、

---

[1]《仪礼注疏》卷四六,阮本,第1192页上栏。

众宾、宾弟子、兄弟弟子等，因亲疏长幼有异，所用的饮酒器亦容量不同，或用一升之爵，或用二升之觚，或用三升之觯。至于角、散，已见前述：主人献尸用四升之角，佐食献尸用五升之散。

附带说，酒爵的不同容量，除了用以区分身份高下，还可以区分礼数高下。例如：

1.《考工记》：献以爵而酬以觚（觯）。
2.《仪礼·乡射礼·记》：献用爵，其他用觯。

郑玄注：爵尊，不亵用之。

贾公彦疏：案上献宾、献众宾等皆用一升之爵，至酬及旅酬之等皆用三升之觯。以献为初相敬，故用爵；以酬之等皆用为相劝，故用觯，是以郑云"爵尊，不亵用之"也。[1]

献、酢、酬三环节中，前两个环节用一升之爵，到了酬的时候，主宾双方便改用三升之觯了。这是为什么呢？彭林解释说："酬的酒器用觯而不用爵，含有更新示敬之意。"其实除了"更新示敬"，更在于彭林随后的又一阐述："酬酒的礼数比献酒低。"[2] 如贾疏所言，献是"初相敬"，所以使用较小的一升之爵；酬属于"锦上添花"的劝酒，礼数低于献酒，便改用较大的三升之觯。在这地方，礼数高低是通过酒爵的容量大小来体现的。反过来说，就是酒爵大小除了涉及人之贵贱，还涉及礼数高低。

至此对于"五爵"的认识，以下三点就清晰起来了：爵必为五，"以小为贵"，五升之差。首先是爵必为五。《仪礼》相关篇章表明，必须有五种不同的饮酒器存在，上述典礼才能正常进行；若爵不为

---

[1] 分见《周礼注疏》卷四一、《仪礼注疏》卷一〇，阮本，第925页下栏、990页中栏。
[2] 彭林译注：《仪礼》，北京：中华书局2012年版，第95页。

"五",相关的礼文便失去意义了。比方说,若没有一升之爵,则大夫、诸侯、天子就无以献尸了;若觚、觯不异,燕礼、大射时献公、卿、大夫与献士就混为一谈了;若没有角、散之分,特牲馈食礼上士与佐食者献尸,就无以为别了。显然,君主贵族与礼乐人员在实践中意识到,五种饮酒器的存在,是行礼时区分身份的必要条件。所以"五爵"之制,不可能是后人凿空悬拟、向壁虚构的。

进而是"以小为贵"。《礼记·礼器》把使用"五爵"的基本规则概括为"以小为贵",孔颖达把它表达为"尊者小,卑者大",贾公彦把它表达为"用大者贱,用小者尊",总之这"以小为贵"系礼家常识,也不是后人所能凿空悬拟、向壁虚构的。据沈文倬意见,《礼记》乃是《仪礼》相关内容的传记。比如,《礼记·礼器》的"君尊瓦甒"之语,沈氏就认为是对《仪礼·燕礼》"公尊瓦大两"的解说之词[1],当然也是对《仪礼·大射仪》"膳尊两甒"的解说之词。准以此例,《礼器》"贵者献以爵,贱者献以散,尊者举觯,卑者举角",便是对《仪礼·大射仪》《燕礼》《特牲馈食礼》(及《少牢馈食礼》)相关礼节的解说之词。则"五爵"之别必定是大小之别;若非大小之别,"以小为贵"这四个字就没有着落了,无的放矢了。

进而是五升之差。周汉间所传述的"五爵"容量,与《仪礼》中爵、觚、觯、角、散的用法皆相吻合。饮酒器之大小,必定要落实在容量上;容量以一升为起点、以一至五升为等差,就是最简便的做法。"以小为贵",就是靠这个一至五升的等差来实现的,则这个容量等差亦非凿空悬拟、向壁虚构的。"五爵"容差必为一至五升。不难猜测,周人对酒的敬重与防范,导致了对饮酒量的特殊敏感,于是便娴熟地利用"数列化"技巧,实现了"以小为贵",以此精确控制酒量大小,进而是身份尊卑。顺便说,汉代的饮酒器上,往往有

---

[1] 沈文倬:《宗周礼乐文明考论》,杭州:浙江大学出版社1999年版,第36—37页。

"斗卮""七升卮""二升卮""髹布小卮"等容量标识[1]，这些容量标识当然也是用于控制饮酒量的。

总之，贵贱亲疏有异，则饮酒器大小有别；欲贯彻"以小为贵"，爵、觚、觯、角、散便缺一不可。或一升或二升，或三升、四升、五升，容差井然不紊。"五爵"各有其用，"一个都不能少"。"五爵"以不同容量"各尽所能"，用爵者根据尊卑高下"各取所需"。由此，那些因《韩诗外传》成于汉代而怀疑"五爵"礼制真实性的论者，可以三缄其口了。

在典礼的不同环节，因参与者的身份高下有异，大小饮酒器就得随时换用、变动不居。今人会觉得太过琐细麻烦，当事人却如鱼得水、乐此不疲。"容量化器名"与尊卑贵贱、亲疏长幼秩序，完美配合，无缝对接，水乳交融，浑然一体。这么奇异的饮酒器礼制，在世界史的范围看，也绝无仅有吧。笔者谫陋，没听说过还有其他什么地方，也出现过这种因人而异、不断换用大小酒杯的饮酒礼俗。事实上，我写作此文的目的之一，便是展示中国等级礼制的繁密精致，其中包含着一套绝无仅有的"容量化"等级酒器。

四　容量化器名：业务需要

下面再来看"业务需要"，也就是"五爵"礼制能给礼乐人员的陈设、赞导及饮酒者行礼提供便利。

首先，我认为"五爵"之名并非凭空新造，最大可能是从"五器"承袭而来的。为什么要袭用"五器"旧名呢？因为那样便利。

---

[1] 参看湖南长沙马王堆汉墓（M1）所见遣册。湖南省博物馆、中国科学院考古研究所：《长沙马王堆一号汉墓》，北京：文物出版社1973年版，上集第82页。

首先，一种做法变为积习、成为传统了，就难以改变；借用旧名、化旧为新，通常比凭空新造来得便利。觚、觯原来就是饮酒器名，继续使用并将之"容量化"，顺理成章。三足爵（包括被宋人名之为角、斝的三足器）虽是温酒器名，毕竟仍是酒器之名，不妨废物利用，令其发挥余热。

法国功能主义语言学家马丁内，提出了语言交际的"经济原则"，就是在正确传达信息、完成交流的前提下，以最小时间消耗和最小力量消耗的方式来使用语言。其实这就是效率原则，人类有大量的活动都遵循效率原则。给事物命名亦然。在为这一组大小不等的饮酒器命名之时，承袭旧名不但比创制新名省时省力，还免去了新创所造成的陌生之感。

进而在行礼时运用这种新名，也能省时省力。说"爵"就是一升之器，说"觚"就是二升之器……这对礼乐人员的陈设、赞导，对饮酒者的献、酢、酬，甚为便利。打个比方：在典礼的某个环节，赞礼者走过来说，"现在请您使用一升之饮酒器"，"现在请您使用二升之饮酒器"……听起来相当繁琐。若改云"现在请您用爵""现在请您用觚"……就简洁得多，符合"语言的经济原则"了。"五爵"虽是借用旧名，可当事人都心领神会，知道这时的爵、觚指大小不等的两种饮酒器，由此约定成俗。而礼书的撰作者，就照着礼乐人员的职业习惯，把旧器名的新用法秉笔直书、记录成篇了。

下面再由几个细节，继续观察基于"业务需要"的各种命名策略。

1. 依容量而定器名：缶、壶、瓦甒

跟饮酒器一样，在先秦古礼上，盛酒器的容量也遵循"以小为贵"的礼俗。《礼记·礼器》："五献之尊，门外缶，门内壶，君尊瓦甒。此以小为贵也。"郑玄注："五献，子男之飨礼也。壶大一石，瓦甒五斗。缶，大小未闻也。"壶、瓦甒的容量分别是一石、五斗，

那缶呢？孔颖达云："缶在门外，则大于壶矣。"〔1〕这个估计是很谨慎的。王夫之则很大胆："(缶)当倍壶，容二石也。"〔2〕我认为，三种盛酒器名也是容量之辞，瓦甒、壶、缶分别指五斗、一石及大于一石之器，由此体现了"以小为贵"。

又查《仪礼·燕礼》，燕礼所用的盛酒器，恰好也是三等：1. 两个"瓦大"；2. 两个方壶；3. 两个圆壶。又查《仪礼·大射仪》，大射礼所用的盛酒器，恰好也是三等：1. "膳尊两甒"；2. 两个方壶；3. 两个圆壶〔3〕。以上三等盛酒器，分别供公（即国君）、卿大夫与士旅食者使用。《仪礼》所述三等盛酒器，与《礼器》显然具有一致性，可参表3。

表3　三种盛酒器列表

子男飨礼	瓦甒	壶	缶
燕礼	瓦大两	两方壶	两圆壶
大射礼	膳尊两甒	两方壶	两圆壶
使用者	君	卿大夫	士旅食者
容量	五斗	一石	大于壶

在飨礼、燕礼和大射礼上，从容量说，容五斗酒的就称瓦甒（瓦大），容一石酒的就称壶，更大的就称缶；从用途说，给国君用的就称瓦甒（瓦大），给卿大夫用的就称壶，给士用的就称缶。至于所谓瓦甒、壶、缶实际是什么器形，须另行推求。我敢断定，这里的"瓦甒""方壶"，并不是文物考古学者所谓的尊、壶，实际都是青铜罍。瓦甒是罍，方壶是方罍，圆壶是圆罍。这个认识，是由摆放酒尊的

---

〔1〕《礼记正义》卷二三，阮本，第1433页中栏。
〔2〕王夫之：《礼记章句》卷一〇《礼器》，《船山全书》，长沙：岳麓书社2011年版，第4册第589页。
〔3〕分见《仪礼注疏》卷一四、卷一六，阮本，第1015页上栏、第1029页中栏。

两句规矩推论而来的,那两句规矩,一是"唯君面尊",一是"尊壶者面其鼻"。

在礼乐人员陈设典礼之时,要使酒尊的正面对着君主,这个摆放规矩叫"唯君面尊"。所谓正面,就是酒尊有鼻的一面,所以又有了"尊壶者面其鼻"的操作规范,提示在摆放时要让尊鼻向外,让酒尊的正面对着人。所谓尊鼻,据我所考,乃是铸在青铜器下腹部的一个凸起物,一个兽首状的环鼻。而罍这种青铜容器,就以"尊鼻"为其最突出的特征。又,"镭"被认为是罍之变体。陕西凤翔县出土的一件青铜镭自名"尊甒",学者指出甒是镭的别称。这也暗示罍、甒相关。总之,从"唯君面尊"和"尊壶者面其鼻"二事推测,飨礼、燕礼、大射礼上名之为甒、为壶的饮酒器,其实物实际是罍。战国铜器上的宴乐图纹饰所见酒壶,往往敛口广肩、下腹收敛,呈罍形,这一情况,也可以证明上述论点。可以参看本文第六节的宴乐图像。在燕礼、大射礼上,两个方壶和两个瓦大等四个酒尊,排成一线,都要以其尊鼻面对着国君,可知这四个酒尊都是有鼻的罍[1]。今之考古文物学者称"罍"者,先秦礼家原是称甒、称壶的。

春秋礼乐人员借用了更早时候的甒、方壶、圆壶之名,用以转指五斗之青铜小罍、一石之青铜大罍及大于一石的青铜罍了。飨礼、燕礼和大射礼上,甒、壶、缶三者,由此也变成"容量化器名"了。其时甒、壶、缶与罍的关系,类似于"五爵"与"五器"之关系。

顺便说,瓦大、瓦甒既然以"瓦"为称,可推测它们来源于瓦器,也就是陶器。所以学者说"礼书多称瓦甒、瓦大,则可知为陶制。今亦有陶尊、陶壶出土"。从文献看也有木制者,出土者则多为

---

[1] 关于"尊鼻",可参看我的《"尊壶者面其鼻"辨——〈礼记·少仪〉一个文句的注译问题》一文,原刊《文史》2019年第2辑,第5—26页。已收入本书。

铜制的[1]。瓦甒实有瓦制、木制、铜制三种。又士冠礼、士昏礼、士丧礼及既夕礼，也使用瓦甒盛酒。这四种礼典都是士礼。周聪俊："按大尊、瓦大、瓦甒，以今言之，盖皆陶制之酒壶也。其形制相似，但未必即为一器"，"士冠、士昏、士丧、既夕、士虞诸篇所云甒、瓦甒者，盖为士所专用。《礼记·丧大记》'士容甒'，孔疏云：'甒，盛酒之器，士所用。'是矣。然则天子用大尊，诸侯用瓦大，士用甒"[2]。士礼所用的瓦甒，不知是否仍为瓦器。

2. 依所容之物而定器名：罍

方才提到，给国君用的酒尊就称瓦甒（瓦大），给卿大夫用的酒尊就称壶，给士用的酒尊就称缶。这就具有"依用途而定器名"的意义了。

此外，礼书还把某些用途的礼器称为"罍"。什么用途呢？盛水。《仪礼·少牢馈食礼》："司宫设罍水于洗东，有枓。"郑注："凡设水用罍，沃盥用枓。"[3]又查《仪礼·士冠礼》郑注："水器，尊卑皆用金罍。"[4]这个"设水用罍"之说，启迪了我的又一个怀疑：礼乐人员为了便利，盛酒以供饮用的容器就称"壶"，盛水以供洗濯的容器就称"罍"。随后我发现，清人凌廷堪先已看到这一点了："凡盛水之器曰罍。"罍与斛水之斗、弃水之洗，在典礼上配合使用[5]。

文物辞典或云，罍既是酒器，也是水器。然而文物考古学者所认定的青铜罍，在礼书中另称瓦大、瓦甒或壶，并不称罍。礼书所谓"罍"，只是水器之名，又未必是文物辞典图示的那个样子。在礼书中，盛水的罍又有"洗壶"之名，也许实际是壶。总之，"设水用

---

[1] 钱玄：《三礼通论》，第144页。
[2] 周聪俊：《三礼礼器论丛》，台北：文史哲出版社2011年版，第36—37页。
[3] 《仪礼注疏》卷四七，阮本，第1198页上栏。
[4] 《仪礼注疏》卷一贾疏引，阮本，第948页上栏。
[5] 凌廷堪：《礼经释例》卷一一《器服之例上》，第285页。

罍",算是个"依用途而定器名"的例子。这是很"实用主义"的。

3. 依容酒状态而定器名：觯与觛

前引"韩诗说"："总名曰爵，其实曰觯。"这里的"爵""觯"，都是五种饮酒器之通称。"实"指斟满了酒的状态，斟满了酒的爵就改称为"觯"。《说文解字》："爵实曰觯，虚曰觛。"[1]"虚"就是尚未斟酒的状态，尚未斟酒的空爵就称为"觛"。则礼家以"爵"为饮酒器之通称，以"觯"为盛满了酒的爵之通称，以"觛"为尚未斟酒的空爵之通称。《礼记·投壶》："命酌曰：请行觯。酌者曰：诺。当饮者皆跪奉觯，曰赐灌。"[2]"命酌""当饮""赐灌"等辞，表明"行觯""奉觯"之"觯"，就是已斟了酒的饮酒器。《礼记·檀弓下》："杜蒉洗而扬觛。公谓侍者曰：如我死，则必无废斯爵也。"[3]这位"公"就是晋平公，他所说的"斯爵"就是杜蒉"扬"的那个觛。那个觛刚刚被洗干净，其中无酒，恰好符合"虚曰觛"。知尚未斟酒的空爵可以称"觛"。段玉裁："凡礼经曰'实'者，皆得曰'觯'"，"盛酒于觛中以饮人曰行觯"[4]。其解释可称精确，完全符合"爵实曰觯，虚曰觛"之古义。觯、觛这两种器名，又变成饮酒器的两种状态之名了。

4. 依使用场合而定器名：斗、瓒及废爵、足爵、繶爵

1976年，宝鸡市扶风县出土了两件青铜斗形酒器，属西周晚期，器主是伯公父。所谓"斗"，其外形很像今之水舀子。伯公父器的铭文中，有"用献，用酌，用享，用孝"之辞，显然是对器物用

---

[1] 许慎：《说文解字》卷四下《角部》，第94页。
[2] 《礼记正义》卷五八，阮本，第1666页上栏、中栏。
[3] 《礼记正义》卷九，阮本，第1305页下栏。
[4] 段玉裁：《说文解字注》卷四下《角部》，上海古籍出版社1981年版，第187页下栏、第748页下栏。

途的说明。"用酌"被学者释为酌酒。"斗"的功能就是用作酌器,类似于水舀子的用法。

"用献",应包括在裸礼上用来献尸。周代某些祭礼有"裸礼"环节,其时用"瓒"为裸器。据载,国君用圭瓒裸尸,大宗用璋瓒亚裸;又云,周天子用圭瓒初裸,王后用璋瓒亚裸。圭瓒、璋瓒的器形,被认为就是斗形。

若从文献看,斗形器在用为裸器时,又可以称"爵"。《礼记·王制》"赐圭瓒然后为鬯",郑玄注:"圭瓒,鬯爵也。"[1]广义的"爵"泛指饮酒器,"瓒"可以包含在内。《仪礼·士虞礼》所见,主人、主妇及宾长分别使用废爵、足爵、繶爵献尸。据我研究,所谓废爵、足爵、繶爵,其实都是有柄斗形爵,与斗、瓒同形。

而这就意味着,同一种有柄斗形器,用于酌酒则称"斗",用于裸礼则称"瓒",用于士虞礼则称"爵"。"因使用场合而定器名",便构成了又一个实用主义的命名策略。在陈晓明讨论裸礼时,已触及了这一点:"其实,对于瓒与勺、斗,我们大可不必强为之别。周代当某些日常器具被用于宗庙祭祀的时候,通常被赋予新的名称。……由此推断,则勺、斗被用于祭祀场合,当作赞助裸礼的器具,则可能被冠以特殊之名——'瓒'。"[2]其说甚是。

5. 觥：罚爵之"容量化"

先秦文献中经常出现"兕觥"这种器物,用于日常饮酒,以犀角制成,或者用牛角及铜木仿制,亦称"角爵"[3]。除了日常饮酒用

---

[1]《礼记正义》卷一二,阮本,第 1332 页中栏。
[2] 陈晓明:《裸礼用玉考》,《鸡西大学学报》2011 年第 8 期,第 130—131 页。
[3] 有一种方腹或椭圆形腹的酒器称觥,有流有盖,其盖为兽头形,或整个酒器作兽形。盛行于商后期与西周前期。有的觥在出土时其中有勺,容庚遂指出"可知此器乃盛酒之器而非饮酒之器"。见其《殷周青铜器通论》,第 52 页。这种觥与此处的讨论无关。

的觥,"觥"又特指饮酒礼上用于罚酒的角爵[1]。《周南·卷耳》郑玄笺:"觥,罚爵也。飨燕所以有之者,礼自立司正之后,旅酬必有醉而失礼者,罚之亦所以为乐。"陆德明《释文》:"《韩诗》云容五升,《礼图》云容七升。"[2]此外,毛诗学者也认为觥的容量是七升,许慎《五经异义》:"诗毛传说:觵大七升。"许慎觉得七升过大了,难以一饮而尽。对这种质疑,段玉裁不以为然:"五升亦恐非一饮能尽。"[3]王国维认为觥字有廓义,可以形容容量之大[4]。正是因为觥的容量最大,所以才用作"罚爵",好让你过量饮酒,彻底失态。那么觥的容量最大,是"以小为贵"的又一体现了。

《毛诗》孔疏:"正礼无觥,不在五爵之例。"[5]虽说觥"不在五爵之例",但"五爵"用于"饷"而觥用于"罚",是功能相关;"觥亦五升"或"容七升",是容量相关。罚酒使用角状饮酒器,应系古俗;而礼家让觥的容量与"五爵"大小相接,等于或大于五升,这也反证了"五爵"系容量概念,觥与"五爵"的关系,便可以说成是"5+1"的关系了。"觥"别作角形,所以其名称仍有器形意义,但在相当程度上,这个器名也"容量化"了。

6. 勺:斟酒器的"容量化"

《考工记》:"梓人为饮器,勺一升,爵一升,觚(觯)三升。"勺是酌酒器,为什么其容量被确定为"一升"呢?显然是为了配合饮酒器的五等容量:为一升之爵酌酒,一勺而就;为三升之觯酌酒,三勺即成。余类推。在学生食堂买菜,往往会以勺计,便与之同理:一勺就是一份

---

[1] 觥为饮器,也用为罚爵,还可参看周聪俊:《兕觥辨》,收入其《三礼礼器论丛》,第178页。
[2]《毛诗正义》卷一,阮本,第278页中栏。
[3] 段玉裁:《说文解字注》,第187页上栏。
[4] 王国维:《观堂集林》卷三《说觥》,第150—151页。
[5]《毛诗正义》卷一,阮本,第278页中栏。

菜，两勺就是两份菜，极其便利。东周列国度量衡差异很大，一升之容量，小者只有160毫升，大者可达236毫升[1]。取其均值，不妨以"1升≈200毫升"来把握五等容量的大致等差。若把勺及其容量也考虑在内，则"五爵"体制又可以表示为"1＋5＋1"了，后一个"1"是五升或七升之觥，前一个"1"就是一升之勺。七器容量，井然有序。

五　汉宋礼家的"凡诸觞皆形同"之说

在讨论先秦饮酒礼器时，郑宪仁当然不会忽略"韩诗说"所述五等酒器容量："所谓五种饮酒器只在《仪礼》与《韩诗说》中毕具，前者可以分析出用途与对应之身份，而后者则载及容量。"然而他的基本看法是："就记载五种饮酒器最多的《仪礼》一书而言，爵、觚、觯、角、散是五种饮酒器，不一定有容量上的等差，但是它们是可以区别的五种器类，与使用者的身份、场合与礼仪的性质有关。"[2]郑宪仁对五等容量等差持怀疑、否定态度，依然坚持"五爵""是可以区别的五种器类"，即五种不同器形。

在前文中，我已证明了"五等容量"与"以小为贵"都是真实存在的，否则礼书中的相关礼节就不成立了。然而，仅仅证明了"五爵"升数有别，还不足以证明它们形制无异。从逻辑上说，这距离"五爵系容量化器名"还有一步之遥。因为读者将这样质疑：就算爵、觚、觯、角、散容量有异，但它们仍可以器形不同啊。倘若"五爵"在器形上也有差异，即如商周"五器"那么大的差异，则"容量化器名"的论点便黯然失色，甚至功亏一篑了。然而传统礼家

---

[1] 丘光明、邱隆、杨平：《中国科学技术史·度量衡卷》，北京：科学出版社2001年版，第九章"列国量制"。
[2] 郑宪仁：《对五种（饮）酒器名称的学术史回顾与讨论》，第133、160页。

不那么看，他们传述着一个古老的说法——"凡诸觞皆形同"。

对"五爵"系容量概念这一点，今人茫无所知，可在传统礼学家那里，"凡诸觞皆形同"曾是常识。在宋儒的相关传述之中，就能看到这一情况。首先请看聂崇义《三礼图集注》：

1. 旧《图》云：凡诸觞皆形同，升数则异。
2. 旧《图》云：(角)其制如散。
3. 旧《图》云：散似觚。[1]

由第1条"旧《图》云"一语得知，"凡诸觞皆形同，升数则异"之说非宋人发端作古，而是其来有自，出自"旧《图》"，也就是出自历代《礼图》。绘制礼图，必须弄清器物的形制；对饮酒器形制，历代礼图绘制者传承着一个"凡诸觞皆形同，升数则异"之说。

进而，第2、第3条继续印证了"凡诸觞皆形同"：觚本来是筒形饮酒器，如果角与散同形、散又与觚同形的话，则散＝角＝觚，三者就都是筒形器，而角与散就都不可能是三足器了。这同宋代金石家的意见大相径庭，金石家们是把角、散（斝）认定为爵形三足器的。总之，在礼家世世相传的礼器形制中，"五爵"并不是五种不同器物，它们器形无异，外观相同。

聂崇义在编写《三礼图集注》时，参考了六种汉唐礼图，所谓"博采三礼旧《图》，凡得六本，大同小异，其犹面焉"[2]。"六本"分别出自郑玄、阮谌、梁正、夏侯伏朗、开皇官撰、张镒。既云"大同小异"，可知六者相去不远，代代相袭，非常富有连续性。在马国翰的《玉函山房辑佚书》中，有郑玄、阮谌《三礼图》、梁正《三礼

---

[1] 聂崇义：《三礼图集注》卷一二，《景印文渊阁四库全书》，第129册第167页下栏，第168页上栏、下栏。

[2] 窦俨：《三礼图序》，《三礼图集注》，第4页上栏。

图》、张镒《三礼图》三种辑本，主要辑自聂氏《三礼图集注》。在所辑张镒《三礼图》之前，马国翰有一段说明：

> 宋聂崇义《三礼图序》谓"博采三礼旧图，凡得六本"。以聂图所引考之，止有郑玄、阮谌、梁正、张镒四家。书中称述，皆称"旧图"，其有不同者，则举姓名以论列之。故凡"旧图"，皆采入郑、阮《图》中；其显标张氏者，别列一家。[1]

马国翰指出，在聂《图》征引前代礼图时，若六家图文全都一样，便径引为"旧《图》云"；如果某一家礼图有不同之处，聂氏就会列举出其作者姓名，以便跟其他几种礼图区别开来。在聂《图》的引述中被特举其名、显标某氏的，只有郑玄、阮谌、梁正、张镒四家，看来夏侯伏朗、开皇官撰的礼图没有与众不同之处。而六家之中，郑、阮最早，若六家礼图无异，必定是最早的礼图已然，也就是郑、阮礼图已然。所以凡是遇到"旧《图》云"，马国翰便把它辑入郑玄、阮谌《三礼图》。

马国翰这样处理，我觉得相当合理。而"凡诸觞皆形同，升数则异"及"散似觚"两句引语，都属"旧《图》云"，因而被马国翰辑入了郑玄、阮谌《三礼图》。又"（角）其制如散"一句也属"旧《图》云"，为马氏所遗漏，本来也应辑入郑、阮《三礼图》的。此外，黄奭《汉学堂经解》中的阮谌《三礼图》辑本，王谟《汉魏遗书钞》中的阮谌《三礼图》辑本，都有"凡诸觞皆形同，升数则异""角，其制如散""散似觚"这三句话[2]。综合马、黄、王意见，早在郑玄、阮谌《三礼图》之中，这三句话就已存在了。

---

[1] 马国翰：《玉函山房辑佚书》，上海古籍出版社1990年版，第2937页上栏。
[2] 阮谌：《三礼图》，黄奭《黄氏逸书考》辑本，道光年间黄氏刻、1934年朱长圻补刻本，第17册第12页右栏；王谟《汉魏遗书钞》辑本，嘉庆三年金溪王氏刊本。

进而，郑玄、阮谌未必就是"凡诸觞皆形同，升数则异"之说的首创者，也不是礼图的始作俑者。在他们之前，已经有礼图存在着。乔辉指出，《魏书·乐志》有"汉成帝时，犍为郡于水滨得古磬十六枚献呈，汉以为瑞，复依礼图编悬十六"之文，从"复依礼图"四字看来，西汉成帝时已有礼图了。这类礼图应构成了郑《图》的样图。郑玄《三礼注》还充分利用了叔孙通的《汉礼器制度》。乔辉经过比较，判定"郑氏'三礼'注当与《汉礼器制度》相合，郑撰《三礼图》亦当与《汉礼器制度》相合"[1]。清儒黄以周早已指出："《礼器制度》昉于汉叔孙通，郑、阮《礼图》多本其说。"[2]大约是为了便于汉廷制造，《汉礼器制度》为很多礼器提供了具体尺寸[3]，而其中恰好包括"觚大二升，觯大三升"之文。既有"觚大二升，觯大三升"字样，就可能也有"爵大一升"及"角大四升，散大五升"之文，甚至还会有"凡诸觞皆形同，升数则异"之语。申说"凡诸觞皆形同"，目的或许是给承担制造的工匠提供标准与规格。我猜测，"凡诸觞皆形同，升数则异"的传述，来自叔孙通早年对鲁国礼乐活动的耳闻目睹；可以通过《汉礼器制度》，把这个传述追溯到先秦礼乐人员世世相传的礼乐知识那里去。

传述"凡诸觞皆形同"的宋代学者，不止聂崇义《三礼图集注》。又如：

1. 王黼：若夫觯与角，则以类相从。故昔之礼学者谓诸觞其形惟一，特于所实之数多少，则名自是而判焉。故三升则为

---

[1] 乔辉：《郑玄撰〈三礼图〉真伪考》，《文艺评论》2011年第10期，第156页。
[2] 黄以周：《礼书通故》卷四九《名物图一》，北京：中华书局2007年版，第2257页。
[3] 《汉礼器制度》提供礼器尺寸的例子，又如《周礼·天官·凌人》郑玄注："《汉礼器制度》：大盘广八尺，长丈二尺，深三尺，漆赤中"；《左传》桓公二年孔颖达疏："阮谌《三礼图》：《汉礼器制度》云，冕制，皆长尺六寸，广八寸，天子以下皆同。"分见《周礼注疏》卷五、《春秋左传正义》卷五，阮本，第671页上栏、第1741页下栏。

觯,四升则为角,如是而已耳。[1]

2. 吕大临:旧《礼图》云:凡诸觞皆形同,升数则异。[2]

3. 章如愚:觚,一升曰觚。……凡诸觞形皆同,升数则异。[3]

4. 陈祥道:先儒言"诸觞皆形制同,而升数异"。然爵如雀,觚不圆。(原注:孔子曰:"觚不觚,觚哉觚哉!"古者破觚为圆,殳体八觚,坛有八觚。)则诸觞形制安得而同哉![4]

第1条中,王黼言及"昔之礼学者谓诸觞其形惟一"。"诸觞其形惟一"是"凡诸觞皆形同"的另一表述。"昔之礼学者"提法再次表明,这个论点古已有之。王黼本人对这个论点不无怀疑,对之的转述却很简练精确:礼家认定诸觞外形无别,"特于所实之数多少,则名自是而判焉",称爵、称觚或称觯、角、散,只取决于容量,能盛三升酒的就称"觯",能盛四升酒的就称"角",仅此而已。《宣和博古图》是金石学著作,其中的商周器名是以器形为本的;然而其作者王黼也很清楚,礼家另有"诸觞其形惟一"之说,其所遵循的是另一套称谓原理。

第2、第3条所见,是吕大临、章如愚传述"旧《图》云"。此后宋元明清,仍有若干学者传述着这段"旧《图》云"。恕不备引,以免冗芜。

第4条中,陈祥道以"爵如雀,觚不圆"来反驳"诸觞皆形制同,而升数异"。若来看陈氏《礼书》所提供的酒器图像,爵有雀形,觚有六棱。那个雀鸟形的爵,与聂氏《三礼图》中的爵形相同,可见陈祥道并不反对爵作雀鸟之形,他只是说这个爵与其余四器外

---

[1] 王黼:《重修宣和博古图》卷一六,第288页。
[2] 吕大临:《续考古图》卷二,北京:中华书局1987年版,第211页上栏。
[3] 章如愚:《群书考索》卷四五,《景印文渊阁四库全书》,第936册第598页下栏。
[4] 陈祥道:《礼书》卷九八,《景印文渊阁四库全书》,第130册第610页下栏—611页上栏。

观不同而已。至于觚，陈祥道受了"破觚为圆，爰体八觚，坛有八觚"一类说法的影响，便给觚体画上棱，这样觚体就由圆柱变成棱柱了，这个觚的外观就跟觯、角、散不一样了，因而同"诸觞皆形制同"发生冲突了。可见陈祥道反驳"诸觞皆形制同"的真正原因，只是为他自出心裁的六棱之觚辩护而已。

又清儒阎若璩云："若以'诸觞形制同，升数异，名遂因之而判'，殊不知《博古图录》有立戈觯容四合，文贝觯容五合，较双弓角容七合者固小，不又有容八合之山觯乎？是觯、角之别以形，不尽以量。"[1] 阎若璩的指责，是以《博古图录》等金石著作为依据的，等于用宋代金石学驳宋代礼学；至于"五爵"背后的称谓原理，阎氏就懵然无知了。

礼图及经图中的礼器图像，把"凡诸觞皆形同"可视化了。据郑宪仁考察，宋代的礼图传世者计有六家，其中与饮酒礼器相关的有三家：聂崇义《三礼图集注》、陈祥道《礼书》、林希逸《鬳斋考工记解》。郑宪仁又增明人刘绩《三礼图》、清《钦定仪礼义疏》、黄以周《礼书通故》，合为六家，将其中所见"五爵"图像列表展示[2]。读者可自行参看。这里只提供聂崇义《三礼图》中的"五爵"，请看图5。

《三礼图》中这五个器形，与金石家所提供的商周饮酒器图像绝异，"凡诸觞皆形同"的气息扑面而来。其中的觚、觯、角、散四器，均作有柄杯形；同时爵、角、散三器，全不是三足器形象。觚、觯、角、散同作杯形，这与聂《图》征引的"旧《图》""散似觚""(角)其制如散"，若合符契。当然，《三礼图》似乎没把"凡诸觞皆形同"贯彻到底，其中的爵被置于雀鸟的背上了，从而跟其余四器大不一样了。"爵"与"雀"的问题，在第七节还将触及。

---

[1] 阎若璩：《潜邱札记》卷一，《景印文渊阁四库全书》，第859册第401页下栏。
[2] 郑宪仁：《对五种（饮）酒器名称的学术史回顾与讨论》，第133、160页。

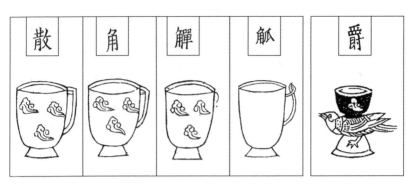

图 5 《新定三礼图》中的"五爵"
宋淳熙二年镇江府学刻公文纸印本,《中华再造善本》唐宋编,北京:国家图书馆出版社 2015 年版

聂氏《三礼图集注》中记有"五爵"尺寸,列表显示如下(表 4):

表 4 《三礼图》中的"五爵"内径数据

器名	容量	口径	深度	底径
爵	一升	四寸	二寸二分	二寸
觚	二升	四寸	四寸五分	二寸六分
觯	三升	五寸	四寸强	三寸
角	四升	五寸	五寸四分	三寸
散	五升	六寸	五寸一分强	四寸

(分见《三礼图集注》第 166、167、168、209 页)

我的博士生布依宁同学根据聂《图》数据求得容积,并据以绘制图像,请看图 6。

为饮酒器提供具体尺寸这种做法,并不以聂氏为始。《三礼图集注》叙玉爵:

《太宰职》云:"享先王,赞玉爵。"后郑云:"宗庙献,用玉爵。玉爵受一升。"今以黍寸之尺校之,口径四寸,底径二寸,上下径二寸二分。圆足。案梁正、阮氏《图》云:"爵尾长六寸,博二寸,傅翼,方足,漆赤中,画赤云气。"

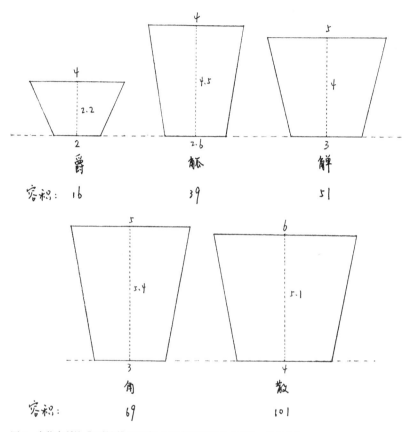

图 6 布依宁所绘《三礼图》"五爵"内径剖面及容积（单位：立方寸）

根据聂氏的叙述，在他之前，郑玄提供了玉爵的升数，阮谌、梁正《礼图》在形制、纹饰之外，还提供了"爵尾长六寸，博二寸"等数据。而聂氏对尺寸重新做了校订，"以黍寸之尺校之"。聂氏又云"（觚）至散，皆依黍尺计之"，也就是说，爵以外的其余四器尺寸，聂氏也做了校订。校订当然不等于首创。先秦文献中往往能看到器物尺寸，《考工记》即是。叔孙通的《汉礼器制度》，郑玄、阮谌、梁正、张镒等人的《三礼图》，也提供了很多器物的尺寸。

礼书"五爵"的称谓原理：容量化器名　　57

礼图所提供的图像，令"凡诸觯皆形同"这一点可视化了；尺寸的记录，又让"升数则异"这一点具体化了。若进一步搜集相关图像，就能看到，"凡诸觯皆形同"之说相当可信。详下。

六　战国宴乐图所见筒形饮酒器

历代礼图中，"五爵"的图像辗转绘制，难免变形失真。汉儒对春秋饮酒礼器的具体器形，是否能弄得很准，也将启人疑窦。《三礼图集注》中的觚、觯、角、散均作有柄杯形，春秋时的"五爵"真是那样子吗？对这一情况，也是要先画问号的。春秋典礼上所用饮酒器原本什么样子，在传世文献与考古实物中线索不足，幸好东周铜器上存在着宴乐图像，尚可以提供帮助。

在春秋末、战国初，若干青铜容器上出现了嵌错或刻纹的生活图像。图像内容最初以狩猎纹为主，至公元前5世纪中叶，又开始流行射侯、采桑、弋射、宴乐、水陆攻战等题材了。其画风相当写实，生活气息浓郁，场景栩栩如生[1]。"镂之金石"是一项专门工艺，得以镂之金石的，无疑就是被认为值得入画、可供欣赏的场面了。铜器刻纹的出现与流行，与《仪礼》十七篇的编纂，大致在同一时期，至少相去不远。学者对照礼书，比较异同，收获颇丰。他们发现，射侯纹饰、宴乐纹饰中的不少场景，都可以同射礼、乡饮酒礼、飨燕之礼相印证。看来到战国之初，依然古风未泯，贵族们不忘初心、犹恋旧礼，仍以射侯、乡饮、飨燕为娱乐之方。宴乐图的相关研究成果，给了我们这一信心：宴乐图中所见饮酒场面，跟春秋礼

---

[1] 参看马承源：《漫谈战国青铜器上的画像》，《文物》1961年第10期，第26—28页；叶小燕：《东周刻纹铜器》，《考古》1983年第2期，第158—164页；许雅惠：《东周的图像纹铜器与刻纹铜器》，《故宫学术季刊》第20卷第2期，2002年，第63—83页。

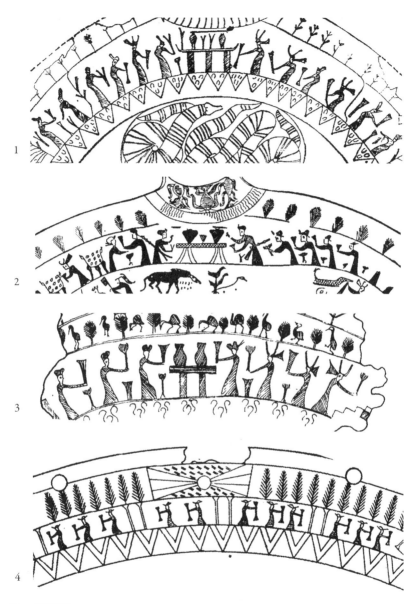

图 7 献酒景象
1. 铜匜纹饰。中国社会科学院考古研究所:《陕县东周秦汉墓》,北京:科学出版社 1994 年版,第 65 页,图五二上
2. 铜匜纹饰。同上,第 66 页,图五三 1
3. 铜匜纹饰。镇江博物馆:《江苏镇江谏壁王家山东周墓》,《文物》1987 年第 12 期,第 28 页,图六 1
4. 铜盘残片刻纹。淮阴市博物馆:《淮阴高庄战国墓》,《考古学报》1988 年第 2 期,第 199 页,图一二

制高度相关。那么利用宴乐图所见酒器,来对比礼书"五爵",就师出有名,事在必行了。

宴乐图中的饮酒图像形成了几种格套,往往在不同青铜容器上重复出现。饮酒场面中,人物的手持之物,大致是两种物品:用来进食的豆,或用来饮酒的大口筒形杯。这里选择若干画面,以供研判。图7可供观察献酒场景,图8可供观察酒器的细部。

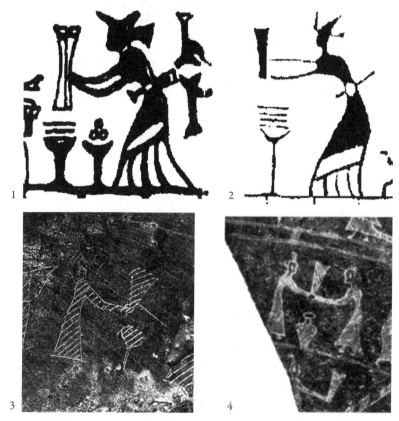

图8　筒形饮酒器细部
1. 铜壶纹饰。杨秉礼、李天荣:《试论凤翔高王寺镶嵌射宴壶》,《西北美术》1997年第4期,第22页,附图三
2. 铜壶纹饰。杨宗荣:《战国绘画资料》,北京:中国古典艺术出版社1957年版,图20。本文做了黑白反转
3. 铜匜纹饰。《中国青铜器全集》8,北京:文物出版社1995年版,第94页,图一〇五
4. 铜残片纹饰。梓溪:《战国刻绘燕乐画像铜器残片》,《文物》1962年第2期,第4页,右图

在各种宴乐图中，饮酒器的形象高度一致，在献酒时所使用的，都是上面图5、图6所见的那种敞口高筒饮酒器。

在前文中，我把礼书中的饮酒器组合概括为"1＋5＋1"，前一个"1"是酌酒的勺，后一个"1"是罚酒的觥，亦即角爵。这种角爵，在战国宴乐图中也能找到。朱凤瀚："江苏六合程桥春秋晚期墓中出土铜器残片上的刻纹，绘有一位贵族式的人物在使用一较长的角状器饮酒，或即所谓兕爵，皆证明东周时仍使用此种牛角形饮酒器。"[1] 六合程桥墓之铜残片刻纹，参看图9-1。图9-2也是一个类似的角爵。

两图均系战国初年作品，图中所见角形饮酒器酷似，而且两人都是在某种"凳子"上坐饮，坐姿雷同。这种场面有点特别，是否可以推测为罚酒景象呢？当然，对此场面学者有各种解释。无论如何，三足器爵、角、斝，在宴乐图中无迹可寻，若不计角爵，则宴乐图中所有的饮酒器，皆呈筒形，与礼家"凡诸觞皆形同""诸觞其形惟一"的传述，竟然完全一致。

对宴乐图中的饮酒器应如何称呼，王恩田态度谨慎，只称为"筒形器"而已："现在考古上使用的觯、觚、爵等器名，系宋人所定，是否即《仪礼》中所用，还是一个很大的疑问。由于《仪礼》《周礼》中觚、觯、爵三字古今文颇多混淆，郑玄多次指出过这一点，而典籍及注疏中又多言容积而不言其形状，所以赵固鉴等图案中的饮酒器还很难确定名称。"[2] 有的学者径称为"觯"。如，对山彪镇铜鉴刻纹中的筒形酒器，郭宝钧称觯[3]；对上海博物馆藏铜椭杯刻纹中的筒形酒器，马承源称觯[4]；对成都百花潭中学出土铜壶刻

---

[1] 朱凤瀚：《中国青铜器综论》，第192—193页。
[2] 王恩田：《辉县赵固刻纹鉴图说》，《文物集刊》2，北京：文物出版社1980年版，第162—163页。
[3] 郭宝钧：《山彪镇与琉璃阁》，北京：科学出版社1959年版，第19页。
[4] 马承源：《漫谈战国青铜器上的画像》，第28页。

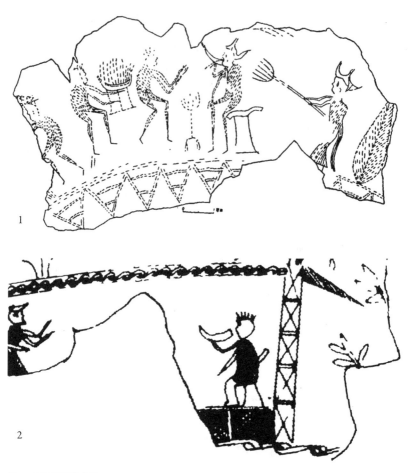

图 9　宴乐图所见角爵
1. 铜残片刻纹。江苏省文物管理委员会、南京博物院：《江苏六合程桥东周墓》,《考古》1965 年第 3 期,第 114 页,图一三
2. 铜匜纹饰。山西省考古研究所等：《山西省潞城县潞河战国墓》,《文物》1986 年第 6 期,第 9 页,图二〇 1

纹中的筒形酒器，发掘报告及杜恒称觯[1]。

张光裕："战国射猎宴飨图像纹所见类似觚形器者，亦或仍系

---

[1] 四川省博物馆：《成都百花潭中学十号墓发掘记》。地下的两个豆,在文中被误称为觚。又杜恒：《试论百花潭嵌错图像铜壶》。二文均见《文物》1976 年第 3 期,第 44、49 页。

'觛''觯'之属。"[1]既称为"觚形器",又说可能是觯,论点游移。林巳奈夫把这种"倒圆锥形杯""逆截头圆锥形器",与觚联系起来了[2]。扬之水也认定为觚:"宾主手持的饮酒之器,细腰,两头如喇叭,上边大,下边略小,则可以认出是觚","不过觚出现在早已不用它来饮酒的东周,则可能只是艺术中的复古。在商和西周早期的墓葬中,觚常常和爵伴随出土,西周中期以后,青铜觚已经不常见,不过仍有精致的漆木制品:北京琉璃河西周墓出土的木胎漆觚,彩饰之外,还贴了金箔,并镶嵌着绿松石。在用羽觞饮酒的时代,觚大约仍是保存古意的礼器,依然活跃在仪礼中"[3]。

商周之实用饮酒器,主要就是觚、觯、杯、尊等,它们都是筒形器。张懋镕还指出,觚、觯、尊、杯在器形上有"相生关系",还存在很多觚形杯、觚形尊、觯形尊之类的中间形态[4]。又李零:"觚的器形……和商周时期的'筒形杯'非常相似。"[5]从二里头文化到商周,筒形杯往往会带有觚形,即呈细腰、喇叭口形。当然西周时代的青铜觚,腰部非常之细,都跟今天民乐所用的喇叭相近了。而宴乐图中的筒形器,其腰部的纤细程度,有不少已没么夸张了,只是上部略粗而已。在战国前期,确实有这种筒形杯的实物出土,例如曾侯乙墓的若干漆木杯。请看图10。拿图10中的漆木杯,去比较前揭宴乐图的图8-2、图8-3、图8-4中的酒杯,不难看到它们之间的相似之处。

青铜觚在西周中期衰落了。面对宴乐图中的觚,扬之水推测漆木觚在典礼上被使用着。在其之前,郭宝钧已云:"再爵、觚、斝

---

[1] 张光裕:《从新见材料谈〈仪礼〉饮酒礼中之醴柶及所用酒器问题》,《文物》2013年第12期,第72页。
[2] 林巳奈夫:《殷周時代青銅器の研究》,东京:吉川弘文馆1984年版,第144—145页。
[3] 扬之水:《诗经名物新证》,北京:人民美术出版社2016年版,第181页。
[4] 张懋镕:《试论中国古代青铜器器类之间的关系》,收入《古文字与青铜器论集》第2辑,北京:科学出版社2006年版,第135页。
[5] 李零:《关于铜器分类的思考——自其不变而观之》,收入《入山与出塞》,北京:文物出版社2004年版,第264页。

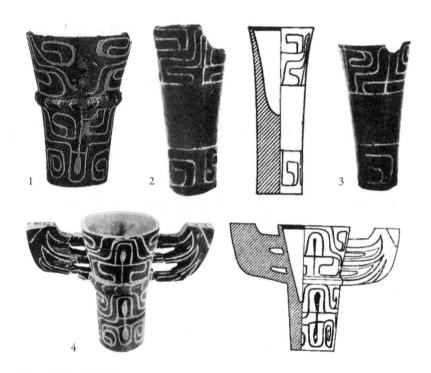

图 10　曾侯乙墓漆木杯
1.《中国漆器全集》，福州：福建美术出版社 1997 年版，第 1 册第 78 页，图 76
2-4. 筒形漆木杯。曾侯乙墓。《曾侯乙墓》，北京：文物出版社 1989 年版，
上册，第 370 页图二二九，1、3；下册，图版一三五，1、3

等饮酒器，西周后期罕见铜铸的，似东周酒风不盛。但《仪礼》中宾主酬酢之间，仍记饮器，这些饮器，当已改铜用木了。"[1] 马承源也认为："西周觚趋向衰落，很可能用漆木觚替代了青铜觚。"[2] 又林沄："中国先秦时代考古发现的饮酒器虽多为青铜铸造，从铭文来看大多是宗庙里供设的祭器。贵族中实用的酒杯恐怕是以漆觚为主，只是易朽而不容易保存至今。"[3]

---

[1] 郭宝钧：《商周铜器群综合研究》，第 144 页。
[2] 马承源主编：《中国青铜器》，第 185 页。
[3] 林沄：《古代的酒杯》，《中国典籍与文化》1995 年第 4 期，第 31 页。

无论是称觯、称觚,还是称"筒形器""倒圆锥形杯",都不难看到,学者们都默认了宴乐图中只有一种酒器,而不是五种不同的酒器,若不计偶或一见的角爵的话。无论如何,三足爵、角、斝在宴乐图中无影无踪。至少可以判断在宴乐图所反映的时代,礼典上所用的饮酒器是筒形器,而非三足器。

宴乐图中的那种高筒觚形杯,战国以下就不时兴了,成了夏商周主流饮酒器——觚的落日余晖。平底直筒、粗矮的卮,与椭圆形的浅腹耳杯取而代之,开始充斥酒席。王国维认为觯、卮为一事[1]。汉代的卮用作宗庙祭祀礼器,可以说用之为爵了,若卮源于觯,而觯曾在"五爵"之列,那么卮也算是"五爵"的余绪了。

聂氏《三礼图》中的觚、觯、角、散四器,都是单柄杯形,底部内收——对此古人描述为"锐下"——外观很像今之茶杯,算是继"卮"而起的又一爵形。至于《三礼图》中那种雀背负杯的爵形,可能始于新莽。但战国秦汉以降"爵"的变化,已是另一个问题了,只能另文讨论。

七 从酒器组合看爵名转移

商周"五器"之得名,是宋代金石家之功;宋代金石家则是拿了礼书"五爵",来为商周"五器"分类定名的。可是最终,"五器"与"五爵"弄成了截然不同的两套体系,二者之间笼罩着一团疑云,看不到"交集"了。

---

[1] 王国维指出觯、觛、卮、䰲、䚡五字同声,指的也是同一种酒器。见其《观堂集林》卷六《释觯、觛、卮、䰲、䚡》,第292页。

礼书"五爵"的称谓原理:容量化器名　　65

问题的关键在哪里呢？作为"容量化器名"，实为筒形杯的"五爵"，其爵、觚、觯、角、散（斝）五名是从哪里来的，约有两种可能：新创或承袭。在前文中我已提出，"承袭"的可能性比"新创"更大。因为承袭、借用符合"语言的经济原则"，减少了时间与力量的消耗，还可以免去新创所造成的陌生感。不过采用"承袭"的论点，就得承认在"五爵"之前，已存在爵、觚、觯、角、散（斝）五种器名了。然而真的如此吗？

甲骨文、金文中的爵字，恰为有柱有流三足爵形象。《说文解字》中的那个小篆"爵"字，就是由此演变而来，所以通过一脉相承的字形变迁，又可以回溯到甲骨文中的那个爵字上去。周初有一件三足酒器鲁侯爵，自名为爵[1]。这个"爵"字近年有争议。但若说商周已有了一个爵字，是三足爵的象形，似无大谬。宋人把那种青铜三足器定名为"爵"，应该没错。

宋人所定名的"觚"，近年被发现自名为"同"，但这不足以否定文献中的"觚"仍是一个饮酒器名。孔子有"觚不觚"之叹，朱熹释云："觚，棱也。或曰酒器，或曰木简，皆器之有棱者也。'不觚'者，盖当时失其制而不为棱也。"[2]商周青铜觚的显著特征，便是觚体上有4个或8个华丽的扉棱。宋人把它定名为觚，根据之一便是扉棱。我认为，"觚"应看成"同"之一种，原是有扉棱的青铜同之称。宋人把它定名为"觚"，居然也没有错。

再来看"觯"。青铜容器有自名为耑、为鍴的，王国维认为，耑、鍴就是"觯"的同音假借字。周忠兵又提出，甲骨文中有一个从卣丁声的字，可释为"觯"[3]。总之"觯"也是商周某种青铜容器之本名。

---

[1] 郭沫若：《鲁侯爵释文》，收入《殷周青铜器铭文研究》，北京：科学出版社1961年版，第100页。
[2] 朱熹：《四书章句集注·论语集注》，北京：中华书局1983年版，第90页。
[3] 周忠兵：《释甲骨文中的"觯"》，载《古文字研究》第30辑，北京：中华书局2014年版，第60—66页。

再来看"角"。许慎:"角,兽角也。"[1]甲文、金文中已有了"角"字,而且正是兽角的象形。以兽角为杯的做法,不但出现很早,而且很多民族都曾那么做。法国鲁塞尔旧石器时期的岩廊石壁上,就有女子手托角状器的浮雕。公元前2000年,爱琴海地区就使用着一种角形来通杯(Rhyton)了。中国在新石器晚期也出现了陶制角形杯[2],商周又出现了青铜角形杯[3]。《诗经》里不止一见的"兕觥",是兕角制成的饮酒器。朱骏声还提出:"疑古酒器之始以角为之,故觚、觯、觞、觥等字多从角。"[4]又段玉裁也看到:"凡觵、觯、觞、觚字皆从角。"[5]两位学者异口同声。虽然在考古发现中,商西周的角形杯寥寥可数,但饮酒器名多从角,仍然反映了在古人心目中,"角"与饮酒器有特殊联系。尽管"角"未必就是宋人指认的那种无柱三足器,总归它曾是商周酒器之名。

罗振玉、王国维认为"斝"是个象形字,像斝之形。李零认可这个意见:斝"名字是宋人起的,但器形与商代甲骨文中的'斝'字相像,定为'斝'还是有一定道理的"[6]。《诗·大雅·行苇》:"或献或酢,洗爵奠斝。"[7]可知西周确实有一种称"斝"的饮酒器。《左传》昭公十七年:"若我用瓘斝玉瓒,郑必不火。"[8]可知春秋仍有称"斝"之器。"斝"也是某种饮酒器之本名。

---

[1] 许慎:《说文解字》卷四下,第93页下栏。
[2] 河南禹县谷水河遗址第三期遗物中,有一只牛角形陶杯,编号Y1:74。河南省博物馆:《河南禹县谷水河遗址发掘简报》,《考古》1979年第4期,第306页。这是目前所能看到的最早的角形杯。
[3] 安阳侯家庄西北冈M1022出土了一件有盖青铜角。可参朱凤瀚:《中国青铜器综论》,第167页图三·三二8;严志斌、洪梅:《殷墟青铜器:青铜时代的中国文明》,上海大学出版社2008年版,第94页。又《西清续鉴甲编》卷一二也著录了一只周代的青铜兕觥,上海:商务印书馆1912年影宁寿宫写本,页一七。
[4] 朱骏声:《说文通训定声·角部》,北京:中华书局1984年版,第378页下栏。
[5] 段玉裁:《说文解字注》卷四下,第187页上栏。
[6] 李零:《关于铜器分类的思考——自其不变而观之》,收入《入山与出塞》,第255页。
[7] 《毛诗正义》卷一七,阮本,第534页中栏。
[8] 《春秋左传正义》卷四八,阮本,第2084页下栏。

由此看来，爵、觚、觯、角、斝本是商西周器物旧名的可能性，更大一些。青铜铸造的爵、觚、觯、角、斝，在西周中期日落西山了，爵、角、斝那种三足器形退出了礼器队伍，"以小为贵"的新礼如旭日东升，爵、角、斝的器名随机应变，另行投胎、改事新主，与觚、觯联手，转而为大小筒形杯冠名去了。"五器"与"五爵"并非没有交集，把二者联系起来的纽带，就是"器名转用"。

忽而拿三足爵之名来称呼筒形爵的容量，仍嫌生硬。其间还应有什么隐情，使这个转折较为润滑流畅了。名称的转义是个有趣的事情。比如"U盘"吧，从外形到用途，跟盘子毫无共通之处，怎么就称"盘"了呢？"盘"本指扁平而能容物的器皿，棋盘、算盘、配电盘等称"盘"，也由"扁平"或"扁平＋容物"而来。软盘、硬盘既是扁的，又能"容"物，即，能够存储数字信息，于是接着称"盘"。U盘上承软盘、硬盘的数字存储功能，于是继续以"盘"为称。人们没觉得"U盘"之名突兀、别扭，中间环节的存在，让这个转变如行云流水了。由此想来，爵、觚、觯、角、散（斝）转指容量，也应存在着某种中间环节，让转变变得流畅自然了。

1976年，宝鸡市扶风县云塘窖藏中发现了两件斗形器，属西周晚期，器主是伯公父[1]。这种器形以往称斗、勺或瓒，但伯公父器的自名却是"爵"，由此引起了广泛兴趣。马承源、张持平认为这种器形也是爵[2]，李学勤、李零、何景成等不但称之为爵，还认为这种

---

[1] 陕西周原考古队：《陕西扶风县云塘、庄白二号西周铜器窖藏》，《文物》1978年第11期，第6页。
[2] 马承源主编：《中国青铜器》，第171页。张持平：《商周用爵制度的提出及初步研究》，收入吴浩坤、陈克伦主编《文博研究论集》，上海古籍出版社1992年版，第46页。

器形就是东周文献、东周礼书之中作为饮酒器的爵[1]。李春桃还说，以往称"爵"的那种三足器实应称"觞"，伯公父器才是"爵"[2]。朱凤瀚不认为伯公父器是饮酒器，他主张此器称"斗"，其用途是酌酒。此器铭文有"用献，用酌，用享，用孝"之辞，"酌即往饮酒器中斟酒"，"此型斗亦称'爵'，表明爵在当时已可以作为酒器之泛称，或者此种斗与温酒器之爵是同名而异形之器"[3]。

有一些宽柄斗形器，其前端饰有雀鸟，学人随即把这一点也纳入考虑。《说文解字》称爵"象爵（雀）之形"，又云"所以饮器象爵（雀）者，取其鸣节节足足也"[4]。马承源因论饰雀斗形器："此或即《说文》'象爵者，取其鸣节节足足'之说的由来。……《说文》所解释之爵，或兼括早晚形式，字形有早期象形的迹象，而解释为雀之鸣节节足足，乃取东周饰雀的饮器。"[5] 亦即《说文解字》"爵"之字形，来自早期的三足爵形；《说文解字》对"爵"的释义，则是以饰雀斗形器为依据的。因雀、爵音同，可以通假，也许这就点燃了古人的一个灵感，在斗形器上增加了一个雀鸟，以暗示此爵与三足爵是此起彼伏、薪尽火传的关系。所以饰雀现象，强化了斗形器可以称"爵"这一认知。

无论如何，因伯公父器自名为"爵"，我们便面对着三种爵了：

---

[1] 李学勤："爵自西周中期以后逐渐消失，但并非绝嗣无后，而是被'伯公父勺'式的器物所替代。'伯公父勺'的器名仍应释'爵'，晚期文献中的'爵'就是这种'爵'。"转引自李零：《读〈楚系简帛文字编〉》，《出土文献研究》第5辑，北京：科学出版社1999年版，第155页。李零："这种爵……应即礼书中频频提到的爵。"《关于铜器分类的思考——自其不变而观之》，《入山与出塞》，第253页。何景成："文献中作为饮酒器的'爵'，其形制应该如本文所讨论的器物（伯公父勺）。"《论包山简酅之觞——兼说爵的形制》，张光裕、黄德宽编：《古文字学论稿》，合肥：安徽大学出版社2008年版，第389页。
[2] 李春桃：《从斗形爵的称谓谈到三足爵的命名》，《中研院历史语言研究所集刊》第89本第1分，2018年3月，第47—118页。
[3] 朱凤瀚：《中国青铜器综论》，第274页。
[4] 许慎：《说文解字》，第106页下栏。
[5] 马承源主编：《中国青铜器》，第171页。

1. 夏、商、西周的爵，为三足器；
2. 周晚期以来的爵，为有柄斗形器；
3. 东周礼书中的"爵"，为筒形器。

三种器形判然不同，然而都曾称"爵"；其中的有柄斗形器，恰好居于三足器与筒形器之间。方才我们猜想的"中间环节"，似乎浮出水面了，那就是有柄斗形器吗？随后的辨析，将把以下三说，用作讨论前提：

1. 三足爵（及角、斝）是温酒器。（容庚、张维持等说）
2. 斗形爵是酌酒器。（朱凤瀚等说）
3. 三足爵与斗形爵前后衔接，后者替代前者。（李学勤等说）

在温酒的时代，要先把酒壶中的酒倒入三足爵，加温之后，再把三足爵中的热酒酌入觚形杯。然而礼俗与时俱进，由于某种原因，人们逐渐不温酒了。这就成了一个转折点。人们改用斗或勺从酒壶中舀酒，再给饮酒器注酒。由此三足爵没用了，"酒尊→斗勺→三足爵→筒形杯"的流程，简化为"酒尊→斗勺→筒形杯"了。大约就是为此，温酒用的三足爵、角、斝在西周中期消歇了，退出了礼器的行列，转而由斗、勺跟饮酒器成龙配套了。勺的使用，战国宴乐图中历历可见：图 11-1 是二人用勺从罍中酌酒，向手中的觚形杯注酒。图 11-2 是一人用勺酌酒，向另一人手中的觚形杯酌酒。图 11-3、图 11-4，都是一人右手持勺，给左手中的觚形杯酌酒。温酒程序显然已被省略，其间已没有三足爵什么事了。《仪礼·乡饮酒礼》："尊两壶于房户间，斯禁"，"加二勺于两壶"；《乡射礼》："两壶，斯禁，左玄酒，皆加勺。"[1] 铜壶、铜罍在出土之时，往往也有

---

[1] 阮本，第 980 页下栏、第 993 页中栏。

图 11　用勺酌酒场景

1. 铜匜刻纹。长沙黄泥坑 M5。湖南省博物馆:《长沙楚墓》,《考古学报》1959 年第 1 期, 第 49 页, 图二 2
2. 铜椭杯刻纹。上海博物馆藏。马承源:《漫谈战国青铜器上的画像》, 第 29 页, 图一
3. 铜壶刻纹。韩伟、曹明檀:《陕西凤翔高王寺战国铜器窖藏》,《文物》1981 年第 1 期, 图版六 4。杨秉礼、李天荣:《试论凤翔高王寺镶嵌射宴壶》, 第 23 页, 附图三
4. 铜壶刻纹。故宫博物院:《故宫青铜器图典》, 北京: 紫禁城出版社 2010 年版, 第 196 页

勺与之同见天日。勺成了壶、罍与觚形杯之间的中介。

无论勺、斗, 我们猜测都曾视之如爵。为了分类方便, 今人或把短柄大首者称斗、长柄小首者称勺。但在古人那里勺、斗互训。"酌"字从勺, 勺就是"用酌"的器具。而伯公父器的功能也是"用酌", 也被若干学者名为"伯公父勺"。用"爵"往饮酒器里酌酒, 反过来就是酌酒的器具称"爵"。尽管斗、勺并无温酒功能, 但它们处于酒壶与酒杯之间, 其酌酒功能却同于昔日的三足爵, 便

顺水推舟，继续以"爵"为称了。

在东周饮酒礼上，勺跟"五爵"配合使用，其容量被确定为一升。勺若可以称"爵"，"一勺酒"就可以说成"一爵酒"。最高贵的饮酒器恰好也容一升，用一升之"爵"——即勺——给一升之饮酒器酌酒之后，礼乐人员就可以说"请您饮用这一爵之酒"了。由此，一升之饮酒器也名之为"爵"了。三足温酒器之"爵"名，以酌酒器"勺"为中间环节，如此这般地传导到一升饮酒器上来。又因"五爵"都靠称"爵"的勺酌酒，其容量分别为一爵、二爵、三爵、四爵、五爵，于是，"爵"又成了五等饮酒器之通称。若"五爵"分称，则是爵、觚、觯、角、散（斝）。"爵"这个旧日的三足器名一马当先，率先担任了一升之杯之称，由此便开了一个先例、带了一个好头。在"爵"的裹挟之下，觚、觯、角、散（斝）随即跟进，也变成了二升、三升、四升、五升之杯之称。作为一套"容量化器名"的"五爵"，大概就是这么来的。

总之，我猜测"爵"名的转移过程，就是从三足温酒器称爵，到勺或斗等酌酒器称爵，再到一升之饮酒器称爵，及五等饮酒器通称为爵。略如下图12所示：

图 12　爵名转移示意

在上述模式中，伯公父爵并不是东周礼书中的"爵"，伯公父器的爵名处于上述第二阶段，而不是第三阶段。但在第三阶段，人们依然保留着一个历史记忆：饰雀斗形器曾经也是一种爵。

在"五爵"组合形成后，从礼书看，仅用于酌酒的勺或斗又不称"爵"了。这也是出于"业务需要"，避免酌酒器与饮酒器名称混淆，行礼时造成误解。

＊　＊　＊

本文对"容量化器名"的论证，其核心论点可概述如下：

1. 因三足爵、角、斝皆非饮酒器，且久已不用，所以商周"五器"不可能是礼书"五爵"。

2. 礼家称"五爵"容量分别是一升、二升、三升、四升、五升，而饮酒礼上的爵、觚、觯、角、散的具体用法，确定无疑地证明了"以小为贵"的容量等差的存在。

3. 商周常用饮酒器觚、觯、杯、尊等，都是筒形。就"筒形"而言，礼家"凡诸觞皆形同"之说符合实情，足以取信。

4. 战国宴乐图所见饮酒器中，没有一个三足器，皆是觚形杯，遂进一步锁定了"凡诸觞皆形同"。

据此，"礼书'五爵'系容量化器名"的判断，殆无疑义。既然"五爵"爵、觚、觯、角、散实际都是觚形杯，则征引礼书"五爵"以证商周"五器"，或拿商周"五器"释礼书"五爵"的各种既往做法，都属沙上建塔、空中楼阁，不妨考虑修订放弃。进而对礼书所见盛酒器名，如瓦甒（瓦大）、方壶、圆壶等，也有了反省的必要——它们其实也是"容量化器名"。

"容量化器名"是前所未知的，这个概念，拓宽了认识先秦古器名的思路与视野。"五爵"的称谓原理并非特例，为了业务需要与政治需要，礼家经常使用实用主义的、政治化的命名策略。今人为古器物分类定名，遵循的是科学分类原理，主要是"器形＋用途"原理。但人们也应知道，先秦礼家的器物命名方式，与今人并不全同。

对"三礼"中的名物词,虽已有了大量研究,现在看来,仍未穷尽其中奥秘,包括其不同命名策略。若对其命名策略做一综合研究,那应是一件可以计日程功的工作,刷新对古器名,进而是对古礼制的认识。学人不妨尝试。

"尊壶者面其鼻"辨
——《礼记·少仪》一个文句的注译问题

一 问题的提出

在先秦的饮酒典礼上,酒尊的摆放方式"因人而异",具体说就是因参与典礼者的尊卑而异。参与者之尊卑体现在座席上,所以,不同典礼上酒尊与出席者之空间布局,便呈现出了不同的"人—尊关系"。例如在乡饮酒礼、乡射礼上,因宾主身份大致对等,所以酒尊与座席的布局是"统于尊"——来宾的座席位于酒尊两侧,越接近酒尊身份越尊。燕礼、大射礼就不同了,这时候因有君主出场,"人—尊关系"就变成"统于君"了:卿大夫们只能侧对着酒尊,惟有君主的座席正对着酒尊。这种布局叫"唯君面尊",目的是显示恩惠为君主所专。

对不同饮酒礼上的"人—尊关系"变化,我已另行作文阐述[1]。本文要讨论的,是一个残留下来的细小疑问。"唯君面尊"一语出自《礼记·玉藻》。孔颖达疏把"唯君面尊"解释为"尊鼻乡君"("乡"通"向",后同),就是说在设置酒尊时,应使酒尊的"鼻"正对着君主。而说到"尊鼻",《礼记·少仪》又有一条相关记载:"尊壶者面其鼻。"郑玄注云:"鼻在面中,言乡人也。"即酒尊的正面有鼻,在摆放时,应使有鼻的那一面朝着人。于此孔疏又云"鼻宜向于尊

---

[1] 拙作:《酒尊与席次:前行政化时代的原生等级标识》,收入《祝总斌先生九十华诞颂寿论文集》,北京:中华书局2020年版,第1—19页。

者",意思是说,尊鼻所正对的那个人,特指"尊者",而不是所有在场的人。这跟郑玄的解释就不尽相同了。后人对《少仪》"尊壶者面其鼻"一语的注释,继续出现分歧。

在《礼记》的不同现代注译本中,分歧大致围绕以下三点:1."鼻"是什么;2."尊壶"二字该怎么理解;3.酒壶应该朝着什么方向。这三点之中,"尊鼻"是重点之所在。下面便以对"鼻"字的诠释为纲,仅据不完全检索,把笔者所见到的四种不同注译,略陈于次:

第一种,只云"鼻"但无具体解释,甚至不出"鼻"字。如——

1. 尊、壶皆将其鼻向前而设。[1]

2. 樽、壶有面,面上有鼻,其鼻向人而设。[2]

3. 尊、壶,其鼻向前。[3]

4. 设尊、设壶的人都要使尊、壶的鼻向着尊长者,鼻的具体形制不详。[4]

5. 要使尊、壶的鼻向着尊长者。[5]

6. 尊和壶面上的鼻要正对着尊长者。[6]

7. 摆设酒壶的人,要使壶鼻朝向尊长。[7]

8. 设尊设壶都要让尊和壶的正面面对尊者。[8]

最后一项即第8项,就是只说"正面面对",而不出"鼻"字的例子。

---

[1] 服部宇之吉:《汉文大系·礼记》,富山房1913年版,第10页。
[2] 桂五十郎:《汉籍国字解·礼记》,早稻田大学出版社1927年版,第171页;鹤田久作:《国译汉文大成》第四卷《礼记》,东洋文化协会1956年版,第348页。
[3] 市原亨吉等:《全释汉文大系》第13卷《礼记》,集英社1979年版,第378页。
[4] 杨天宇:《礼记译注》,上海古籍出版社1997年版,第608页。
[5] 任平:《礼记直解》,杭州:浙江文艺出版社2000年版,第285页。
[6] 张延成、董守志主编:《四书五经详解·礼记》,北京:金盾出版社2010年版,第362页。
[7] 胡平生、张萌译注:《礼记》,中华经典名著全本全注全译丛书,北京:中华书局2017年版,第690页。
[8] 高占祥主编:《四书五经全注全译全评》,北京:线装书局2006年版,第385页;编译组:《礼记译注》,北京:中国商业出版社2012年版,第346页。

第二种，释鼻为壶嘴。如——

1. 如果用壶代尊，应使壶嘴向外对着人。[1]
2. 用壶作酒尊时，就以壶嘴向着人。[2]
3. 以酒壶代酒樽时，要将壶嘴对着尊长。[3]
4. 陈设酒壶者要使壶嘴朝外向着人。[4]
5. 面其鼻，壶嘴向着人。[5]
6. 如以壶代尊，则壶嘴应向外对着人。[6]
7. 陈设酒壶的人，要使壶嘴朝外向着人。[7]
8. 设樽、设酒壶者要使樽、壶的鼻嘴朝前对着尊长者。[8]
9. 摆设酒壶的人，要使壶嘴朝外向着人。[9]
10. 设樽设壶都要将正面有鼻口的地方对着人。[10]

第三种，认为尊、壶面上有纹饰，如同人脸，意谓"鼻"就是人脸上的鼻子。如——

1. 樽、壶，其鼻面向对方而置；酒樽或酒壶多描绘人脸。[11]

第四种，壶肚上有兽面装饰，鼻即兽面之鼻。如——

1. 壶是盛酒的带鼻的大型器皿，酌酒时也用木勺从壶中往

---

[1] 王梦鸥：《礼记今注今译》，北京：新世界出版社2011年版，第313页。
[2] 吴树平、赖长扬主编：《全译本白话四书五经·礼记》，北京：国际文化出版公司1992年版，第612页。
[3] 姜义华：《新译礼记读本》，台北：三民书局1997年版，第494页。
[4] 钱玄、钱兴奇等注译：《礼记》，长沙：岳麓书社2001年版，第480页。
[5] 梁鸿选注：《礼记》，长春：时代文艺出版社2003年版，第165页注138；袁祖社等编：《四书五经全注全译》，北京：线装书局2002年版，第1083页注138。
[6] 潜苗金：《礼记译注》，杭州：浙江古籍出版社2007年版，第439页。
[7] 吕友仁、吕咏梅：《礼记全译》，贵阳：贵州人民出版社2009年版，第517页；傅春晓：《礼记精粹》，成都：天地出版社2017年版，第221页。
[8] 陶新华：《四书五经全译》，北京：线装书局2016年版，第897页。
[9] 贾太宏：《礼记通释》，北京：西苑出版社2016年版，第425页。
[10] 徐芹庭：《细说礼记》，新北：圣环图书公司2016年版，第481页。
[11] 竹内照夫：《新释汉文大系·礼记》，明治书院1977年版，第538页。

酒爵里酌。壶肚上有个兽面装饰，设壶、樽时让兽鼻朝前。[1]

就前揭"尊鼻""尊壶者"及尊鼻朝向三个问题而言，各家的歧异之处，可以这样归纳——

1. 何为"尊鼻"，说法有三：壶嘴；人脸状纹饰中的鼻；壶肚上的鼻形兽面装饰。
2. 何为"尊壶者"，说法有四：尊与壶；设尊、设壶的人；设壶的人；用壶代尊。
3. 对"尊鼻"的朝向，说法有五：向着人；向前；向着尊长者；向着君；向着"尊者"即设尊者。

第2、第3个问题，涉及了不同饮酒典礼上设尊者、酌酒者的朝向及君主座席朝向，我们置于最后一节讨论。第1个问题"尊鼻"究为何物，拟先行观察。在这个问题上，先秦盛酒器的实物及战国宴乐图像，应能提供帮助，详下。

二 "尊鼻为壶嘴说"质疑

"尊壶者面其鼻"的"鼻"是酒壶外形的一部分，那么对"鼻"的解释就不能只局限于文献了，应"两条腿走路"，还要征之于古器物。说到古器物，最终是要由文物考古专家判断定夺的。笔者并不是专家，在这里只能提出推测，以供专家参酌。

---

[1] 王文锦：《礼记译解》，北京：中华书局2001年版，第508页。

在讨论壶鼻之前，对"什么是壶"还得先行做一提示。这问题可能不像初看上去那么简单。现代的酒壶塑造了人们的"先入之见"，若查阅文物考古辞典，又能看到被名之为"壶"的，是一种长颈、鼓腹、圈足的古器物。然而本文首先要说明：礼书中的器名，与文物考古专家的分类定名未必一致，甚至与古器物的自名都未必一致。例如礼书中的"尊"，未必特指那种圈足、长颈、敞口的盛酒器，而是盛酒器之通称；又如礼书中的"爵"，也不是那种三足有流的商式爵，而是饮酒器之通称，或容量一升的饮酒器之称。礼书中的酒器之名，来自先秦礼乐人员的职业习惯，他们称呼酒器不光依据器形，还跟酒器的容量、用法相关，这样做，是为了给他们的陈设、赞导工作增加便利。这一论点，后文还将论及。我认为礼书所谓"壶"，也是跟容量、用途相关的概念，并不能跟文物考古学家所定名的那种"壶"画等号。所以在讨论尊鼻之时，还应把更多盛酒器，如盉、卣、缶、罍、罇之类，都纳入视野，进而推敲出其中的哪一种跟"尊鼻"相关度最大。

首先来看"壶嘴"之说。如前所见，把"尊壶者面其鼻"的"鼻"说成是壶嘴的现代注译本，相当之多。而由"壶嘴"来认识"尊鼻"，清人已然。在此之外，清人还有把"鼻"说成壶柄的。下面把"柄""嘴"两说举例如下：

1. 虞兆漋：夫鼻者，柄也。口与柄前后相对。既以柄之所向主施惠者为尊，必以口之所向主受惠者为卑，故不以口向人，敬客之意耳。[1]

2. 阮葵生：鼻，柄也。鼻向君，则嘴向己。[2]

----

[1] 虞兆漋：《天香楼偶得·壶口禁忌》，《四库全书存目丛书》，济南：齐鲁书社1995年版，子部第98册第283页上栏。
[2] 阮葵生：《茶余客话》卷二二《忌以壶嘴向客》，北京：中华书局1960年版，第709页。

3. 张澍：以鼻为柄，其说亦非。鼻即今之所谓嘴也，在前；柄则在后，手所执处也。……然则《少仪》之言不以鼻向客者，盖恐不意触翻倾洒淋漓沾污客衣耳，且虑有热气沸腾触客口鼻耳，岂有他哉？[1]

4. 孙希旦：此特言"尊壶"，则尊之有鼻者唯壶欤？[2]

  第1、第2条认为"鼻"是柄、是把手，与出水或出酒的"口"或"嘴"相对。第3条张澍驳斥前说，认为"鼻＝嘴"，《礼记·少仪》之所以说不要让壶嘴对着客人，是怕热水洒到客人身上，或热气烫了客人。可见张澍根本没读懂《少仪》，以他那个时代的茶壶解说先秦酒壶，全是臆说。由第4条所见，礼学名家孙希旦居然也把先秦礼书中的"壶"，先行认作汉晋以来的那种有嘴有柄的酒壶了。

  较早版本的《辞源》取"壶柄"之说："壶柄谓之鼻。《礼》'尊壶者面其鼻'。又把柄亦称把鼻。"[3]这个解释被各版《辞源》长期沿袭[4]。到了1979年版《辞源》，在释鼻为"壶嘴"之时，引"尊壶者面其鼻"为证，但又补充说"一说壶柄谓之鼻，故把柄亦称把鼻"[5]。两存壶嘴、壶柄之说。《汉语大字典》则在释"鼻"为壶嘴之时，也把"尊壶者面其鼻"拿来作为证据[6]。那么本文的讨论，还涉及了辞书对"鼻"之解释的正确与否。

  问题是《少仪》所记"尊壶者面其鼻"系先秦礼制，那么酒壶的流与柄，能在先秦实物中得到证实吗？先秦之铜壶实物，确实有

---

[1] 张澍：《养素堂文集》卷三〇《尊壶者面其鼻解》，《续修四库全书》，上海古籍出版社2002年版，第1507册第90—91页。
[2] 孙希旦：《礼记集解》卷三五，北京：中华书局1989年版，第949页。
[3] 《辞源》，长沙：商务印书馆1915年版，亥部第134页中栏。
[4] 直至台湾商务印书馆1980年版的《辞源（增修本）》，仍沿袭其说，参看其亥部第102页。
[5] 《辞源》，北京：商务印书馆1979年版，第3595页右栏。
[6] 《汉语大字典》，武汉：湖北辞书出版社，成都：四川辞书出版社1986年版，第7册第4779页左栏。

图 1 有流壶示例

1. 曾侯壶,西周早期。湖北省文物考古研究所等:《随州叶家山:西周早期曾国墓地》,北京:文物出版社 2013 年版,第 130 页图版 64
2. 国子山壶,春秋早期。《商周青铜器铭文暨图像集成》,上海古籍出版社 2012 年版,第 22 卷第 145 页,图版 12270
3. 莒大叔瓠壶,春秋晚期。孙华:《中国美术全集·青铜器三》,合肥:黄山书社 2009 年版,第 755 页
4. 有流壶,战国后期。颐和园藏。吕济民等:《中国传世文物收藏鉴赏全书·青铜器》,北京:线装书局 2006 年版,第 199 页

若干有流有柄的。图1就是随机选择的4例:

第1、第3件是管状流,第2、第4件是槽状流。第1、第3件有柄,第4件的衔环可供系提倾倒,其作用与柄相似。尽管如此,这类有流铜壶数量极少,被视为异形壶,不能代表先秦主流壶形。还有,前三件都是自名为壶的,第2、第3件的自名为"盥壶",应是水器而非酒器,跟这里的讨论就没有干系了。

那种有嘴有把手的容器,在先秦时还有盉。盉的特征是圆腹有盖,前有流,后有鋬。有流陶盉在新石器时代就存在了,后来又出现了铜盉。盉可以做水器,也可以做酒器。图2是随机挑出的两件春秋铜盉。

盉的外形特征是有流有鋬,其流其鋬正好同汉晋以后酒壶的嘴与柄相当。尤其是第2件的那种圈足盉,与后世酒壶形似神似。图1-1那件曾侯壶有管状流,又有柄,其造型就受到了盉的影响。商代有几件容器与曾侯壶形似,器身像壶,又有管状流,有人认定为壶,有人认定为盉,还有认定为卣的,如父丁壶、父庚壶、马永壶等[1]。

图2 铜盉示例
1. 蟠龙盖龙纹盉,春秋。孙华:《中国美术全集·青铜器二》,第569页
2. 龙钮盖盉,春秋。《安徽馆藏珍宝》,北京:中华书局2008年版,图版25

―――――――

[1] 三器参看吴镇烽:《商周青铜器铭文暨图像集成》,第21册,图版11997、12043、12048。

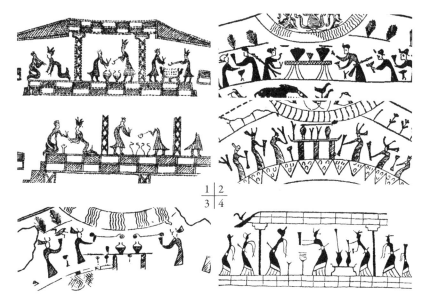

图 3 战国宴乐刻纹局部

1. 铜椭杯刻纹。上海博物馆藏。马承源:《漫谈战国青铜器上的画像》,《文物》1961 年第 10 期, 第 29 页
2. 铜匜刻纹。中国社会科学院考古研究所:《陕县东周秦汉墓》, 北京: 科学出版社 1994 年版, 第 65—66 页
3. 铜匜刻纹。长沙黄泥坑 M5。湖南省博物馆:《长沙楚墓》,《考古学报》1959 年第 1 期, 第 49 页, 图二 2
4. 铜壶刻纹。故宫博物院:《故宫青铜器图典》, 北京: 紫禁城出版社 2010 年版, 第 283 页

  如前所述,《礼记》的很多现代译本、注本, 把"尊鼻"说成是壶嘴, 而在先秦时期, 有壶嘴的青铜容器主要就是盉。尽管如此, 礼书所说的有鼻之壶, 我仍觉得不大可能是盉。其证据之一是战国宴乐图刻纹。从春秋末到战国前期, 一些铜器上出现了精美的刻纹, 其中包括宴乐图像。在宴乐图像中, 恰好能看到酒壶的形象。随机选择几幅以供参考, 请看图 3。

  以上各图中的酒壶, 都与盉绝异, 既无壶嘴, 亦无壶柄, 这种酒壶不是通过壶嘴向外倒酒, 而是用勺向外舀酒的。这就足以说明, 战国前期, 以至更早时候, 贵族宴乐时的通用盛酒器无流无鋬。

  我想战国初宴乐图所见酒器, 所代表的是此前春秋时期的通用酒器。以上各图中所见酒壶, 都是成对的。而据礼书所述, 先秦的

乡饮酒礼、乡射礼所用酒壶，恰好都是两个。《仪礼·乡饮酒礼》："尊两壶于房户间，斯禁"，"加二勺于两壶"；《乡射礼》："两壶，斯禁，左玄酒，皆加勺。"〔1〕"勺"用以舀酒，"斯禁"是承放酒壶的长方形木几。而在战国宴乐图中，"两壶""斯禁"与"勺"，均历历在目。宴乐图所见场面，当然不能直接等同于乡饮酒礼，也可能是贵族的日常燕饮，但由礼书所见，饮酒礼上的酒壶确实是成对使用的，"两壶"是通行礼俗〔2〕。从商晚期到两周，铜壶恰好也每每成对出土。张懋镕："对壶或者可以称之为列壶，将它与单壶相比较，意义是不同的"，"对壶的大量出现，有效地排斥其他酒器，尤其那么宏伟的一对酒壶耸立在那里，其地位不言而喻"〔3〕。礼书所述之"两壶"、宴乐图所见之对壶跟成对出土的铜壶，显然存在着一致性。

宴乐图也印证了用勺舀酒是通行礼俗。把《少仪》所说的"鼻"释为壶嘴的注释者，全都忽略了这样一点：用勺舀酒，就不需要壶嘴了；若有壶嘴，就用不到勺了。壶嘴、酒勺"你死我活"。仅仅凭借礼书中"皆加勺"三个字，就足以判断礼书所叙的那些酒壶无流；宴乐图所见酒壶形象与勺的形象，又强化了这一认识；证据还不只于此——商晚期到两周，不少铜壶是伴随着铜勺同时出土的。

商周铜壶实物以及相伴出土的铜勺，礼书所述之"两壶……

---

〔1〕 分见《仪礼注疏》卷八、卷一一，阮本，第980页下栏、第993页中栏。
〔2〕 就我浏览所及，宴乐图所见酒壶一般都是两个，三壶或一壶者系特例。陈设三壶的宴乐图，见于1953年战国中晚期山西长治分水岭M12出土刻纹铜匜残片，山西省文物管理委员会：《山西长治分水岭古墓的清理》，《考古学报》1957年第1期，第109页图一。陈设一壶的宴乐图，见于山彪镇墓出土铜鉴，郭宝钧：《山彪镇与琉璃阁》，第21页图十一（2），图版四八；保利博物馆所藏嵌错社会生活图画对壶，《保利藏金续：保利艺术博物馆精品选》，广州：岭南美术出版社2001年版，第186—200页；又成都百花潭中学M10发现的铜壶，参看后文；等等。
〔3〕 张懋镕：《青铜壶缘何一枝独秀？——兼论商周青铜器的生命力问题（代序）》，收入裴书研《中国古代青铜器整理与研究·青铜壶卷》，北京：科学出版社2015年版，代序第10页。

皆加勺"，再加上宴乐图所刻画的壶与勺，就足以证明，把"尊壶者面其鼻"之"鼻"释为壶嘴（及壶柄）的说法，不能成立。用壶嘴（及壶柄）来解释"尊鼻"的《礼记》注本、译本及辞书，可以考虑修订了。

三　方壶之兽首与罍之环鼻

"尊鼻为壶嘴"的论点讨论完毕，再来看竹内照夫的"酒樽或酒壶多描绘人脸"之说，以及王文锦的"壶肚上的兽面装饰"之说。

商周青铜容器上的纹饰形形色色，以至可以分为若干大类、几十个小类，但写实的人脸造型，仅见一件商代人面鼎、一件商代人面盖青铜盉而已，其眼、鼻、口倒是栩栩如生。具体说到酒壶，虽其纹饰富丽多姿，描绘人脸的实无其例[1]。所以竹内照夫的"酒樽或酒壶多描绘人脸"的断言，因与事实相反，可以排除。

青铜器上的兽面纹是大量出现的，其最显眼之处是两个眼睛，鼻子未必很明显。最容易被称之为"鼻"的，应是某种明显的凸起物，跟人鼻相似。酒壶正面的下腹部若铸有鼻状凸起物，那么相对于两个环耳，就能给人以"鼻"的联想。当然，若其凸起程度不高，是否可以视之为"鼻"，就有疑问了。而且既然是讨论"面其鼻"，就必须弄清楚什么是"面"。古人把某些青铜容器的某一面认定为正面，并把它简称为"面"。郑玄"鼻在面中"，孔疏"尊与壶悉有面"，其所谓"面"都是这个意思，特指正面。如果四面的纹饰

---

[1] 可参看李嘉：《造物史视野中的先秦青铜壶形器研究》，武汉理工大学设计艺术学2012年博士论文，第119页以下，对纹饰的概述；裴书研：《中国古代青铜器整理与研究·青铜壶卷》，第197页以下，统计表"纹饰"栏。

全都一样，就没办法凭借纹饰区分出正面来了；若纹饰前后雷同，这容器似乎就有了两个"面"；若某种鼻形凸起物为某一面特有，则这一面铁定无疑就是"面"了，其他三面都不是。总之，首先要看是否存在类似人鼻的凸起物，进而还要看这纹饰是四面皆同，是前后雷同，还是一面独有。

随机选择几个铜壶，以观察其各面上的各种凸起物，请看图4。

图4-1、图4-2这两件是长颈垂腹的方壶。据礼书所记，饮酒礼上确实有使用"两方壶"的礼数。第1件腹部有十字带纹，其交点呈方尖形。对这种方尖形，古人是否视之为"鼻"呢？我持怀疑态度。第2件腹部上的龙首凸起物，看上去就跟王文锦所说的"壶肚上的兽面装饰"接近了。当然，若更确切一些，应该说它是一个兽首，而不是一个兽面，或一个更大兽面的鼻部。这两件方壶上的方尖形凸起物和龙首凸起物，四面皆同，仅凭它们是无法区分出一个正面来的。所以我觉得，"尊壶者面其鼻"这个规矩，对这种四面纹饰相同的壶没有意义；这个规矩所针对的，不会是这种四面纹饰相同的壶，即便它有类似人鼻的凸起纹饰。

图4-3、图4-4这两件是圆壶，二壶都有环鼻。这种环鼻跟环耳的形状相比，并无大异，所以也有学人称之为耳；之所以称"鼻"，是因为它被铸在下腹部，参照两耳，看上去便类似人鼻。这两个圆壶都是单鼻，所以它们都只有一个"面"，在设尊之时，只能以有鼻的一面为正面，其他三面都不构成正面。对这两件圆壶，"尊壶者面其鼻"这个摆放规矩就有意义了。

然而圆壶有鼻的是极少数。壶如无鼻，就只能利用两个环耳来确定"面"了。按人际交往的习惯，正面看人是比较礼貌的做法，这时候能同时看到对方的双耳。基于同样的心理感受，古人也会这么看酒壶，有耳的是侧面，不算正面；能同时看到双耳的摆放方式，就等于用正面对着人了。仍借助战国宴乐图加以说明。请看图5，

图4 有鼻铜壶
1. 陈侯方壶，春秋时期。《山东省博物馆藏品选》，济南：山东友谊出版社1991年版，图版54
2. 交龙纹方壶，春秋中期。《中国青铜器全集》，北京：文物出版社1998年版，第7册图版24
3. 镶嵌兽纹壶，春秋晚期。《中国青铜器全集》，第8册图版68
4. 公孙壶，春秋晚期。《山东省博物馆藏品选》，图版65

并请特别注意酒壶的环耳。

图5三图中的酒壶都应是靠着北墙放置的，环耳全都清晰可见。显然它们是以正面对着人的，因为能同时看到两个环耳。这时酒壶有环耳的那两个面都不算正面，其余两个面是否算正面，还要看其他纹饰。前述方壶上的那种方尖纹饰和兽首纹饰，虽然四面都有，

图5 环耳示意

1. 成都百花潭中学 M10 嵌错铜壶局部。原图见四川省博物馆：《成都百花潭中学十号墓发掘记》，《文物》1976年第3期，图版二
2、3. 战国铜壶刻纹。《保利藏金续：保利艺术博物馆精品选》，第192—193页

但有环耳的那两面不算"面"，所以它们的"面"是两个。

还有一种后人名之为"卣"的盛酒器，有两个环耳连接提梁。有的学者认为卣应该称壶，卣形器确实也有自名为"壶"的[1]。卣的正面的中处往往也有凸起物，有竖棱形的，也有兽首形的。铜卣的兽首纹饰，通常与肩部的环耳同高，而不是铸在下腹部。由于卣的器形与战国宴乐图中所见酒壶大不相同，而且其凸起物没有孔，无孔则称"鼻"的可能性就大大下降了（详后），不予考虑可也。

---

[1] 刘昭瑞：《爵、尊、卣、鍪的定名和用途杂议》，《文物》1991年第3期，第69页。

还有一种名之为"罍"的盛酒器,最可关注。罍有两个环耳,敛口广肩,腹部下收,其正面下腹部有一个兽形鼻,而且是单鼻。随机挑出方罍、圆罍各两件,以供参考,请看图6。

图6 铜罍示例
1. 对鸟纹铜方罍,商。孙华:《中国美术全集·青铜器二》,第323页
2. 方罍,西周。陈佩芬:《夏商周青铜器研究·西周篇》,上海古籍出版社2004年版,图版278
3. 蜗身龙纹罍,西周。孙华:《中国美术全集·青铜器二》,第459页
4. 火纹罍,西周。陈佩芬:《夏商周青铜器研究·西周篇》,图版279

我相信，罍与"尊壶者面其鼻"的相关度最大，理由有三。

第一，罍是常用酒器，曾广泛陈设于典礼之上。《诗·周南·卷耳》："我姑酌彼金罍。"《诗·小雅·蓼莪》："瓶之罄矣，维罍之耻。"[1]祭祀时用罍以盛酒。《周礼·春官·鬯人》："凡祭祀，社壝用大罍"；《司尊彝》叙六尊六彝："皆有罍，诸臣之所昨（酢）也"。贾公彦疏："罍，臣之所饮也。"[2]西周时的罍，经常成对出土。据函皇父盘铭文，函皇父制作一系列"尊器"，其中就包括"两罍两壶"[3]。

第二，青铜罍的独特之处，就在于它有兽首状环鼻，而且只有一个。郭宝钧："罍有两耳，有面鼻。"[4]马承源："罍有三耳。"[5]马氏所谓"三耳"，是把两耳和面鼻算在一块，都看成"耳"了。无论方罍、圆罍，都以单鼻为其特征。在商与西周出土的青铜罍中，单鼻之罍所占的比例相当大。利用学者搜集的资料，我做了两个统计。一个结果是，在127件商与西周出土的铜罍中，有单鼻的约97个，占比高达76.4%；另一结果是，在102件传世商与西周青铜罍中，有单鼻的约76个，占比高达74.5%[6]。换句话说，今天所能看到的商与西周铜罍，其3/4都有单鼻。这样看来，在铸有单鼻的各种盛酒器中，罍为其最著者。

前面举出的那种下腹部铸有兽首的方壶，即图4-2之所见，因其四面都有兽首，实际上并没有区分"面"的功能，这种酒壶实际不是靠鼻，而是靠两个环耳来区分"面"，这时"面"有两个。对这种酒壶，申说在摆放时要"面其鼻"，其实无大必要。而罍就不相同

---

[1] 分见《毛诗正义》卷一、卷一三，阮本，第278页上栏、第459页下栏。
[2] 分见《周礼注疏》卷一九、卷二〇，阮本，第771页上栏、第773页上栏、中栏。
[3] 《殷周金文集成（修订增补本）》10164，北京：中华书局2007年版，第5467页。
[4] 郭宝钧：《商周铜器群综合研究》，北京：文物出版社1981年版，第37页。
[5] 马承源主编：《中国青铜器》，上海古籍出版社1988年版，第242页。
[6] 本文这两个统计，所依据的是王宏《中国古代青铜器整理与研究·青铜罍卷》的附表1与附表2，北京：科学出版社2016年版，第172页以下。本文只统计其中的商与西周部分。

了，它只一面有鼻。那么它有鼻的一面是正面，还是无鼻的一面是正面呢？那就必须予以说明，不容回避了。"尊壶者面其鼻"这句古训，想来便是用来申明这一点的，它明确了罍之有鼻的一面才是正面，无鼻的一面不是。在典礼上摆放罍时，礼乐人员必须建立这么一个规矩。

为什么要把有鼻的一面算成正面呢？我想首先是基于实用需要。环鼻用于系提倾倒[1]，鼻朝外才便于操作；如果罍鼻朝着墙壁，而不是向外朝着人，在系提倾倒时就得转动罍身，才能让环鼻露出来，而这就增添麻烦了。同时也是美观的需要。环鼻作为凸起的装饰物，相当显眼，配合着其他纹饰，便更充分地展示了青铜艺术之美。还有心理的需要。罍体上所铸的凸起物既称"尊鼻"，那就是比之于人鼻了，而生活交往时，以正面对人是正常的做法，正面就是人脸，脸上有鼻。故以"尊鼻"对人，符合心理期待。

判断"罍与'尊壶者面其鼻'相关度最大"的第三个理由，还在于人的鼻子是有孔的，基于同样的心理感受，名之为"鼻"的物件大抵也是有孔的。今人所谓门鼻、针鼻、扣鼻，都是有孔的。字典对"鼻"的解释之一，就是"器物上面突出带孔的部分"[2]。古人今人，心理攸同。汉代的印纽是有孔的，用以系绶，那种外形似鼻的印纽，便名之为"鼻纽"。壶嘴之所以可称为"鼻"，也是因为壶嘴有孔。《周礼·冬官·玉人》："黄金勺，青金外，朱中，鼻寸。"郑众："鼻，谓勺龙头鼻也。"[3]黄金勺也有鼻，也就是有孔，出土

---

[1] 郭宝钧认为，罍是酿酒器、盛酒器，鼻是为了"系提倾倒之便"。见其《商周铜器群综合研究》，第37页、第146页。陈佩芬亦云：宁罍"正面腹下部设一牛首鼻，这在倾酒时可作为着力点，酒就容易倾注出来"，见其《夏商周青铜器研究·夏商篇》，第348页。罍用作酿酒器时，使用时需要系提倾倒；用作典礼用器，行礼时酌酒用勺，但行礼前后也会有系提倾倒的时候。
[2] 《新华字典》，北京：商务印书馆2012年版，第23页左栏。
[3] 《周礼注疏》卷四一，阮本，第923页上栏。

的龙纹铜勺实物确实有孔。秤砣的古称是"权",有孔以系绳。《周礼·冬官·玉人》:"驵琮七寸,鼻寸有半寸,天子以为权。"郑众:"以为权,故有鼻也。"[1]驵琮被用作秤砣,其孔称"鼻","有鼻"就是有孔的意思。总之,典型的称"鼻"之物,不但要凸起,还须有孔。而罍的环鼻正好是有孔的。青铜卣两耳正中的兽首,青铜方壶下腹部的兽首,虽然都是凸起物,却没有孔。比较而言,罍之环鼻与人鼻的相似度最高,最具特征性。

让人惊讶的是,宋儒方慤居然早就想到了这一点:"面尊者,尊鼻向君也……则君之'面尊'用罍可知矣。"[2]方慤早就意识到,"唯君面尊""尊壶者面其鼻"所涉及的尊或壶,其实物应该是罍。

四 罍、罇之嬗替与"尊壶者面其鼻"的时效

既已认定了罍与"尊壶者面其鼻"具有最大的相关性,则一种称"罇"的容器就不能不纳入视野,这涉及了"尊壶者面其鼻"的时效问题。

文物考古学者或把罇与罍划归一类,或说罇为罍属,或认为罇是从罍派生出来的。马承源:"罇、罍仍一物","罇、罍古音为一声之转"[3]。朱凤瀚:"从器形学角度看,罇亦可以归于罍中。"[4]张懋镕:瓿、罇"均由罍派生而来"[5]。随机选取两件罇,提供于下,用为参考,请看图7。

---

[1]《周礼注疏》卷四一,阮本,第923页中栏。
[2] 卫湜:《礼记集说》卷七四引严陵方氏,纳兰性德编:《通志堂经解》,扬州:江苏广陵古籍刻印社1996年版,第13册第107页下栏。
[3] 马承源:《中国青铜器》,第242页。
[4] 朱凤瀚:《中国青铜器综论》,上海古籍出版社2009年版,第216页。
[5] 张懋镕:《试论中国古代青铜器器类之间的关系》,收入《古文字与青铜器论集》第2辑,第133页。

图7 罍
1. 郑义伯罍，春秋早期。陈佩芬：《中国青铜器辞典》，上海辞书出版社2013年版，图版1127
2. 交龙络纹罍，春秋晚期。陈佩芬：《夏商周青铜器研究·东周篇》，图版518

  这两件罍的形态都是敛口广肩、下腹收敛，而战国宴乐图所见酒壶，恰好也以敛口广肩、下腹收敛的形象居多。下面将战国宴乐图中的部分酒壶加以放大，以便观察比较，请看图8。

  以实物罍与战国宴乐图中的酒壶相比较，很容易看到罍与之非常接近。由于方壶或圆壶大多是垂腹或鼓腹的，广肩敛腹不是其典型的器形，那么，把宴乐图中屡屡出现的那种广肩敛腹的酒壶视为罍或罍，当是最佳选择。事实上，已有学者把宴乐图上的酒壶视为罍了。如上海博物馆藏铜椭杯刻纹中的两个酒壶，马承源称之为罍[1]；山彪镇铜鉴刻纹中的酒壶，郭宝钧称之为罍[2]。

  《说文解字》："罍，瓦器也。"[3] 罍字又作瓴，即成语"高屋建

---

[1] 马承源：《漫谈战国青铜器上的画像》。
[2] 郭宝钧：《山彪镇与琉璃阁》，北京：科学出版社1959年版，第19页。
[3] 许慎：《说文解字》卷五下《缶部》，北京：中华书局1963年版，第109页下栏。

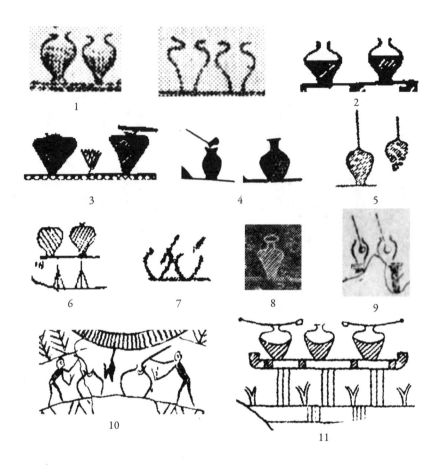

图 8 宴乐图中的似罍盛酒器

1. 铜椭杯刻纹。上海博物馆藏。马承源:《漫谈战国青铜器上的画像》,第 29 页,图 1、2
2. 铜匜刻纹。湖南省博物馆:《长沙楚墓》,图二 2
3. 铜匜刻纹。中国社会科学院考古研究所:《陕县东周秦汉墓》,第 65 页,图五二 1
4. 铜鉴刻纹。郭宝钧:《山彪镇与琉璃阁》,第 19 页图十一 2、第 126 页图版四八
5. 铜鉴刻纹。中国社会科学院考古研究所:《辉县出土器物图案》,北京:朝花美术出版社 1954 年版,第 5 页
6. 铜匜刻纹。吴山菁:《江苏六合县和仁东周墓》,《考古》1977 年第 5 期,图六
7. 铜鉴纹饰。河北省文物研究所:《战国中山国灵寿城》,北京:文物出版社 2005 年版,第 282 页
8. 铜残片刻纹。梓溪:《战国刻绘燕乐画像铜器残片》,《文物》1962 年第 2 期,第 4 页右图
9. 铜鉴纹饰。镇江博物馆:《江苏镇江谏壁王家山东周墓》,《文物》1987 年第 12 期,图八
10. 铜匜刻纹。李有成:《定襄县中霍村东周墓发掘报告》,《文物》1997 年第 5 期,图二一
11. 铜匜刻纹。山西省文物管理委员会:《山西长治市分水岭古墓的清理》,图二

瓴"之瓴。"瓴"通释为瓶,字书谓罍"似瓶有耳"。王宏因云"瓴、罍相通,是一种像瓶有耳的陶质容器"。也就是说青铜罍源于瓦器。罍还可以称为"甀",2006年陕西凤翔县出土的一件罍,自名"尊甀"。王宏因云:"甀、罍同为酒器,'甀'可以作为罍的一个别称。"罍是很古老的器物,本是殷人习用的酒器。罍在西周中期开始低落,趋于消亡,属于周文化的罍,自晚周始,代之而起,一直流行到战国的晚期。据王宏统计,两周青铜罍出土者66组91件,传世者26件[1],合计117件。

罍本是瓦器,又名为"甀",由此祭祀、饮酒时君主所使用的"瓦大""瓦甀",跟罍或罍就有了很大干系。《仪礼·燕礼》:"公尊瓦大两。"[2] 燕礼上君主使用两个"瓦大",亦称"瓦甀"。《礼记·礼器》:"门外缶,门内壶,君尊瓦甀。"郑玄注:"壶大一石,瓦甀五斗。"[3] 缶是士用的,壶是大夫用的,瓦甀则是君主个人所专用的,故容量较小,仅五斗。又《尔雅·释器》:"小罍谓之坎。"郭璞注:"罍形似壶,大者受一斛。"[4] 大罍既然"受一斛",小罍或即"瓦甀五斗"者,即君主专用酒壶。《周礼·春官·司尊彝》:"皆有罍,诸臣之所昨(酢)也。"[5] 诸臣所用的罍,应是"受一斛"的大罍吧。从出土实物看,春秋时罍的使用已经不多,战国时就更罕见了,罍取而代之。战国宴乐图上的酒壶形象,与其视之为罍,视之为罍更合理一些。

进入春秋之后,罍就大为减少了,罍之有鼻者也大为减少了。晚周开始流行的罍,基本无鼻。所以马承源说:罍与罍"其区别在

---

[1] 王宏:《中国古代青铜器整理与研究·青铜罍卷》,第132—134页;及附表四《出土两周青铜罍资料统计表》,第245页以下;附表五《传世两周青铜罍统计表》,第263页以下。
[2] 《仪礼注疏》卷一四,阮本,第1015页上栏。
[3] 《礼记正义》卷二三,阮本,第1433页中栏。
[4] 周祖谟:《尔雅校笺》,昆明:云南人民出版社2004年版,第66—67页。
[5] 《周礼注疏》卷二〇,阮本,第773页上栏。

"尊壶者面其鼻"辨　97

于罍有三耳,而鑐仅有肩上二耳"[1]。鑐只有肩上二耳,也就是无鼻了。《礼记·少仪》是战国前期成书的[2],这时候的盛酒器无论壶、罍或鑐,绝大多数已无单鼻。那么《少仪》中的"尊壶者面其鼻"之文,岂不就无的放矢了吗?这就涉及这个古老规矩的时效性了。罍在殷商与西周前期一度盛行,"尊壶者面其鼻"这个操作规范,应是这时期形成的。随后,这个摆放盛酒器的古老规矩,一直被礼乐人员口口相传着,最终在礼家写作《少仪》时形诸笔墨,进入文本。这时的盛酒器既已无鼻,"尊壶者面其鼻"就只是一个古老规矩的如实传述而已。

在这时候,我们便深感上古礼乐传统的延绵深厚,很多非常古老的仪节,仍被礼乐人员一丝不苟地代代传诵着,并将之记录于礼书之中。沈文倬认为:"今残存《仪礼》十七篇,我考定:由孔子传述,弟子后学'于是乎书'。成书虽在鲁哀公以后,仍能保持西周的原形。"[3]而《礼记》中也有若干篇章,与《仪礼》相近。如《曲礼》《少仪》中所记载的众多仪节,相当细微枝末,那是后人无法生编硬造的。叶国良曾推测,"《仪礼》虽然陆续写成于战国时代,但其内容却几乎没有战国时代礼俗的踪影,而是沿用春秋时代或更早时期的礼仪,有些仪节甚至早到周初或殷代。这说明了《仪礼》所载礼典是由不同时代的仪节层累而成的"[4]。这个"层累而成"的推测,显然也适合于《礼记·少仪》中的"尊壶者面其鼻"。

综上所述,在"尊壶者面其鼻"的各种注译中,王文锦"壶肚上的兽面装饰"一说,相对近实。本文进一步推测,"鼻"的实物,

---

[1] 马承源:《中国青铜器》,第242页。
[2] 王锷:《〈礼记〉成书考》,北京:中华书局2007年版,第111页。
[3] 沈文倬:《宗周岁时祭考实》,收入《菿闇文存:宗周礼乐文明与中国文化考论》,北京:商务印书馆2006年版,第361页。
[4] 叶国良:《从出土文物看〈仪礼〉内容的时代》,《人文中国学报》第21期,2015年10月,第92页。

就是铜罍一类盛酒器下腹部的兽首形环鼻；"尊壶者面其鼻"这个操作规范，与罍的相关度最大，主要是由罍的摆放方式而生发的。战国前期、《少仪》写定成篇之时，这个操作规范业已时过境迁了。但这条记载，可供追寻更早时候的盛酒器形态，及其摆放之法。

对于《礼记》现代注译本，"尊壶者面其鼻"一语如何处理才更好一点呢？我想直书"鼻，即商周罍形容器下腹部的兽首状环鼻"，乃是最佳选择。相应地，各种辞书也有了订正的必要，即，在把"鼻"释为壶嘴（或壶柄）之时，不宜引用《礼记·少仪》为证了，而应另行举证；同时还可以考虑给"鼻"字增加一个义项："商周青铜容器下腹部的兽首状环鼻"，依据就是《少仪》的"尊壶者面其鼻"。

五 "尊壶者""鼻宜向于尊者"与"尊鼻乡君"

在最后一节，我们来处理第一节所揭第2、第3个问题，即对"尊壶"或"尊壶者"的理解问题，以及"尊鼻"的朝向问题。为讨论方便，此处重温如下史料：

> 《礼记·少仪》：尊者以酌者之左为上尊。尊壶者面其鼻。
> 郑玄注：尊者，设尊者也。酌者乡尊（按，"乡"通"向"，即朝向，后同），其左则上尊也。鼻在面中，言乡人也。
> 孔颖达疏：尊与壶悉有面，面有鼻，鼻宜向于尊者，故言"面其鼻"也。[1]

---

[1]《礼记正义》卷三五，阮本，第1515页下栏、第1516页上栏。

如前所述,各种现代注译本,对"尊壶者"的解释有四:尊与壶;设尊、设壶的人;设壶的人;用壶代尊。其中的"尊与壶"这一解释,大约是根据孔颖达疏"尊与壶悉有面"一语而来的,在这句话中,"尊"被弄成了与"壶"并列的名词。若孔疏此说可以成立,"尊壶者"就应断作"尊、壶者",换用白话就是"尊与壶这两样东西"。《少仪》中倒是有这种"名词+者"的句型,如"贰车者,诸侯七乘,上大夫五乘,下大夫三乘"[1]。"贰车"就是副车,"贰车者"意谓"贰车这种制度"。

不过我们有三个理由,判断"尊壶者"不属"名词+者"句型。第一,在礼书之中,在用作名词时,"尊"是盛酒器之通称,"壶"则是盛酒器之一种,前者涵盖后者。所以遍检《礼记》《仪礼》,都看不到作为名词的尊、壶并列的情况。第二,"贰车者"这个表述中没有动词,而"尊壶者面其鼻"一语中则有"尊"与"面"两个动词,意思分别是"设置"与"使之面向",尊、面两相呼应、缺一不可,跟《少仪》中的"折俎者取祭肺""洗盥执食饮者勿气"等句式相同。第三,《少仪》有"尊者"之称,指设尊者,与"酌者"相对应。"尊壶"是一个动宾结构。《仪礼·乡饮酒礼》:"尊两壶于房户间";《燕礼》:"司宫尊于东楹之西,两方壶""尊士旅食于门西,两圆壶";《特牲馈食礼》:"尊两壶于阼阶东"[2];《左传·昭公十五年》:"樽以鲁壶"[3]。这些"尊"都是设壶的动作,干这些事的人就是"尊壶者"。

据此,"尊壶者"的正确解释是"设壶的人",把它译为"尊与壶"不能成立,"设尊、设壶的人"的译法更其不妥了。这样的译

---

[1]《礼记正义》卷三五,阮本,第1514页上栏。
[2] 分见《仪礼注疏》卷八、卷一四、卷四五,阮本,第980页下栏、第1015页上栏、第1186页中栏。
[3]《春秋左传正义》卷四七,阮本,第2077页下栏。

法，都来自孔疏"尊与壶悉有面"的误导。而孔疏"尊与壶"这个提法，殊不足取。至于"用壶代尊"之说，笔者未能检得任何证据，从"尊壶者"三字绝看不出"用壶代尊"这个意思来。

下面再看"尊鼻"的朝向问题。在这一点上，说法有五：向着人；向前；向着尊长者；向着君；向着"尊者"即设尊者。根据前文对尊鼻的考述，把"面其鼻"释为让尊鼻"向着人"或"向前"，均能贴合原意，无可挑剔。

另外的三个解释更具体，然而也使事情复杂化了。"要使尊、壶的鼻向着尊长者"之说，也许参考了"唯君面尊"之礼，君就是一种"尊长者"；而孔颖达疏的"鼻宜向于尊者"的意见，也跟"唯君面尊"相关。什么是"唯君面尊"呢？请看：

《礼记·玉藻》：唯君面尊。

郑玄注：面，犹乡也。《燕礼》曰：司宫尊于东楹之西，两方壶，左玄酒，南上。公尊瓦大两，有幂，在尊南，南上。

孔颖达疏：面，乡也。谓人君燕臣子，专其恩惠，故尊鼻乡君，故引《燕礼》燕臣子之法以解之。[1]

郑玄是基于燕礼来解释"唯君面尊"的。在国君宴请臣子的燕礼上，一对方壶和一对"瓦大"由北向南排成一线。两对酒尊，都是靠南的那一个盛玄酒，这两个盛玄酒的酒尊被视为"上尊"。在这个场面上，卿大夫是侧对酒尊的，只有国君的座席正对着四个酒尊，郑玄说这就是"唯君面尊"，孔疏又云这个布局的象征意义，是只有人君才能"专其恩惠"。

---

[1]《礼记正义》卷二九，阮本，第1476页中栏、下栏。

郑玄解释"唯君面尊",只说了"面犹乡也";而孔疏却又说"尊鼻乡君",麻烦就应声而至了,这样一来,在字面上,"唯君面尊"就可以有两种解释了:

1. 国君的座席正对着酒尊;
2. 酒尊以有鼻的正面对着国君。

从字面说,若依前者,尊鼻不一定面对国君,只要国君正对着酒尊就达标。孙希旦就是这么看的,详后。若依后者,不但国君要正对着酒尊,酒尊的尊鼻还得正对着国君,才够得上"尊鼻乡君"。

《礼记·少仪》"尊者以酌者之左为上尊",又是什么意思呢?"尊者"是摆放酒尊的人,"酌者"是从酒尊往酒爵里酌酒的人,"上尊"就是那两个盛玄酒的酒尊。郑玄注:"酌者乡尊,其左则上尊也。"经文与郑注都暗示,尊者与酌者是面对面的,所以他们的左与右是相反的。《少仪》孔疏依据燕礼,详释其意:

> 人君陈尊在东楹之西,于南北列之。设尊之人在尊东西面,以右为上,则尊以南为上也。酌谓酌酒人也。酌人在尊东西面,以左为上,亦上南也。……是设尊者东乡、酌者西乡,设者之右则酌者之左也。[1]

为便理解,请参看图9。

照孔疏之说,只要"设尊者东乡、酌者西乡",就可以保证酌酒者左手的酒壶为"上尊"了。然而疑问应声而至:若尊者东向、酌者西向,二人隔着四个酒尊面对面,那怎么又会有"设尊之人在尊东

---

[1]《礼记正义》卷三五,阮本,第1516页上栏。

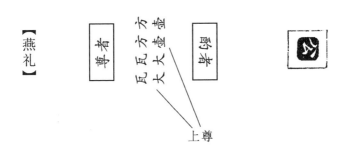

图9 "尊壶者面其鼻"孔疏示意

西面"的景象呢?这"设尊之人在尊东西面"同"设尊者东乡",是"不共戴天"、不能并存的。不过这个自相矛盾之处,孔疏不任其咎。上面的引文来自阮元校刻本《十三经注疏》,但另有版本作"设尊之人在尊西向东",那就符合孔疏原意,跟"设尊者东乡"一致了。

已有学人发现这个版本异文问题了。阮刻本的"设尊之人在尊东西面"那一句,郭嵩焘《礼记质疑》引作"设尊之人在尊西乡东",其点校者遂指出:"'尊西向东',阮刻本《礼记正义》作'尊东西面'。考之礼仪,揆之下文,此则郭氏所引是而阮刻本误也。卫氏《集说》亦引作'尊西向东'。"[1] 又"四库家藏"系列《礼记正义》校勘记:"'尊东西面',粤本作'尊西向东'。按疑当作'尊西东面',与下文'酌人在尊东西面'相对。"[2] 又郎文行对多种版本做了比勘,指出:"'设尊之人在尊东西面',南昌府本、道光本、江西本、脉本、点本、世界本同,非。四库本、广本、尊本作'设尊之人在尊西向东',方

---

[1] 郭嵩焘:《礼记质疑》卷一八,邬锡非、陈戍国点校,长沙:岳麓书社1992年版,第449页。
[2] 《十三经注疏·礼记正义》,喻遂生等校勘,四库家藏丛书,济南:山东画报出版社2004年版,第1127页。

位与此正相反，是。……若设尊之人在尊东西面，以右为上，则上者在尊北，绝非在南，则与下'二人俱以南为上'不合。"[1]

异文显然是在传刻中发生的。坊间基于阮刻本的各种《礼记正义》，多沿袭"尊东西面"之文。而宋绍熙三年两浙东路茶盐司刻宋元递修本（即所谓"八行本"）作"尊西向东"，这一系统的各种《礼记正义》，就都作"尊西向东"了[2]。又略加检索，宋儒卫湜、朱熹，元儒吴澄，清儒江永、朱彬、吴廷华等，都引作"尊西向东"[3]，由此可知，他们使用的《礼记正义》属绍熙本系统。为此我提醒《礼记正义》的征引者，阮刻本的"设尊之人在尊东西面"是错误的，应以绍熙本之"尊西向东"为准。

参看图9便能看到，把"设尊之人在尊东西面"还原为"设尊之人在尊西向东"，则尊者与酌者的站位与朝向，就都理顺了，既实现了"设者之右则酌者之左"，同时又保证了"唯君面尊""尊鼻乡君"，四个酒尊都以尊鼻面向"公"，亦即国君。然而细心的读者却会发现，这跟孔疏"鼻宜向于尊者"的说法又冲突了：此时尊鼻虽然向着"公"了，却背对着"尊壶者"了。在燕礼的这个场面中，"鼻宜向于尊者"跟"唯君面尊"二说"汉贼不两立"——若以尊鼻为准的话。

---

[1] 郎文行：《阮刻本〈礼记注疏〉校读札记》，南京师范大学2014年中国古典文献学硕士论文，第31页。

[2] 仅就我手边之书检索所见，《景宋本礼记正义》（北京：中国书店1985年版）、中华再造善本《礼记正义》（北京图书馆、国家图书馆2003年版，第24册）、吕友仁点校《礼记正义》（上海古籍出版社2008年版，第1412页）、《影印南宋越刊八行本礼记正义》（北京大学出版社2015年版）等，均属绍熙本系统，所以都作"尊西向东"。

[3] 卫湜：《礼记集说》卷八七，《景印文渊阁四库全书》，台北：台湾商务印书馆1988年版，第118册第825页下栏；朱熹：《仪礼经传通解》卷一一，上海古籍出版社，合肥：安徽古籍出版社2010年版，第1册第441页；吴澄：《礼记纂言》卷三，《景印文渊阁四库全书》，第121册第96页上栏；江永：《礼记训义择言》卷七，北京：中华书局1985年版，第111页；朱彬：《礼记训纂》卷一七，北京：中华书局1996年版，第541页；吴廷华：《礼记疑义》卷三五，《续修四库全书》，第100册第297页上栏。

假如把孔疏"鼻宜向于尊者"的"尊者"理解为"身份尊贵者",例如国君,而不是"尊壶者",矛盾就烟消云散了。如图9所示,这时尊鼻朝东,正好面对国君,亦即"尊者"。读者若返观第一节提供的各色解释,就能看到有四五种注译本,是把尊鼻所朝向的人说成"尊长者"的。然而孔疏是这个意思吗?孔疏的"鼻宜向于尊者"一语,是用来解释《少仪》"尊壶者面其鼻"这句经文的,而《少仪》中的"尊壶者"就是"尊者",郑玄谓"尊者,设尊者也",孔疏自己也刚刚说过"尊者,谓设尊人也",在这种情况下,孔疏冷不丁改变"尊者"的词义,由"设尊者"变换为"尊长者",这既不合经文,也不合郑注,甚至跟自己刚刚说的话自相矛盾。无论如何,孔疏的"鼻宜向于尊者"的表述有瑕疵,容易招致误会,引发歧义。

在这时候,"设尊之人在尊东西面",就好像有点道理了,这样的话,设尊者与国君同一朝向,"唯君面尊"与"鼻宜向于尊者"就两全其美了。为此我怀疑,在传刻中"设尊之人在尊西向东"变成了"设尊之人在尊东西面",或非无心之失,也许是刻意为之呢,有人觉得这么一改,设尊者与国君就都"面尊"了。可这两全其美之法做不到"三全其美",这么一改,又跟"尊者以酌者之左为上尊"不相容了。

郑注、孔疏的阐述都是就燕礼而言的,贾公彦《仪礼疏》则不相同。贾疏认为,《少仪》"尊壶者面其鼻"一句,确系燕礼之事;但"尊者以酌者之左为上尊",乃是另就乡饮酒礼(及乡射礼)而言的。由此便引出了新的解读。

在贾疏看来,燕礼是要遵循"尊壶者面其鼻"的,尊者要让尊鼻正对着国君;但酌者在酌酒时不能背对着国君,所以酌者必须站在酒尊之西,面向东,也就是面向国君。在图10-1中能够看到,贾疏对尊者、酌者的朝向安排,与孔疏相反。这就不符合"以酌者之

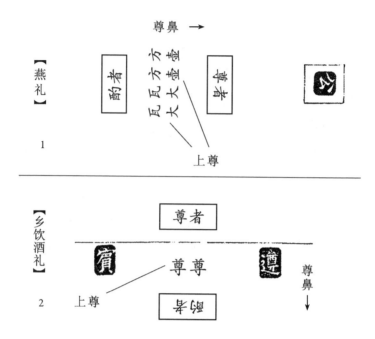

图 10 "尊壶者面其鼻"贾疏示意

左为上尊"了,用贾疏的话说,是以"酌者之右为上尊"了。这是因为,贾疏认为"尊者以酌者之左为上尊",是另就乡饮酒礼(及乡射礼,下同)而言的,不可以用于燕礼。在乡饮之时,房户之间有两个酒壶东西排列,其正面都朝南。酌者北面酌酒,其左侧的酒壶是上尊;"若据设尊之人及尊面而言,即南面,以右为尊"[1],设尊之人在两壶之北,面向南,与酌者面对面,尊者之右就是酌者之左。参看图 10-2。

---

[1]《仪礼注疏》卷一四,阮本,第 1015 页中栏。

贾疏认为尊者在两壶之北,与酌者面对面,他这个处理,既符合《少仪》"尊者以酌者之左为上尊",又符合《少仪》郑注"酌者乡尊,其左则上尊也",但不符合《仪礼·乡射礼》郑注:"设尊者北面,西曰左。"[1]乡饮场面同于乡射,"设尊者北面"一点应无二致。清人吴廷华又指出了贾疏的另一瑕疵:"(尊者)亦当与酌者皆北面,以尊北不容人也。"[2]意思是说,在乡饮酒礼上,两个酒壶是紧靠北墙放置的,壶、墙之间太窄,容不下人,所以设尊者应站在壶南操作,脸向北,同于酌者。在图10-2中,因尊、墙之间确实容不下尊者,我只好把尊者画在墙的北侧了,那并不意味着尊者隔墙操作。

朱熹对《仪礼》做过系统研究。对于燕礼,朱熹的相关意见同于贾疏,也认为酌者不能背对国君,他应站在酒尊之西,面东酌酒;尊者则在酒尊之东,面朝西而设尊,是以酌者之右、国君之左为上尊[3]。其具体场面,当如图11-1所示。对于"尊者以酌者之左为上尊",朱熹也采用了贾疏之说,把它另行认定为乡饮酒礼的规矩。然而,对贾疏"设尊之人南面"的意见,朱熹不以为然。朱熹的具体想法,当如图11-2,尊者与酌者都是北面而立的,正面对着两个乡饮酒尊,于是尊者在操作时,就不必在酒尊和墙壁之间挨挤了。

然而,这样就尽善尽美了吗?恐怕未必。依贾疏及朱熹,"尊者以酌者之左为上尊"是不适用于燕礼的,因为那样的话,酌者左手在北,"上尊"就弄到北侧去了。对于贾、朱,"尊者以酌者之左为上尊"一语只能用于乡饮。可这句话暗示尊者与酌者是面对面的,

---

[1]《仪礼注疏》卷一一,阮本,第993页中栏。
[2] 卢文弨:《仪礼注疏详校》卷六引,陈东辉、彭喜双点校,台北:"中研院"中国文哲研究所2012年版,第116页。
[3] 朱熹:《仪礼经传通解》卷一一,第1册第441页。

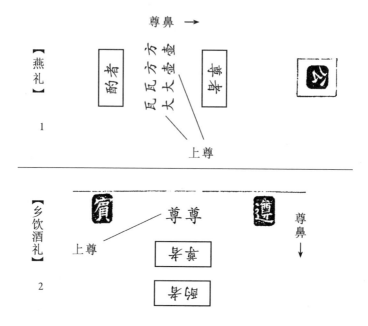

图11 "尊壶者面其鼻"朱熹之说示意

朱熹却让这两人都面朝北方,两个人的"左"是一样的了,那还有必要绕一个弯子,强调尊者以酌者之左为"左"吗?直接说就是尊者本人的"左",岂不更明快吗?

  在尊鼻的朝向上,清人孙希旦又作新说。对于乡饮酒礼的酒尊及尊者、酌者的朝向,孙希旦的意见同于朱熹;对燕礼就不同了,孙希旦提出,酒尊必须靠着墙或靠着楹柱放置,所以其尊鼻必须向外:"设尊或傍于壁,或傍于楹,而其鼻皆在外而向人也。"那么,燕礼上的四个酒壶,也要背靠着堂上东侧的那个楹柱放置,尊鼻就应朝外,也就是朝西,也就是背对着国君,而不是面对国君了。孙氏认为"唯君面尊"只是说国君正对酒尊,而不是说尊鼻要正对国君。"尊傍于楹,而鼻乃西向,非向公也。盖尊面必与酌者相对。燕

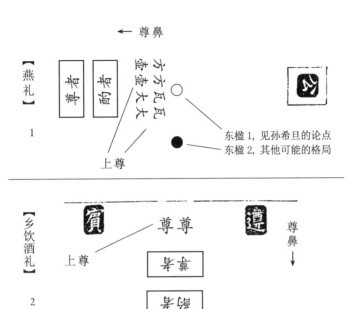

图12 "尊壶者面其鼻"孙希旦之说示意

礼酌者不得背公,则尊不得向公矣。"[1]四个酒尊背靠着东楹1,国君依然面对着四个酒尊,然而变成面对酒尊的背面了。那尊者与酌者的朝向呢?孙希旦认为"尊壶者面其鼻,谓尊鼻向外也",尊壶者要面对着尊鼻,那就是面朝东了;"尊面必与酌者相对",酌者必须正对着尊面,也就是正对着尊鼻,也就是面朝东的,同于尊者。孙氏的设想,如图12-1所示。

孙希旦的论点也有缺陷。孙氏的出发点是"尊傍于楹",认定酒尊紧贴着楹柱放置。可这说法空口无凭。酒尊背靠着楹柱,国君又要面向着酒尊,则国君就正对着楹柱了。而由图12-1可见,这时楹

---

[1] 孙希旦:《礼记集解》卷三五,第949—950页。

柱会妨碍国君的视线，也会挡住其他人望向国君的视线，因而是不合理的。

按，礼书所说的"东楹之西"，及"两楹之间""阼阶上""西阶上"之类，其实都是一条南北向的线，而不是一个点。例如对"两楹之间"，李如圭云"堂东西之中曰'两楹间'"[1]，江永云"凡言两楹间者，不必与楹相当，谓堂东西之中尔"[2]。二说甚是。江氏"不必与楹相当"一语，尤为精当。既然"两楹间"是一条南北向的中线，连类而及，"东楹之西"也是一条南北向的线，与"两楹间"那条线平行。然则酒尊摆放在"东楹之西"，并不意味着"尊傍于楹"，紧贴着楹柱，只要在那条线上就成。既然"东楹之西"并不像孙希旦所说的那样必须紧贴楹柱，那么尊鼻也不一定非得为此而朝西了。不妨想象另一格局，在其之中，四个酒尊、国君座席与东楹，是图12-1中东楹2的那种空间关系。

总的说来，没有哪一个解释十全十美。《仪礼》《礼记》相关诸篇，不会碰巧出自同一作者之手，各时各地的礼制又未必整齐划一，对设尊细节的记述零碎简短。设尊者与酌酒者的朝向存在多种可能，再把燕礼、乡饮酒礼的差异考虑在内，问题就更复杂了。很难找到一个方案，能把那么多因素熔铸一炉，彼此融洽无间。求之过深，则反失穿凿，《庄子》所谓"举足愈数而迹愈多"也。

至于"尊壶者面其鼻"的注译，当然适可而止为好，无须兼顾历代异说。对这个摆放规矩，释为"设置酒壶者应让有尊鼻的那一面朝外"或"向着人"，就足够了。

---

[1] 李如圭：《仪礼释宫》，长沙：商务印书馆1937年版，第7页。
[2] 江永：《仪礼释宫增注》，长沙：商务印书馆1937年版，第8页。

由《三礼图》雀杯爵推论
"爵名三迁,爵有四形"

"爵"是什么？大多数人的回答，大约就是那种三足有流有柱的青铜酒器。不过几十年前有一件斗形青铜器即伯公父器问世，此器自名为"爵"，学者随即也视之为"爵"。如此，便有了三足爵、斗形爵两种爵了。

本文认为，除此之外，还可以把另外两种器物纳入"爵"的范畴。一种是春秋饮酒典礼上使用的，并被记录于《仪礼》之中的爵、觚、觯、角、散（现代学者认为其中的散就是斝），后儒合称为"五爵"。这"五爵"均为筒形，具体说是细腰喇叭口的类觚之形[1]。此后又出现了一种爵的造型，作一只雀鸟背负酒杯之形，在宋人聂崇义的《三礼图》中有它的图像，为便于指称，这里称为"雀杯爵"。

在此基础上，便可以提出一个"爵名三迁，爵有四形"的猜想了。即：

1. 周初以前的爵，为三足器；
2. 继之而起的爵，为斗形器；
3. 春秋典礼所用及礼书所记的爵，为筒形器；
4. 《三礼图》中之雀杯爵，为雀背负杯形器。

---

[1] 参看拙作：《礼书"五爵"的称谓原理：容量化器名》，原刊《史学月刊》2019年第7期，第12—28页，已收入本书。

所谓"爵名三迁",即"爵"之一名,曾由三足器而迁移到斗形器上,再迁移到筒形器上,由此又催生了雀杯爵。"爵有四形",即这个过程留下了四种爵形。雀杯爵是综合了饰雀斗形爵与筒形爵二者形象而构造出来的。此外,在漫长演进中,筒形爵本身也出现过三次变化:

1. 春秋战国:觚形杯;
2. 汉代:卮形杯;
3. 东汉后期:"锐下有足"形杯。

下文将从《三礼图》中的雀杯爵开始,具体阐述上面的猜想。因资料零碎、史阙有间,若遇到缺环,就动用想象力来弥补填充。

一 《三礼图》中的雀杯爵

宋人聂崇义《三礼图》(以下简称"聂《图》")卷一二,为"五爵"爵、觚、觯、角、散提供了图像。其引人注目之处,是觚、觯、角、散都作单柄杯形,与人们在工具书中查到的觚、觯、角、散样貌绝异。尤其是居首的爵,形状怪诞:雀鸟背负着一个称"踐"的杯子,或说杯、足间夹着一个雀鸟。参看图1-1。

今人所认定的爵、觚、觯、角、散(斝),来自宋人定名,但全都不是聂《图》中的那个样子。宋代金石家陆续搜集到大量先秦古器物,分类定名的工作突飞猛进,他们随即绳以出土实物,便看到聂《图》中的"五爵"与商周古器物全不相像,便觉得其中提供的

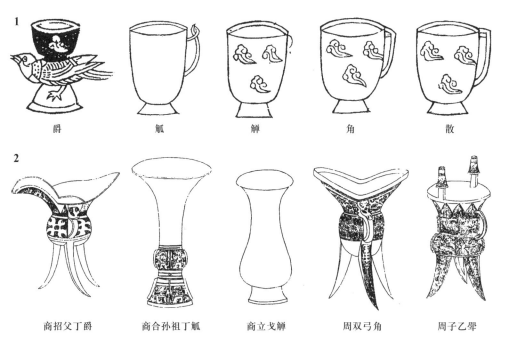

图1 "五爵"与"五器"对比
1. 聂崇义:《三礼图》卷一二"五爵",宋淳熙二年镇江府学刻公文纸印本,中华再造善本·唐宋编
2. 王黼:《重修宣和博古图》"五器",扬州:广陵书社 2010 年版,第 258、297、324、328、289 页

图像仅仅依赖经典注疏,纯属望文生义,全不足据[1]。宋代金石家所认定的商周五种器物,参看图1-2,它们跟聂《图》"五爵"的巨大差异,举目即见。

具体到聂《图》中的那个雀杯爵,王黼便指为"汉儒之臆说":"及求之《礼图》,则刻木作雀形,背负琖。无复古制,是皆汉儒

---

[1] 韩巍:"随着崇古之风的盛行和古器物学知识的积累,越来越多的学者开始直接对《三礼图》提出质疑",宋代金石学"从一开始就担负起了更新传统礼学的任务"。《宋代仿古制作的"样本"问题》,收入《宋韵:四川窖藏文物辑粹》,北京:中国社会科学出版社 2006 年版,第 288 页。又许雅惠:"随着十一世纪下半古文物出土、收藏与著录,士大夫与朝廷礼官发现国初以来按照聂崇义《三礼图》所制造的朝廷礼器竟然于古无据,与地下出土的商周青铜礼器完全不同,因此屡有批评。"《关于宋代古物学之研究与讨论》,《中国史学》第 21 卷(宋元史专号),2011 年,第 71 页。

臆说之学也。使夫观此三代之器，则岂复有是陋哉！"[1] 又王普："按祭器实仿聂崇义《三礼图》制度，如爵为爵（雀）形，负盏于背……盖出于臆度而未尝亲见古器也。……乃有司率意略仿崇义《三礼图》，其制非是，宜并从古器制度。"[2] 又赵彦卫："《三礼图》出于聂崇义，如爵作雀背承一器；……而不知爵三足，有雀之仿佛而实不类雀。"[3]

今人对《三礼图》也不以为然。杜金鹏："更有人作《礼图》，给出了爵之图像，竟然是'刻木作雀形，背负琖'，极大地歪曲了爵的形象。"[4] 陈芳妹："《三礼图》虽也图绘器物，但依经文绘图，根据文字语言，依作者的'臆断'，翻译成视觉语言，或依经文的'传'或'注'或'疏'，辗转翻译成图绘。《考古图》则直接凭藉器物，这方法正成为批判当道的《三礼图》的有力条件，比较二书中的'簋'图和'爵'图，即可一目了然。"[5] 郑宪仁搜罗排比了各种礼图中的"五爵"图像，对比金石家所认定的同名器形，其结论是："礼学家根据经文注疏得到的文字陈述绘出图像，往往受限于自身经验，其图大多失真，至少在今日已可断定的实物原貌比对来看，北宋三家礼图均难以为用。"[6] 又冯茜："'玉爵'可以说是《三礼图》中最搞笑的图画之一了。"[7] 又黎晟："'玉爵'为鸟形背负一盏……这类望文生义的图像不胜枚举，成为《三礼图》体系最为明

---

[1] 王黼：《重修宣和博古图》，第 257 页下栏。
[2] 马端临：《文献通考》卷七四《郊社考七》，北京：中华书局 1986 年版，第 680 页下栏。
[3] 赵彦卫：《云麓漫钞》卷四，北京：中华书局 1996 年版，第 57 页。
[4] 杜金鹏：《商周铜爵研究》，《考古学报》1994 年第 3 期，第 286 页；又《铜爵研究》，收入其《夏商周考古学研究》，北京：科学出版社 2007 年版，第 775 页。
[5] 陈芳妹：《宋古器物学的兴起与宋仿古铜器》，《台湾大学美术史研究集刊》第 10 期，2001 年，第 49 页。又其《青铜器与宋代文化史》，台北：台湾大学出版中心 2016 年版，第 8 页。
[6] 郑宪仁：《宋代的先秦铜礼器类定名与三礼名物学》，收入《野人习礼：先秦名物与礼学论集》，上海古籍出版社 2017 年版，第 118 页。
[7] 冯茜：《聂崇义〈新定三礼图〉与宋初礼学》，收入叶纯芳、乔秀岩主编：《朱熹礼学基本问题研究》，北京：中华书局 2015 年版，第 442 页。

图 2 伯公父爵与饰雀斗形器
1. 伯公父勺,西周晚期。陕西省考古研究所、陕西省文物管理委员会等编:《陕西出土商周青铜器》,北京:文物出版社1980年版,第3册第97页,图版93
2. 铜鸟形杯,春秋早中期。引自严志斌:《薛国故城出土鸟形杯小议》,《考古》2018年第2期,第100页,图1
3. 鸟饰勺,春秋。故宫博物院:《故宫青铜器图典》,北京:紫禁城出版社2010年版,第200页,图版161
4. 陶鸟彝,战国中期。中国科学院考古研究所:《辉县发掘报告》,北京:科学出版社1956年版,图版76-1

显的标志。"[1]

然而首先,对那个"最搞笑"的雀杯爵,近年出现"同情的理解"了。这个变化的青蘋之末,是伯公父器的研究推进。1976年,宝鸡市扶风县云塘窖藏的西周晚期的伯公父器问世[2],参看图2-1。其器形以往称斗、称勺或称瓒,其自名却是"爵"。这一点便引起了广泛兴趣。随即另一事象进入眼帘:若干与伯公父器类似的东周宽柄斗形器,其前端饰有雀鸟。参看图2-2、图2-3、图2-4。人们随即就把饰雀斗形器,同伯公父器联系起来了。

---

[1] 黎晟:《宋人三代古物图像知识的形成、传播与重构》,《民族艺术》2018年第1期,第113页。
[2] 陕西周原考古队:《陕西扶风县云塘、庄白二号西周铜器窖藏》,《文物》1978年第11期,第6页。

《说文解字》称爵"象爵（雀）之形"，又云"所以饮器象爵（雀）者，取其鸣节节足足也"[1]。马承源把图2-4中的陶鸟彝视为爵，并推测说："此或即《说文》'象爵者，取其鸣节节足足'之说的由来。……《说文》所解释之爵，或兼括早晚形式，字形有早期象形的迹象，而解释为雀之鸣节节足足，乃取东周饰雀的饮器。"[2]马承源认为，许慎在《说文解字》中的"爵"，兼及三足爵与饰雀斗形器两种器物。《说文解字》所提供的"爵"字，字形由三足爵的象形演变而来，所以依然保留着这个字在商代初创时的结构信息；而就《说文解字》对"爵"字的阐述来说，许慎转以东周以来的饰雀斗形器来描述了。斗形器饰雀，雀又通爵，这就强化了一个认识：伯公父器一类斗形器也是爵。

伯公父器自名为"爵"，同类斗形器上又出现了雀饰，对聂《图》中的雀杯爵，有学者便发生了态度变化。如严志斌：饰雀斗形器"这种器形或为宋人聂崇义《新定三礼图》中所录雀鸟背负斗形的'爵'所本，《三礼图》中'爵'的想象图，也并非完全穿凿附会"[3]；又如孙机：《三礼图》中的雀形爵"亦非凭空杜撰，因为在东周铜器中已出现过雀形爵"[4]。

把容器置于鸭、凤、雀、鸽或鸳鸯背上或身体之中的造型，自先秦以下，延绵不绝。图3-1的鸭形器，出自辉县琉璃阁殷墓，表明禽鸟背负容器之类造型，起源颇早，殷商就已发轫了。东周还有一种漆木双连杯，一只鸟背上驮着两个筒形杯，战国包山楚墓有发现。这种双连杯在汉代仍不断出现[5]。图3-2中的那种负罐铜鸟，约当东汉

---

[1] 许慎：《说文解字》卷五下，北京：中华书局1963年版，第106页下栏。
[2] 马承源主编：《中国青铜器》，上海古籍出版社1988年版，第171页。
[3] 严志斌：《说爵》，收入邹芙都主编：《商周青铜器与先秦史研究论丛》，北京：科学出版社2017年版，第284页；《薛国故城出土鸟形杯小议》，第104页。
[4] 孙机：《说爵》，《文物》2019年第5期，第46页。
[5] 可参王子今：《秦汉时期的双连杯及其民俗文化意义》，收入《古史性别研究丛稿》，北京：社会科学文献出版社2004年版，第163—174页。

三国时代，在云贵高原与四川盆地颇多发现。鸟的体形为短尾长喙的翠鸟，背负的是小口鼓腹的罐（瓶），有时会跟钱树形成组合[1]。图3-3、图3-4中的瓷杯，是先秦饰鸟斗形杯的延续。从汉魏晋到唐五代，尤其在越窑一系的青瓷制品中，这种杯延绵不绝。尽管上述器物跟雀杯爵有差异，但透过它们再看雀杯爵，你的惊讶之态就会一扫滑稽之感——禽鸟背负容器竟是屡见不鲜的器物造型，绝非不可思议。

图3-5所见陶鸟形杯及剖面图，来自恭陵哀皇后墓，系唐前期器物。"恭陵"即唐高宗李治与武则天的长子李弘之墓，"哀皇后"就是李弘之妃。这件器物就更引人注目了：鸟背上驮着一个高筒杯，同聂《图》中的雀杯爵，相似度极高。谢明良目光犀利，随即视之为礼器，把它跟聂《图》联系起来：这件"年代比聂著《三礼图》要早三个世纪的哀皇后墓出土礼器，无疑正是参照'旧图'而制造的"，"其形制与聂著《三礼图》一致"[2]。

谢氏之说，我认为是不易之论。这里再补充一个细节。郭洪涛《唐恭陵哀皇后墓部分出土文物》载："粉白色，直口深腹，杯内涂有一层朱红。"这"杯内涂有一层朱红"一点，不宜忽略。一件陶器，内壁为什么涂朱呢？查聂《图》卷一二：爵"刻木为之，漆赤中。……旧《图》亦云画赤云气"；同书卷一四引梁正、阮谌《三礼图》："爵尾长六寸，博二寸，傅翼，方足，漆赤中，画赤云气。"所谓"漆赤中"，是说这木爵的内壁漆成了赤色。按《韩非子·十过》："禹作为祭器，墨漆其外，而朱画其内。"[3]先秦的漆木礼器，大都是"墨漆其外，而朱画其内"的。殷玮璋："（西周）当时制作

---

[1] 马晓亮：《汉代翠鸟铜饰研究》，《考古》2011年第9期，第82—88页；张合荣：《夜郎青铜文明探微：贵州战国秦汉时期青铜器研究》，上海古籍出版社2018年版，第六节"三、负罐铜鸟"，第211—214页。
[2] 谢明良：《记唐恭陵哀皇后墓出土的陶器》，台湾《故宫文物月刊》第279期，2006年，第69—70页。
[3] 王先慎：《韩非子集解》卷三，北京：中华书局1998年版，第71页。

1　　　　　　　　　　　　2

3　　　　　　　　　　　　4

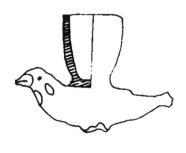

5

图3　鸟形杯与雀杯爵

1. 鸭形铜器，殷代。中国科学院考古研究所：《辉县发掘报告》，北京：科学出版社1956年版，第26—27页，图版十三5
2. 负罐铜鸟，东汉。互联网。线描见贵州省考古研究所：《贵州兴仁交乐汉墓发掘报告》，收入《贵州田野考古四十年》，贵阳：贵州民族出版社1993年版，第249页，图十二4
3. 青釉鸟形杯，魏晋。国家文物局主编：《中国文物精华大辞典·陶瓷卷》，上海辞书出版社，香港：商务印书馆1995年版，第210页，图107
4. 越窑鸟形把杯，五代。《中国文物精华大辞典·陶瓷卷》，第253页，图269
5. 陶鸟形杯，初唐。郭洪涛：《唐恭陵哀皇后墓部分出土文物》，《考古与文物》2002年第4期，第14页图6-4，第15页图7-4
6. 鸽形陶灯，元代。延安市文化文物局、延安市文管会：《延安虎头峁元代墓葬清理简报》，《文博》1990年第2期，第3页，及图版四3
7. 青铜鸟座杯形器，清代。湖南省博物馆藏品。湖南省博物馆网站，http://61.187.53.122/collection.aspx?id=2447&lang=zh-CN

6　　　　　　　　　7

的漆器，普遍用朱红和褐色（或黑色）两种颜色"，"商代的漆制器皿也是用红、黑两种颜色"[1]。唐陶鸟杯是陶爵，却模仿漆木爵内壁涂朱，这表明它是模仿礼器的明器，遵循了礼图"漆赤中"之文。

进而这陶杯外壁作"粉白色"，也可以理解了。礼图说爵的外表"画赤云气"。外壁粉白，就能让"赤云气"更为醒目。当然这件陶器有缺损，外表的赤云气或已脱落。聂《图》"五爵"中的雀杯爵，琖外壁作黑色，并非白色。但这件陶杯早在聂《图》之前，所参照的不是聂《图》。聂《图》引用了郑玄、阮谌、梁正、张镒礼图[2]。张镒是中唐之人[3]，而这件陶鸟杯成于唐前期，不光比聂《图》早三百年，而且还早在张镒之前。作为明器，这件陶鸟杯的器形偏小。根据报告，它"足残，口径4.5厘米，通高7.5厘米"。"足残"后通

---

[1] 殷玮璋：《记北京琉璃河遗址出土的西周漆器》，《考古》1984年第5期，第450页。
[2] 聂氏《三礼图》所引"郑图"，或谓郑玄撰，或谓习郑氏学者撰。而冯茜又云"'郑图'所指不明"。见其《聂崇义〈新定三礼图〉与宋初礼学》，同前，第433页。查《宋史》卷四三一《儒林聂崇义传》吏部尚书张昭等奏议："按聂崇义……自言周显德三年与田敏等按《周官》玉人之职及阮谌、郑玄旧图，载其制度。"北京：中华书局1977年版，第12795页。聂崇义"自言"的"阮谌、郑玄旧图"之辞，表明"郑图"就是郑玄之图，所指甚明。乔辉认定"郑图"为郑玄本人所作，见其《郑玄撰〈三礼图〉真伪考》，《文艺评论》2011年第10期。
[3] 据《旧唐书》卷一二五《张镒传》，张镒大历五年（770）除濠州刺史，其时撰《三礼图》九卷。

由《三礼图》雀杯爵推论"爵名三迁，爵有四形"

高 7.5 厘米，则未残时似能超过 10 厘米。然而比起礼图所云"爵尾长六寸，博二寸"，依然偏小。严格说来，此爵可以印证礼图，但未必是直接依照礼图制造的，更可能的情况，是模仿唐朝祭祀用爵而制造的。唐朝祭祀时所通用的爵，就是这种雀杯爵。

由此，认为聂《图》中的礼器来自聂崇义"将文字翻译成图"，包括雀杯爵也是"翻译"出来的那些观点，便黯然失色了。那种雀杯爵在唐朝是法定礼器，并不是聂崇义自出胸臆、胡思乱想。

图 3-6 那件器物，出自延安虎头峁元墓，残高 14 厘米，长 21 厘米，原称"鸽形陶灯"。谢明良认为，它也属于《三礼图》系统礼器之中的爵，理由是 14 世纪陕甘豫出现了以仿古陶礼器为墓葬仪物的风气，而这件器物由底座、鸟身和背戋构成，应认定为爵，而不是灯[1]。谢氏阐述的这个器形标准很合理，据此，不但可以把这件器物与鸽形陶灯区分开来，也足以把它跟图 3-2 中的那种负罐铜鸟区分开来。负罐铜鸟在陕西也有发现[2]。但这种负罐的鸟是短尾长喙的翠鸟，双足之下无底座；背负的是小口鼓腹的罐，而不是杯。"鸽形陶灯"背负的容器已残缺了，无法判断是罐是杯，但其鸟形更接近长尾雀鸟，而非翠鸟；更关键的是，它有圆形底座，所以它是爵。圆形底座的意义，可参看图 1-1《三礼图》中的爵，也可参看图 3-7。拿元墓所出陶鸟跟图 3-7 相比，就能看到二者的鸟造型与圆底座，与图 1-1《三礼图》中的雀杯爵，惟妙惟肖。

图 3-7 这一件是清代铜器，现称"青铜鸟座杯形器"，实即雀杯爵。据湖南省博物馆网站的文字说明，此器高 25.2 厘米、长 27 厘

---

[1] 谢明良：《北方部分地区元墓出土陶器的区域性观察——从漳县汪世显家族墓出土陶器谈起》，《故宫学术季刊》第 19 卷第 4 期，第 147 页。
[2] 例如汉中发现了两只负罐铜鸟，参看汉中市博物馆：《陕西汉中市铺镇砖厂汉墓清理简报》，《考古与文物》1989 年第 6 期，图版十三 5、8，铜水鸟 85M1: 33，85M1: 32。当然，汉中距离延安还有千里之遥。

米，其腹部铭文表明，此器由黄诚钰及其家人在咸丰年间铸造，被用于供奉其先祖唐代都统大将军黄师浩。也就是说，这件器物是礼器、祭器。据此，本文决意认定为爵。如果黄氏家族对黄师浩的供奉在唐代就开始了，那么这件铜爵的造型，便可能模仿了唐以来世世相传的家族祭器。另一种可能，这件爵是以某种礼图、经图为蓝本而铸造的。尽管宋代金石家对聂《图》屡加抨击，但检索即知，聂《图》中的器物形象，在宋明清时的部分礼图、经图中，仍保留了一席之地。聂崇义若见此爵如此精美，必将拍手称快，含笑九泉。

二　说"爵名三迁，爵有四形"

西周晚期的伯公父爵自名为"爵"，东周斗形器上有雀鸟装饰，汉至五代间鸟形杯延绵不绝，初唐礼器中的陶鸟爵也是雀背负杯之形——把这一系列事象联系起来，聂氏《三礼图》中的雀杯爵，就不再怪诞诡异了，它有一个源远流长的历史纵深，并非凿空生造。那么从三足爵到雀杯爵，其间都发生了什么呢？

这得从"爵名三迁"说起。在伯公父爵进入视野之后，人们改从三足爵、斗形爵两种爵出发，来看待东周文献中的爵了。战国初期宴乐图中所见饮酒器，均作细腰喇叭口形，与觚相类，却与三足爵绝异。林巳奈夫孤明先发，提出宴乐图中所见酒器，就是公元前5—前4世纪的通用酒器，它源于商周时的觚，《韩诗外传》中的觚、觯、角、散，就是这种觚形杯[1]。笔者继续推进，认定礼书"五爵"纯系"容量化器名"，五者只是容量之别，而器形无异；指出历代礼家一直传承着"凡诸觞皆形同，升数则异"的古训；进而对"爵"

---

[1] 林巳奈夫：《殷周时代青铜器の研究》，东京：吉川弘文馆1984年版，第144—145页。

这个器名在三足器、斗形器、觚形器之间的变动转移，提出了一个解释模式。此处打算从"酒器组合"入手，再做一补充论述。

所谓"酒器组合"，分别是"三足爵＋觚"组合，"斗勺＋觚"组合，及"勺＋五爵"组合。"三足爵＋觚"，具体说即三足器爵、角、斝与筒形器觚、觯之间的组合。这种组合的基础，是"功能上的分工合作"，而不仅仅是同墓同组出土关系。

二里头文化的主要酒器为盉、爵、觚，盉以贮酒，爵以温酒，觚以饮酒，从而形成"功能上的分工合作"。进入商代，"爵＋觚"成为最重要的酒器组合，是为"重酒的组合"。第二期组合中加入了觯，第三、四期组合中又加入了角。斝亦参与其间。组合的套数可分八等。妇好墓的40件爵、12件斝，与53件觚大致"一对一"，多达52套。安阳郭家庄160号墓有十觚十角。进入早周，酒器组合中的觯明显增多，占到了30%，爵占27%，觚占11%[1]。

若干古文字的字形，也暗示着"爵＋觚"组合的存在。周代若干青铜器铭文有"功勤大命""有功于周邦"等文句，这个"功"字的写法很特别，作𢍰，这个字是双手持爵之形[2]。在师克盨铭文中，这个𢍰字的上部多了一个"𠙵"，作𢍰。于省吾认为这个𢍰字是爵字之繁文[3]，裘锡圭则认为𢍰是𢍰字的繁体，上部的偏旁"𠙵"就是同[4]。很

---

[1] 以上参考宋镇豪：《夏商社会生活史》，北京：中国社会科学出版社1994年版，第279—283页。刘一曼：《安阳殷墓青铜礼器组合的几个问题》，《考古学报》1995年第4期，第403页。岳洪彬：《殷墟青铜礼器研究》，北京：中国社会科学出版社2006年版，第277页以下。中国社会科学院考古研究所：《殷墟妇好墓》，北京：文物出版社1980年版，第67、74、85页。中国社会科学院考古研究所安阳工作队：《安阳郭家庄160号墓》，《考古》1991年第5期，第391页。陈芳妹：《商周青铜酒器》，台北故宫博物院：《文物光华》第6册，1990年版，第46页。张持平：《商周用爵制度的提出及初步研究》，收入吴浩坤、陈克伦主编《文博研究论集》，上海古籍出版社1992年版，第52页。朱凤瀚：《中国青铜器综论》，上海古籍出版社2009年版，第251页。

[2] 此字读功，从朱凤瀚说，见其《柞伯鼎与周公南征》，《文物》2006年第5期，第69页。

[3] 于省吾：《〈师克盨铭考释〉书后》，《文物》1962年第11期，第56页。

[4] 裘锡圭：《甲骨文中的几种乐器名称——释"庸""豐""鞀"》，收入《古文字论集》，北京：中华书局1992年版，第204页。

图4 𠭴与𠭥

1. 甲骨文中的𠭴。取自张持平:《商周用爵制度的提出及初步研究》,收入吴浩坤、陈克伦主编《文博研究论集》,第46页
2. 甲骨文中的𠭴。取自严志斌:《瓒爵辨》,《三代考古》七,北京:科学出版社2017年版,第191页,图16
3. 师克盨铭文中的𠭥。《殷周金文集成(修订增补本)》4467、4468,北京:中华书局2007年版,第4册第2872页

有意思的是,有一件西周早期的觚自名为"同"。吴镇烽、王占奎据此提出,觚的本名应该是"同",同字的初形作ㅂ,像截竹而成的竹筒,古人用作饮器,后来增添了意符"口",变成了"同"字;又令同字从竹,形成了筒、箇等字[1]。上同下爵的𠭴字在甲骨文中多次出现,就是说它源于商代。严志斌把𠭥字视为𠭴字的异构,"'同'是为觚,'同爵组合'即是'觚爵组合'。'觚爵组合'表示所获功劳,这可能也是商墓中以'觚爵'配套出现的原因"[2]。以上诸字的原形,参看图4。同、爵两个偏旁的这种组合,显然是现实中"觚—爵"组合之反映。

裘锡圭说𠭥是𠭴字的繁体,张持平把𠭴列为爵字的一种写法[3],则𠭴当为爵之繁体。𠭴、𠭥读功,"廾"表示双手持爵敬酒,所以它们不是一般的功,而是特指经过了饮酒庆功之礼的,被周廷记于勋

---

[1] 吴镇烽:《内史亳丰同的初步研究》,《考古与文物》2010年第2期,第32—33页。同期还刊有王占奎的《读金随札——内史亳同》一文,也多方举证,认为觚应称"同",第35—39页。
[2] 严志斌:《说爵》,第283—284页;《瓒爵辨》,《三代考古》七,北京:科学出版社2017年版,第191—192页;《薛国故城出土鸟形杯小议》,第104—105页。
[3] 张持平:《商周用爵制度的提出及初步研究》,收入吴浩坤、陈克伦主编《文博研究论集》,第46页。

册、藏于王府之功。用于饮酒庆功的饮至礼上，有"舍爵、策勋"程序，即先饮酒庆功，再把功勋记录存档，于是就"勋在王室，藏于盟府"，可以说"有功在周邦"了。遂如严志斌所论，鼒、鼒二字所体现的"觚爵组合"，与所获功劳相关。这种经过了饮酒庆功礼的鼒（功），字形中含有同（觚）、爵二象，暗示饮酒庆功礼上同（觚）、爵并用。相应地，若爵确是鼒的简写，那么这个爵其实兼含同（觚）、爵二器，因为在饮酒之时，二器搭配、同时使用。

对甲骨文及金文中何为"爵"字，仍然时有新说。在我看来，与"同"字共同构成"鼒"的那个偏旁，就是"爵"字。首先这个字作三足有流有柱之形，字形合乎三足爵的形制，以往也是被认作"爵"字的；进而它恰好跟"同"，也就是跟觚共同组字。为什么它俩共同组字呢？就是因为现实中存在着的"爵＋觚"组合。反过来说，"鼒"表明，"爵"最初之所指，确实就是那种三足有流有柱的酒器。宋人在定名之时，居然就没弄错！

三足青铜爵、角、斝被认为是煮酒器或温酒器。也有学者认为，它们是用于歆、祼的，歆、祼时要把鬯酒加热，再灌之于地。若是这样，青铜三足器仍可以说成是广义上的温酒器。这里暂时采用前说。然而温酒大约是商族的习俗，周朝起初跟着时髦了一下，不久就失去兴趣，不温酒了。相应地，用来温酒的三足器用不到了。周初之后，青铜爵及青铜角、青铜斝如泥牛入海，一去不返；青铜觚虽然也不再铸造了，却有漆木觚继之而起，温酒习俗虽已淡去，饮酒礼俗依然如故，所以，觚之主流饮酒器地位，依然故我。

昔日为觚酌酒的三足爵，现在被斗或勺等酌酒器取代了。相应地，现在是斗、勺跟饮酒器合作，构成"功能组合"了。伯公父器有"用献，用酌，用享，用孝"之文，于是朱凤瀚判断说："酌即往饮酒器中斟酒"，"此型斗亦称'爵'，表明爵在当时已可以作为酒器之泛称，或者此种斗与温酒器之爵是同名而异形之器"[1]。"爵"这个器名，开始向斗形器转移了。

"第二波"的酒器组合，即"斗勺＋觚"之组合，应运而生。严志斌的近期研究，为"斗＋觚"组合提供了新认识。他提示在1961年长安县张家坡窖藏铜器，安丘柘山镇东古庙村春秋墓铜器，及曾侯乙墓出土的漆木器中，都存在类觚的筒形杯，它们跟宽柄斗形器呈组合关系。参看图5。

对上图中的器物关系，严志斌仍称为"觚爵组合"[2]。仍称为"觚爵组合"，就意味着"觚＋斗形爵"的组合，与此前的"觚＋三足爵"组合一脉相承。什么东西一脉相承呢？除了以觚饮酒一点外，我们推测还有"用酌"，即两种爵共同的"用酌"功能。

除了斗，勺也跟觚形成了组合。礼书中跟"五爵"搭配的就是勺，战国宴乐图中跟觚形杯搭配的也是勺。在"第二波爵觚组合"时，酌酒器无论勺、斗，我们猜测都被视之如爵。今人为了分类方便，把短柄者称斗，长柄者称勺，但二者属同类器具，容量也差不太多。勺、斗互训，"酌"字从勺，"用酌"的器具就是勺。所以伯公父器也是勺，也被称为"伯公父勺"。则伯公父器之自名为"爵"，也算是"勺可称爵"之证。用"爵"酌酒，反过来说，就是酌酒的器具可以称"爵"。尽管斗、勺等已没有了温酒功能，但其"用酌"功能同于三足爵，所以在三足爵退场之后，斗、勺顺水推舟地袭用了"爵"称。由此，爵名发生了第一次迁移转变，是为"爵名一迁"。

爵名转到了斗、勺之上，另一个礼制又逐渐发展起来了：用不同容量的饮酒器来区分贵贱。贵者用较小的饮酒器，贱者用较大的饮酒器，是为"以小为贵"。饮酒器发展出了五升之差，分别为一

---

[1] 朱凤瀚：《中国青铜器综论》，第274页。
[2] 严志斌：《薛国故城出土鸟形杯小议》。

图5 "觚形杯+斗形器"的组合
1. 铜杯+铜料,西周中期。中国科学院考古研究所:《长安张家坡西周铜器群》,北京:文物出版社1965年版,图版27下、图版32下。
2. 铜觯+铜斗,春秋时期。安丘市博物馆:《山东安丘柘山镇东古庙村春秋墓》,《文物》2012年第7期,第17—18页,图8、图11。
3. 漆木筒形杯、漆木豆形杯,战国前期。中国社会科学院考古研究所:《曾侯乙墓》,北京:文物出版社1989年版,下册,图版135-1、136-1。

升、二升、三升、四升、五升。与之相应，勺的容量也固定为一升，以便斟酒。勺既已称"爵"，一勺之酒也就是"一爵之酒"。用一升之饮酒器饮酒，便可以说饮了"一爵之酒"。所以一升之饮酒器也称之为"爵"了。相应地，二升、三升、四升、五升之饮酒器，因其分别可容二爵、三爵、四爵、五爵之酒，都可称"爵"。

异（功）的繁体是鼻，爵的繁体是鬵，因同（觚）、爵搭配使用，"爵"字本来就兼含同（觚）、爵二器，以偏概全的。"偏"就是三足爵，"全"就是三足爵＋筒形觚，合二而一，就成了鬵字，则广义的"爵"也包括觚。由此，五等饮酒器并称为爵，形成"五爵"，分称则是爵、觚、觯、角、散（斝），其外形都是觚形器。由此，爵名又从斗、勺转移到觚形杯上。此后为便于区别，斗、勺逐渐又不称"爵"了。这就是爵名的第二次迁移转变，是为"爵名二迁"。

《说文解字》说爵"象雀之形"。三足爵像雀吗？许进雄："爵的形状非常奇特而不自然，为中国所独有，不见于其他的文化"，"确实像极了许慎《说文解字》所解释的像雀鸟之形。商朝有其始祖为吞玄鸟之卵而生的传说，鸟图腾是东方氏族的共同信仰，商也是发源于东方的氏族。它们之间应该有某些关联"[1]。当然也有人不信这个"象雀之形"的说法。这问题应一分为二：一是三足爵的造型是否由模仿雀鸟而来；二是古人是否认为三足爵有雀鸟之形。前一点难以确证，后一点有主观色彩，说"不像"或"很像"的，古今都有人在。清人程瑶田、段玉裁认为"很像"，宋人吕大临、王黼也认为"很像"。上古汉语中爵、雀同音，二字通假，这也极容易引发联想。造物者为斗形爵增加雀鸟之饰，也许是用以暗示此爵与彼爵此起彼伏，在"用酌"一点上薪尽火传。

---

[1] 许进雄：《中国古代社会——文字与人类学的透视》（修订本），台北：台湾商务印书馆1988年版，第245—246页；《古事杂谈》，北京：商务印书馆1997年版，第133—134页。

图 6 爵与柶
1. 爵与柶,西周
2. 柶,商周
转引自张光裕:《从新见材料谈〈仪礼〉饮酒礼中之醴柶及所用酒器问题》,第 67、71 页

还有一个细节,似乎也能旁证从三足爵到斗形爵的爵名迁转。有一件三足青铜爵,大约是商西周间的器物,其中插着一支带柄的扁长条状物,二者似有"组合"迹象。参看图 6。

按,傅晔曾提出爵是用于滤酒的,还据此辨析了三足爵各部件的功能[1]。张光裕判定图 6 中的那个条状物就是"柶",其用途是滤酒,即在酌醴酒时滤去糟滓,随后又把这个柶,跟《仪礼·士冠礼》"有篚实勺,觯,角柶",《既夕礼》"实角觯四,木柶二,素勺二"等记载中的"柶"联系起来了[2]。

在《仪礼》的上述记载中,跟勺、柶并列的是"觯"。这个"觯",也许是指无酒的空杯,即所谓"实曰爵,虚曰觯"意义上的"觯",也可能是"三升曰觯"之觯。姑且认作后者,即三升之觯,

---

[1] 傅晔:《金爵新论》,《文博》1992 年第 4 期,第 39—40 页。
[2] 张光裕:《从新见材料谈〈仪礼〉饮酒礼中之醴柶及所用酒器问题》,《文物》2013 年第 12 期,第 67、69 页。

那么这是一个勺、柶、觯的组合。为此我就有了一个猜测：商和周初用三足爵酌酒，所以三足爵配之以柶，用来滤去糟滓；春秋改为用勺斗酌酒，故勺斗配之以柶，用来滤去糟滓。在"三足爵＋柶＋觚"与"勺＋柶＋觯"两种组合之间，"柶"像是联结二者的纽带，暗示着三足爵与斗勺此消彼长，在"用酌"功能上薪尽火传。

在"爵"名转为五种觚形杯之称后，斗形器称"爵"的情况并没有戛然而止。据《仪礼·士虞礼》：主人酳尸用"废爵"，主妇亚献用"足爵"，宾长三献用"缯爵"。在较早时候，林巳奈夫把废爵、足爵、缯爵都说成是双耳杯[1]。近年又有了一种看法，认为足爵是三足爵，废爵是勺、斗或瓒，亦即斗形爵，礼书中的爵便是这种废爵。笔者则把废、足、缯三爵都看成斗形爵。也就是说，勺斗一度称爵的做法，依然残留在士虞礼的三献用爵之上。到了春秋战国之交，士虞礼被书之竹帛，在这时候，礼家仍没忘记这三种斗形爵也曾是"爵"之一种。

进而再来看聂《图》中的雀杯爵，我们恍然大悟了：其雀饰与圆足来自斗形爵，雀背上的杯来自筒形爵。尽管雀杯爵出自后儒虚构，"周礼"时代并没有这种东西，但它还不完全是空穴来风，而是有所依本的。"二合一"的雀杯爵问世了，又有一种爵荣登饮酒礼器舞台。这是爵名的第三次迁移转变。由此，"爵"的团队增加到四位成员：三足爵，斗形爵，觚形爵（或筒形爵），及雀杯爵。是为"爵名三迁，爵有四形"。

三 "凡诸觞皆形同"，筒形杯变异与雀杯爵的"二合一"

战国宴乐图中的筒形爵，仍带有细腰喇叭口之形，这是三代主

---

[1] 林巳奈夫：《殷周時代青銅器の研究》，第144页下栏。

流饮酒器觚的余绪；而唐陶鸟爵及聂《图》"五爵"的杯形已颇不同，其外壁下部内敛，底部有足。千年沧桑、时移事异，"五爵"的外观难免发生变异。

青铜觚、青铜觯在西周中期已消沉下去，战国以来椭圆形浅腹耳杯（或称"羽觞"）作为新兴酒器，蔚成新潮。由此陈梦家有一个断言，云礼书中的爵都是浅腹耳杯："至第四期（按，即前481—前221年间）而有玉制、银制、漆制之杯，如洛阳金村出土之玉杯、银杯，长沙楚墓出土之漆杯，皆椭圆形，浅腹，两边反唇为耳。……由此可知晚周、秦、汉礼书所谓爵皆杯也。"[1]然而礼书所反映的是春秋礼制，耳杯的流行已在战国了，礼书中的酒杯不可能是战国耳杯，二者时代错位。

汉廷、汉儒认定的"爵"又是什么样呢？文献中尚有草蛇灰线：

《汉书·律历志》："十斗为斛，而五量嘉矣。其法用铜，方尺而圜其外，旁有庣焉。其上为斛，其下为斗。左耳为升，右耳为合、龠。其状似爵，以縻爵禄。"[2]

《汉书·律历志》说有一种量器"其状似爵"，那就跟"爵"的讨论相关了。这种量器应是所谓的"嘉量"，新莽制造过这种东西。"嘉量"的主体部分是斛形，平底直壁，参看图7-1。图7-2是另一件新莽斛，也作直筒之形。这种筒形的量器，在战国晚期就开始流行了[3]。新近复原的一件秦桶，也与汉斛形制一致，同样是一个直壁圆筒[4]，参看图7-3。

---

[1] 陈梦家：《中国铜器概述》，收入《陈梦家学术论文集》，北京：中华书局2016年版，第355页。
[2] 班固：《汉书》，北京：中华书局1962年版，第967页。
[3] 王子今：《试谈秦汉筒形器》，《文物季刊》1993年第1期，第56页。
[4] 熊长云：《秦诏铜籞残件与秦桶量之复原——兼论桶量与斛量之更替》，《故宫博物院院刊》2017年第3期，第26页。

图 7　三件斛与三件卮
1. 新莽新嘉量。国家计量总局:《中国古代度量衡图集》,北京:文物出版社 1984 年版,图 126
2. 新莽铜斛。国家计量总局:《中国古代度量衡图集》,图 127
3. 秦桶复原。熊长云:《秦诏铜籀残件与秦桶量之复原——兼论桶量与斛量之更替》,第 25 页
4. 战国漆卮。四川青川郝家坪战国墓。《中国漆器全集》,福州:福建美术出版社 1997 年版,第 2 册第 19 页,图版 18
5. 西汉二升漆卮。湖南长沙马王堆汉墓。《中国漆器全集》,第 3 册第 50 页,图版 79
6. 西汉七升漆卮。湖南长沙马王堆汉墓。《中国漆器全集》,第 3 册第 38 页,图版 63

　　既然班固称斛"其状似爵",反过来说就是爵"其状似斛"。这意味着当时必有一种与斛同形的饮酒器,在班固那个时代名之为"爵"。这时我们的视线就落在了"卮"的身上。图 7-1、图 7-2、图 7-3 三件斛与图 7-4、图 7-5、图 7-6 三件卮,器身几无二致,都是粗矮的直筒,仅大小不同而已。

　　觚形杯在战国越来越少,卮变成了主流饮酒器,跟椭圆浅腹耳杯一起,取觚而代之并大行其道,还出现在很多著名历史故事中,如"画蛇添足"故事中的"赐其舍人卮酒","鸿门宴"故事中的

由《三礼图》雀杯爵推论"爵名三迁,爵有四形"　　　133

"壮士，赐之卮酒"，等等[1]。荆门市包山2号墓出土的凤鸟双连杯，鸟背上的两个杯都作卮形。在湖南长沙马王堆汉墓所见遣策上，又列有"縰布小卮""二升卮""七升卮""斗卮"等器名[2]，说明"卮"就是这种饮酒器的自名。班固所说"其状似爵"的那个"爵"，其最大可能是卮，二者外观酷肖。

在汉代，"卮"曾经被用为爵吗？或者说曾经"卮"被称为爵吗？在《汉旧仪》对宗庙大袷祭的记载中，有这样一段文字："皇帝上堂盥，侍中以巾奉觯酒从。帝进拜谒。赞飨曰：'嗣曾孙皇帝敬再拜。'前上酒"，"其夜半入行礼，平明上九卮"[3]。此文所述，应是西汉后期之礼制，其时用于献酒的礼器，称"觯"、称"卮"。

对于觯、卮、觛、䆫等器名，王念孙早已指出它们是一物之异名[4]。王国维也曾多方征引，以论证觯、卮原为一事[5]。商周青铜觯与战国秦汉的卮，外形上的差别是很大的，器名却一脉相承。湖北江陵凤凰山M168遣策39上记有"角单（觯）一只，金足"，其所对应的实物，直筒、平底，有一个环形的把手[6]，除了体形较大之外，与卮并无大异。前引《汉旧仪》中用于献酒的觯与卮，似指同一器物。当然说它们是两种不同器物[7]，也不无可能。

---

[1] 可参看王振铎：《论汉代饮食器中的卮和魁》，《文物》1964年第4期，第1—6页。
[2] 湖南省博物馆、中国科学院考古研究所：《长沙马王堆一号汉墓》，北京：文物出版社1973年版，上集第82页。湖南省博物馆、湖南省文物考古研究所：《长沙马王堆二三号汉墓》，北京：文物出版社2004年版，第123—124页。
[3] 《续汉书·祭祀志》注引，范晔：《后汉书》，北京：中华书局1965年版，第3195页。
[4] 王念孙：《广雅疏证》，上海古籍出版社1983年版，第866—867页。
[5] 王国维指出觯、觛、卮、䆎、䆫五字同声，指的也是同一种饮酒器。《观堂集林》卷六《释觯、觛、卮、䆎、䆫》，北京：中华书局1959年版，第291—293页。
[6] 湖北省文物考古研究所：《江陵凤凰山一六八号汉墓》，《考古学报》1993年第4期，第477页，第481页图24。文中把这件自名为"觯"的器物称为"樽"。但这个觯有一个环形的把手，而这是饮酒器的特征，所以应该认定为卮，尽管其体形较大。
[7] 洪石：《战国秦汉漆器研究》，北京：文物出版社2006年版，第60页。

《汉旧仪》所谓"九卮",表明从半夜到平明,九次用卮(或斛)献酒。把卮用作献酒的礼器,也就是用之为爵了。依据周礼,"宗庙献,用玉爵"[1]。那件用于九献的卮,也许就是玉卮,以合于"玉爵"之义。又《汉书·高祖本纪》:"上奉玉卮,为太上皇寿。"应劭释此玉卮:"饮酒礼器也,古以角作,受四升。"[2]角为"五爵"之一,容四升。应劭说这个用于上寿的玉卮相当于四升之角,不知何据;但他用饮酒礼上的四升之角来解释卮,表明他也知道当时以卮当爵。

　　由战国至汉,发现了不少玉卮的实物。图8便是其中的几个。它们的最大特点,是器身作直筒形,有一个有孔单鋬,可以穿过手指,颇便于把握。图8-1、图8-2、图8-3的器形较为低矮,与斛更为接近;图8-4、图8-5、图8-6的卮则是高筒形的。图8-5的玉卮有雀鸟衔环雕饰,图8-6的玉卮筒壁上有四只夔凤浮雕。此外还有一些玉卮,其上有雀形或凤形的装饰或花纹[3]。这类玉卮若用于祭祀,就应该相当于礼书中的"玉爵"。汉代皇室在饮酒礼和祭祖礼上所用的玉卮,当即这类高贵的玉器。

　　以卮当爵,也许始于汉初叔孙通。叔孙通早年在鲁地的乡饮乡射礼上所见礼器,其中的"五爵"应是觚形爵。但甫经秦火,庶事

―――――――
[1]《周礼·天官·大宰》郑玄注,阮本,北京:中华书局1980年版,第650页中栏。
[2] 班固:《汉书》卷一,北京:中华书局1962年版,第66页。
[3] 如安徽巢湖市北山头西汉墓出土的另一件B型玉卮,环形鋬手透雕一只朱雀。安徽省文物考古研究所、巢湖市文物管理所:《巢湖汉墓》,北京:文物出版社2007年版,第125页,彩版63、64、65。美国弗利尔艺术陈列馆藏一件战国玉卮,壁上有雀鸟浮雕,《海外遗珍·玉器(一)》,台北故宫博物院1988年版,第64页。湖南省安乡县黄山镇刘弘墓出土的汉代玉卮,有龙凤纹。《中国出土玉器全集》10,北京:科学出版社2005年版,第237页。长沙马王堆二号汉墓出土铜框玉卮,有四只凤鸟环绕。湖南省博物馆、湖南省文物考古研究所:《长沙马王堆二三号汉墓》,北京:文物出版社2004年版,第20—21页。广州南越王墓出土的铜框镶玉卮,外表有云鸟纹。广州西汉南越王墓博物馆等:《南越王墓玉器》,香港:两木出版社1991年版,图版161。

图 8　战国与汉玉卮

1. 战国玉卮。哈佛大学艺术馆藏。《海外遗珍·玉器（一）》，台北故宫博物院 1988 年版，第 63 页
2. 西汉铜框玉卮。董安夫妇墓出土。扬州市文物考古研究所藏。可参看《西汉董汉夫妇墓青铜玉器文物选赏》，https://www.sohu.com/picture/295408459
3. 西汉玉卮。扬州博物馆、天长市博物馆编：《汉广陵国玉器》，北京：文物出版社 2003 年版，第 121 页，图版 98
4. 西汉高筒镶玉铜卮。湖南省博物馆、湖南省文物考古研究所：《长沙马王堆二三号汉墓》，北京：文物出版社 2004 年版，彩版 2
5. 西汉高筒玉卮。安徽省文物考古研究所、巢湖市文物管理所：《巢湖汉墓》，北京：文物出版社 2007 年版，第 125 页，彩版 59
6. 汉代高筒玉卮。故宫博物院藏。《中国传世玉器全集》2，北京：科学出版社 2010 年版，第 129 页

草创，时下流行的饮酒器已是卮了，或许叔孙通觉得还是与时俱进、令君臣民众喜闻乐见较好，于是就以卮代觚、以卮当爵了，反正它们都作筒形。卮源于觯，觯本来也是"五爵"之一。"诸觞"不从觚形而从卮形，也算是不违古礼吧。

到了东汉末年，礼图中的"五爵"外观又变了，变成"锐下有足"之形了。聂氏《三礼图》卷一二："旧《图》云：觚锐下，方足，漆赤中，画青云气，通饰其卮。"这条史料中的"锐下，方足"和"通饰其卮"，传达了两个信息。第一是"通饰其卮"的提法。这里"卮"指的是觚体[1]。这件器物是觚，却不说"觚体"而说"卮体"，这是为什么呢？我以为此处的以卮说觚，还有前述的应劭以角说卮，都是汉以来"以卮为爵"做法的影响。第二是"觚锐下"，"方足"。"觚锐下"表明觚的下部开始内敛了，"方足"表明这觚有足了。那么，这杯已不是直筒卮了，开始接近于唐陶鸟爵上的那种有足杯，及聂《图》中的那种有足杯了，其间区别，唯在方足、圆足而已。既然是"旧《图》云"，汉末郑玄、阮谌所绘《礼图》就应包括在内。也就是说，郑玄、阮谌所绘《礼图》中的"五爵"，已是"锐下有足"之形了。再拿聂《图》所提供的"五爵"尺寸来核对，则"五爵"的口径都是大于底径的。所以那些杯必定是"锐下"的。

推测东汉之时，礼器"五爵"的外观又逐渐出现了变异，由此影响到了郑玄、阮谌的《礼图》。从东汉到聂氏《三礼图》，又过去了七个多世纪。东汉礼典的实际用爵，郑、阮《礼图》中的"五爵"，与聂氏《三礼图》所见"五爵"，其间会有多大的相似度呢？东汉实际用爵与郑、阮《礼图》，我们已看不到了。但也许可以通过某种方式，获得间接的参考。我就手头之书略加翻阅，查到汉代圆

---

[1] 丁鼎："卮，古代饮酒器。这里指觚的主体部分。"见其点校《新定三礼图》，北京：清华大学出版社2006年版，第371页。其说是。

足陶杯二十件上下，玉杯八九件。互联网上也有相关图像可征。在其中选择四个陶杯、两个玉杯，以供观览。请看图9。

首先来看图9-1至图9-4。这四个杯恰好都是既器身"锐下"，又有圆足的。除了没有把手之外，它们的杯体与圆足，跟唐陶鸟爵以及聂《图》中的"五爵"，是不是惟妙惟肖呢？若在它们的杯身与杯足间插入一个雀鸟造型，那就是雀杯爵的样子了。图9-5、图9-6是两只玉爵，其使用者身份或使用的场合，一定相当高贵，然而仍不能肯定它们就是礼仪用爵。姑置于此，存疑待考。这类陶杯与玉杯，表明"锐下有足"的杯形，在汉代是真实存在的，它们可供想象其时"锐下有足"的礼仪用爵的实际样子，以及郑、阮《礼图》中"五爵"的可能样子。

"五爵"器形的变迁历程，由此又具体清晰了一点："五爵"在春秋及战国初本为觚形，在汉代曾作卮形；在汉末礼图中，又成了锐下有足之形了。锐下有足之形又被继起的礼图所承袭，最终进入了聂氏《三礼图》。觚形杯、卮形杯、锐下有足杯，都属筒形爵。这反过来又强化了我的"礼书五爵是筒形爵"的论点，因为其间环环相扣、一脉相承。

《礼图》中的"五爵"似乎没把"凡诸觞皆形同"落实到底，由聂《图》可知，那只贯彻了五分之四，功亏一篑：雀杯爵呈现为一个另类，外形不同于其他四爵。在郑玄、阮谌《礼图》中，应已如此了。我有这么一个想象，某个时候有人迸发了一个灵感：把饰雀斗形爵与筒形杯合二而一。他不能不遵循"凡诸觞皆形同"的古训，令"五爵"均作筒形。但他也知道在周礼时代、礼书之中，斗形器也称"爵"，还有饰雀。这时他忽发奇想，若能造一件器物兼二爵之象，岂不就保存了"饰雀斗形器也曾称爵"这个历史信息了吗？于是他合二爵为一体，把筒形杯置于雀背之上了，或者把一个雀鸟插入杯身和圆足之间了，或者把饰雀斗形器中的那个斗改为筒形杯了。

图9 汉代锐下有足筒形杯实物

1. 陶杯剖面图,西汉早期。湖北省荆州博物馆:《荆州高台秦汉墓》,北京:科学出版社 2000 年版,第 86 页图七—3
2. 西汉彩陶杯。美国纽约大都会博物馆藏。https://www.sohu.com/a/196525811_210889
3. 陶杯,西汉后期。广西文物工作队、合浦县博物馆:《合浦风门岭汉墓 2003—2005 年发掘报告》,北京:科学出版社 2006 年版,第 35—36 页,彩版 16-4
4. 陶杯,东汉后期。广州市文物管理委员会、广州市博物馆:《广州汉墓》,北京:文物出版社 1981 年版,下册图版一三五 8
5. 玉杯,西汉前期。《中国出土玉器全集》14,北京:科学出版社 2005 年版,第 155 页
6. 玉杯,西汉中期。王恺、葛明宇:《徐州狮子山楚王陵》,北京:生活·读书·新知三联书店 2005 年版,第 130 页

由《三礼图》雀杯爵推论"爵名三迁,爵有四形"　　　139

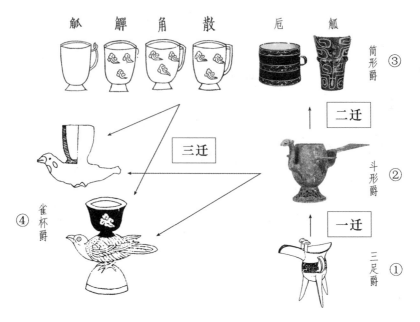

图10 "爵名三迁，爵有四形"示意

雀背上的那个筒形杯仍与觚、觯、角、散四器同形，所以"凡诸觞皆形同"的古训仍得到了维护遵守，并没有置之不理；而筒形杯下面的雀鸟，客观上又使饰雀斗形器曾经称"爵"这一故实不致湮灭消亡。一器二形，两全双美。

聂《图》中的雀杯爵的来源，"爵名三迁"的变化历程，"爵有四形"的彼此关系，这里尝试用图10展示。

这幅示意图的观察起点是①，即右下角的三足爵。此爵"一迁"为②斗形爵，"二迁"为③筒形爵，"三迁"为④雀杯爵。斗形爵的雀鸟及圆足，加上"五爵"中那些筒形杯，便构成了雀杯爵"二合一"的造型来源。而筒形爵，也经历了觚形、卮形和锐下有足杯形的变化。如果用左侧唐陶鸟爵背上的那个杯，比照聂《图》中的觚、觯、角、散，则"凡诸觞皆形同"一点，宛然在目。唐陶鸟爵上的杯，同汉代的锐下有足杯形状类似；聂《图》中雀背上的那个杯形，则更接近唐宋墓葬出土的某些碗形杯。总的说来,"凡诸觞皆形同"其实没有缩水打折,若换一种理解方式,只不过在一升之爵下面加了一只雀鸟而已。

雀杯爵的首发原创人是谁呢?史无明文。郑玄、阮谌都是汉人。阮谌《三礼图》有"爵尾长六寸,博二寸,傅翼"之文,这个爵比较大,雀背上自然有杯。郑玄《三礼图》中的爵,推想也作雀背负杯之形。宋人窦俨《三礼图序》评述聂氏《三礼图》:"博采三礼旧图,凡得六本,大同小异,其犹面焉。"既云"大同小异",则"六本"即聂氏之前的六种礼图相去不远。倘若"六本"中某一种礼图中的爵不是雀背负杯之象,那就是一个很大的问题了,对此聂氏不会不加说明的。看来,雀杯爵在汉代就已呱呱坠地了,所以"六本"皆然。此外,聂崇义作《三礼图》所参考的六种礼图,同处宋代的王黼当然也能见到,而王黼曾指责雀杯爵是"汉儒之臆说",六种礼图作者中郑玄、綦毋君、阮谌算是汉儒。王黼说雀杯爵是"汉儒之臆说",其说可从。

郑玄、阮谌是雀杯爵的始作俑者么?郑玄是严谨的学者,他不会凭空生造礼器图像吧。他应有所依本。许慎对爵的形状描述是"象爵(雀)之形","饮器象爵(雀)者,取其鸣节节足足"。他与郑玄的饮酒器之争,主要集中在爵名和容量上,在爵之器形上二人没有任何分歧。此时爵为何物,似乎社会已有共识了,大约就是雀杯爵那个样子。所以郑玄《三礼图》中的爵形,非其首创,而是以社会共识为基础的。东汉是一个讲求"学术规范"、竞赛精细的时代,雀杯爵那样的奇特构想,也不大容易生发,那样的话,要么成为众矢之的,要么被弃若敝屣、无人问津。雀杯爵应出自礼乐发生了较大变动的年代。

郑玄、阮谌的礼图都以叔孙通为参考,那么,是叔孙通草创汉礼、规划礼器时"搂草打兔子",顺手搞了个雀杯爵吗?到了西汉末年，王莽亲自发动了一场轰轰烈烈的"礼乐大革命"，复古改制不惮"史无前例"，新奇器物纷纷涌现。刘师培曾经提示，新莽之制多近古，对于理解周礼具有特殊价值[1]。我在考察冕服变迁时也发现，王莽的"九锡"礼制很有特点，既赐衮冕，又赐甲胄，颇得古意[2]。叔孙通的团队"从儒生弟子百余人"，而王莽征召的儒生"前后千数"，其研究实力是叔孙通的十倍；叔孙通制礼属筚路蓝缕，王莽改制却是刻意求新。比之叔孙通，王莽更有资格主张发明权。

四　余论：爵是什么

在初步厘清三足爵、觚形爵（或筒形爵）、斗形爵和礼书"五爵"的关系之后，便得以从"爵名三迁，爵有四形"来认识聂氏《三礼图》中的雀杯爵了。前文的论述中有很多猜测，存在着很多缺环，但只要提出了新线索，目的就算达到了。文章的目的是什么呢？就是篇首所揭举的"爵是什么"。

爵是什么？今天大多数人心中，"三足双柱有流爵"就是标准答案。此系宋人之功，他们把三足爵定名为爵，今人承袭之。这是一大推进。近几十年伯公父爵浮出水面，学人随即修订旧说，提出斗形爵才是东周礼书中的爵，还说三足爵是"足爵"，斗形爵是"废爵"。斗形爵也被认定为爵了，是为第二大推进。不过这仍未达一间：此外还有筒形爵、雀杯爵，不宜置之度外，礼书中的废爵、足

---

[1] 例如，对《周礼》国野郊遂之制，刘师培指出："惟畿中规划，厥名纷错……汉儒诠制，鲜克理董。然说各偏方，似以《莽传》为近正。"见其《西汉官师考》，收入《刘申叔遗书》，南京：江苏古籍出版社1997年影印本，第169页。此说颇有卓识。

[2] 阎步克：《服周之冕：〈周礼〉六冕礼制的兴衰变异》，北京：中华书局2009年版，第60—61页。

爵、繶爵都是斗形爵。礼经的耀眼与礼学的显赫，迫使三足爵隐姓埋名千年，可以这么说，宋以前的古书中没有一个爵字确指三足爵。宋人凿破鸿蒙，三足爵东山再起，反手又把筒形爵锁入了疑云迷雾，以致今之学人对礼书"五爵"仍觉茫然。这个荣枯倒转、陵谷变迁，太富戏剧性了。眼下的第三步工作，便是让暧昧模糊的"五爵"清晰起来，现出筒形杯的真容，进及雀杯爵，申明从东汉至宋初雀杯爵一直是王朝正宗礼器，从而让四种爵形各得其所。

从"爵名三迁，爵有四形"反观，很多旧说就需要另觅新解了。比如《考工记·梓人》："梓人为饮器，勺一升，爵一升，觚（当作觯）三升。……凡试梓饮器，乡衡而实不尽，梓师罪之。"[1]梓人负责制造饮酒器。在验收成品时，要把所造的饮酒器器身平置、对准眉毛（"衡"），若酒没全流出来，便属不合格产品，长官梓师将有惩罚。程瑶田因云："试举古铜爵验之，爵之两柱适至于眉，首不昂而实自尽。"[2]把这个爵理解为三足两柱的青铜爵，才会有"爵的两柱

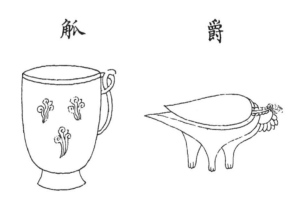

图11 林希逸《鬳斋考工记解》中的觚与爵
觚形来自聂氏《三礼图》，爵形系捏合《三礼图》与北宋金石著作而成

---

[1]《周礼注疏》卷四一，阮本，北京：中华书局1980年版，第925页下栏。
[2] 程瑶田：《考工创物小记·述爵兼订梓人乡衡注》，《程瑶田全集》，合肥：黄山书社2008年版，第2册第217页。

恰好对准眉毛"的说法。程瑶田，还有戴震《考工记图》，为这个爵提供的图像，都是三足爵[1]。南宋林希逸为梓人所造爵提供的图像，则甚为诡异，作雀鸟之形，下有三足[2]，参看图11。此爵显然是雀杯爵与三足爵的二合一，其用意是不偏不倚、兼收并蓄，其效果是不伦不类、弄巧成拙，徒将引发"三足乌"之类的无关联想。

  我查阅了五种当代《考工记》注译本，皆用三足爵来解释梓人所造之爵，无一例外。然由"爵一升，觚三升"便可知道，梓人所造之爵是"五爵"中的一升之爵，属觚形爵。梓人是木工，他造的爵、觚都由挖木而来，不是铸出来的。所以孔子有"削觚"之辞："孔子曰：削觚而志有所念觚，不时成。"[3]若哪一个爵、觚挖得不好、内有凹凸，在平举流注时，就会有酒滞留在内部的凹处。而三足有柱青铜爵是模铸的，根本不会出现"乡衡而实不尽"那种瑕疵。由"爵一升，觚三升"，由梓人为木工及"乡衡而实不尽"诸点，便足以判定《考工记》中的爵、觚都是木制筒形爵。

  又如《礼记·祭统》："尸酢夫人执柄，夫人受尸执足。"这个爵有足有柄，属于斗形爵。然而再看孔颖达疏："爵为雀形，以尾为柄。夫人献尸，尸酢夫人，尸则执雀尾授夫人也。"[4]孔颖达说这个爵有雀形，柄由雀尾构成，则他心中的爵是唐爵，即唐陶鸟爵那样的雀杯爵，但春秋时并没有这种雀杯爵。又陈祥道也认为，《祭统》所说的这个爵"有足而尾，命之以爵，盖其制若雀然也"，所以他为之提供的图像，也是雀杯爵[5]。对此，经典注释者及读者不应不知。

---

[1] 戴震：《考工记图》，上海：商务印书馆1935年版，第89页。
[2] 林希逸：《鬳斋考工记解》，《景印文渊阁四库全书》，台北：台湾商务印书馆1986年版，第95册第65页下栏。
[3] 《太平御览》卷七六一《器物部》引，北京：中华书局1960年版，第3377页上栏。此语当有所本，应来自以觚为饮酒器、以觯为罚酒器的那个时代，也就是孔子生活的那个年代。
[4] 《礼记正义》卷四九，阮本，北京：中华书局1980年版，第1605页下栏。
[5] 陈祥道：《礼书》卷九八，《景印文渊阁四库全书》，第130册第609页下栏。

根据其自名,把伯公父器称爵这一点,也遇到了质疑,有人提出伯公父器的自名其实是瓒。然而"尸酢夫人执柄,夫人受尸执足"这条史料证明,先秦时斗形器不但用之如爵,而且称为爵。《仪礼》中的废爵、足爵、繶爵,都是这样的有柄斗形爵。所以"斗形爵可以称爵"这一论点,并未动摇,依然有效。

今人多把雀杯爵视为笑料,然而从东汉到唐五代,对爵为何形没有任何争端,没有一个人对礼图中的雀杯爵质疑发难。晋唐婚礼合卺时所用的"四爵"根本不是三足爵,而是木制的乌漆爵。在这段时间中,雀杯爵一直在王朝祭器之列。参看如下史料:

1. 张敞《东宫旧事》:漆卺爵二,银锁连,长七尺。[1]
2. 《大唐开元礼》卷九四《嘉礼·纳后下》"玄酒坫在南,加四爵合卺"原注:其器皆乌漆,唯登以陶、卺以匏。[2]
3. 《大唐开元礼》卷七四《吉礼·诸太子庙时享》原注:爵七,勺二,篚一,并设洗于堂下。其器并以乌漆。[3]
4. 《大唐开元礼》卷一三九《凶礼·三品以上丧》:奠器用乌漆。……主人酌醴,相者引主人进诣灵座前,西面跪,奠爵于馔前。[4]
5. 聂氏《三礼图》卷一四:今见祭器内有刻木为雀形,腹下别以铁作脚,距立在方板,一同鸡彝鸟彝之状,亦失之矣。
6. 洪迈《容斋三笔》:又今所用爵,除太常礼器之外,郡

---

[1]《太平御览》卷七六二引,第3382页上栏。王利器云:"张敞,晋吴郡吴人,仕至侍中尚书、吴国内史,见《宋书·张茂度传》。"《风俗通义集解》,北京:中华书局1996年版,第493页注[三]。
[2]《大唐开元礼》,北京:民族出版社2000年版,第444页下栏。又卷一一一《嘉礼·皇太子纳妃》、卷一一六《嘉礼·公主降嫁》略同,第526页下栏、第552页下栏。
[3]《大唐开元礼》,第373页上栏。
[4]《大唐开元礼》,第668页上栏、下栏。又卷一四三《凶礼·四品五品丧》略同,第961页下栏。

由《三礼图》雀杯爵推论"爵名三迁,爵有四形"

县至以木刻一雀,别置杯于背以承酒,不复有两柱、三足、只耳、侈口之状。[1]

第1条所述,是晋太子婚礼上使用的爵,其时所用的卺既然是漆卺,则与之配套的爵也应是漆木爵。第2条所见,唐皇帝、太子、公主的婚礼亦然,所用的爵是乌漆爵。第3条所见,唐太子庙享所用的七个爵亦是乌漆爵。第4条表明,丧礼上所用奠器都是乌漆木器,所以主人"奠爵于馔前"的那个爵,仍是乌漆爵。第5条中,聂崇义在朝廷祭器中看到的那个爵,是刻木而成的雀杯爵,"方板"应是用来附会"方足"的,梁正、阮谌《三礼图》就把爵的足叙为"方足"。不过"方板"并不等于方足,"铁脚"也不怎么合理。看来这个爵也参考了某种礼图,然属敷衍了事、粗制滥造,所以聂氏不以为然。第6条洪迈所见,郡县行礼所用爵,仍是雀杯爵。

从春秋到唐五代,没有人知道三足爵这回事,包括《说文解字》的作者许慎。李零还叙及,有人送给苏轼一件三足爵,可苏轼却不认识那器物就是爵,原因就是《三礼图》中的爵与三足爵并不一样[2]。北宋苏轼都不认识三足爵,则宋以前可以推知。直到宋初,今人指为"臆断""搞笑"的雀杯爵,仍是"爵"之主流器形。这一点,在宋代的"毛诗图"中也得到了反映。据万笑石所考,在上海博物馆所藏《诗经周颂十篇图》之《载芟》图与《桓》图中,就出现了雀杯爵的形象——万氏名之为"雀背负盏式爵"。参看图12。

当代学者大多认为《三礼图》的礼器图像是杜撰,属于"根据文字陈述绘出图像"。四库馆臣则云:"然其书抄撮诸家,亦颇承旧式,不尽出于杜撰。"[3]这个评价可能公允一点。"五爵"图形并非聂

---

[1] 洪迈:《容斋三笔》卷一三《牺尊象尊》,《容斋随笔》,上海古籍出版社1978年版,第565页。
[2] 李零:《铄古铸今:考古发现和复古艺术》,香港中文大学出版社2005年版,第47页。
[3] 永瑢等:《四库全书总目·经部》,北京:中华书局1965年版,第176页下栏。

图12 《诗经周颂十篇图》
左:《载芟》图局部;右:《桓》图局部
引自万笑石:《礼仪、图像与时间:宋代毛诗图绘"雀背负盏"式爵及其相关问题》,《美术研究》2020 年第 1 期,第 41 页。原图可参《宋画全集》第 1 卷第 3 册,杭州:浙江大学出版社 2010 年版,第 98 页下图;《宋画全集》第 2 卷第 1 册,杭州:浙江大学出版社 2009 年版,第 167 页上图

氏凭空生造,而是渊源有自、来历悠久。从金石家的角度看,在辨识古器物上,礼家、礼图一无可取。然而具体到"五爵"这个细节,就不那么简单了。宋代金石家在礼书中看到了爵、觚、觯、角、散等器名,就把它们安到了商周酒器的头上,并反过来用它们解释礼书中的饮酒器。可这时候,他们把三足器跟筒形器混为一谈了,把温酒器跟饮酒器混为一谈了,其定名可施于商与西周,却跟春秋礼典、东周礼书抵牾不合。那些青铜三足器到了西周中期就消歇了,《仪礼》《礼记》中的爵、角、散(斝)绝非宋代金石家所说的那个样子。北宋的祭器最初以聂《图》为本,后因金石家的鼓噪,爵、角、散(斝)改取三足之形,并为后代礼典承袭。然而比之礼图,那做法更远于古礼。

在礼图辗转相传的过程中,图像难免变形失真,甚至还有雀杯爵那样的虚构；但就东周礼制而言，礼图又自有其"传真"之处——它们透露了一个宝贵信息："凡诸觞皆形同，升数则异"。尽管今人对此茫无所知，或不以为然，那却是"容量化器名"的准确传述。即使就器形而言，雀杯爵虽为虚构，但金石家把三个三足器与两个筒形杯弄成一组，看上去极不协调，在诡异程度上，其实跟礼图半斤八两。礼图"五爵"中有四器为筒形杯，加上雀背上的那个筒形杯，比之春秋觚形爵，失真度不算太大。若论商周"五器"，宋代金石家的辨物定名对现代古器物学的影响力，决定性地碾压礼家礼图；而论礼书"五爵"，礼家礼图之保真度，宋代金石家又望尘莫及。无视礼家礼图之传述，相关饮酒礼文便无由索解，进而先秦曾存在过一套奇特饮酒礼制、行礼时要依贵贱亲疏换用大小酒杯这一点，就隐而不显了。在聂崇义之前，礼家全都知道"五爵"是怎么回事。也许是笔者谫陋，从宋代金石学兴起之后，直到我写作"五爵"论文这一期间，没看到任何人真正了解先秦曾有一套"容量化器名"。对此，宋代金石家不得辞其咎。在还原先秦饮酒礼器上，金石家的"五器"与礼图"五爵"，各有优劣，得失相当。

礼图的主要功能，是帮助读者读懂礼书。谢明良论曰："聂崇义《新定三礼图》所考订的礼器在宋代几乎已被污名化。然唐哀皇后墓出土陶器则透露出作为礼家的聂崇义，其实只是恪守分寸，保守地遵循古典材料所能提供的文字和图像资料，并予以忠实地解读、呈现罢了"，"尽管就今日所累积的考古资料看来，聂氏的考订多有谬误，但正如木岛史雄所指出：相对于宋代金石家'考证学的真实'，聂氏等人所呈现的礼器形制或可说是'经书解释学的真实'"[1]。这番议论，确实值得深思。也许因为自己不是经学家，我仍相信真实只

---

[1] 谢明良：《记唐恭陵哀皇后墓出土的陶器》，第68、80—81页。木岛史雄之说，见其《籩簋をめぐる礼の诸相》一文，收入小南一郎编《中国の礼制と礼学》，京都：朋友书店2001年版，第307页以下。

有一个,即历史真实,并不存在与之不同的"经书解释学的真实"。

现代的古器物分类定名,是在宋代金石学基础上起步的。人们已意识到,宋人的建构并非完美无缺。也许有人认为,礼书中的器名眼花缭乱,无法一一与实物对号,不如径直诉诸实物好了。然而,《仪礼》中的礼器之名并非凭空捏造,弄清那些礼器仍是一项学术任务。进而诉诸实物仍须定名。先秦礼器称谓大多出自礼书,"分类"可以不管不顾,"定名"就无法绕行。《谷梁传》:"孔子曰:名从主人。"事物应以主人所称之名为名。周代典礼上的众多礼器,其"主人"是谁呢?是当时的礼乐人员。那些礼器怎么称呼,宋人不是"主人",说了不算,周代礼乐人员说了算。他们管觚形杯叫爵,我们就只能跟着叫。此后古人说的爵又不一样了,那后人也得马首是瞻,跟着"主人"改口。无论三足爵、斗形爵、筒形爵、雀杯爵,都是爵。礼乐人员的器物称谓,在战国以来被记录于礼书,在汉以来进入了礼图。尽管千年传承中变态失真难以避免,但其中仍然蕴含着无法取代的宝贵信息,善加利用、穿透变态失真而逼近真实的余地,还是有的。就此而言,礼家礼图的古器物传述,还不仅仅是"经书解释学的真实"而已,其中也埋藏着历史真实。

《仪礼·士虞礼》所见废爵、足爵、繶爵辨

一 问题的提出

《仪礼·士虞礼》中出现了"废爵""足爵""繶爵"三种饮酒器名,三爵在丧礼和祭礼上被用于敬酒献尸。这三爵的名称颇为冷僻。然而在先秦,冷僻的器物名称时时而有,这三爵并不特别引人注目,故长期以来,关注无多。

1976年,宝鸡市扶风县云塘发现两件伯公父器,属西周晚期。这两件器物是斗形器,然而自名为爵。"什么是爵"的讨论随即升温。人们发现在三足爵之外,斗形器原来也可以称"爵"。先秦时这类斗形器上,有的还有雀鸟之饰,雀、爵同音,可以通假。这也强化了"斗形器可以称爵"的论点。伯公父器及饰雀斗形器的形象,可参图1。在这时候,礼书中的"废爵""足爵",就被纳入视野。"足爵"随即被说成三足器,"废爵"则被说成是无足的斗形器,同于伯公父器,以证明斗形器称"爵"在礼书中也有证据。

我近年来对礼书,主要是《仪礼》中的爵的具体形制,意外地发生了兴趣,因而身不由己地涉入了"废、足、繶"三爵的形制问题。迄今为止学界对"废、足、繶"三爵的考察,尚不足以给这个问题画句号,仍有辨析余地。本文随后对三爵的辨析,期望能给关注者提供新的参考。

宋代的金石学者对《仪礼·士虞礼》上述三爵形制,已有考辨。

图 1　伯公父器与饰雀斗形器　1. 伯公父器；2. 饰雀斗形器

他们把足爵、缵爵二者推定为三足爵。吕大临《考古图》卷五：

> 《士虞礼》三献，主人洗废爵，废则无足；主妇洗足爵，有足而无文；宾长洗缵爵，"缵"则如屦之缵，其文在中也。言父爵有足无文，盖足爵也；单爵及后篆带爵，环腹有篆饰如带，盖缵爵也。缵爵犹未纯吉。如前三爵口腹间遍为篆饰，乃吉爵也。[1]

上引内容所据《考古图》，系据文渊阁四库全书本《考古图》影印。又查故宫旧藏本《考古图》、万历年间刊本《泊如斋重修考古图》，文字相同[2]。然而各种版本中都潜藏着同样的讹字，须先行订正。引文中

---

[1] 吕大临：《考古图》卷五，北京：中华书局 1987 年版，第 110 页下栏。《金文文献集成》所收《考古图》（北京：线装书局 2005 年版），也属这一版本。
[2] 分见《考古图》，《故宫珍本丛刊》，海口：海南出版社 2001 年版，第 470 页第 82—83 页；《考古图》，北京图书馆出版社 2003 年版，第 333—334 页。

的"废爵"原作"庆爵","盖缮爵也"原作"盖清爵也","纯吉"原作"纯古","遍为篆饰"原作"编为篆饰"。我在引用时,参酌字形文义,一一予以复原,以期为后人引用《考古图》提供便利。

又查横排校点本《考古图》[1],虽然纠正了"庆爵"这个明显的错误,但其余三个讹字,即"清爵"之"清"、"纯古"之"古"与"编为篆饰"之"编",一仍其旧,希读者留意。又,这个横排校点本的标点,也有两个不妥之处:

1. "环腹有篆饰如带,盖缮爵也"误作"环腹有篆饰,如带盖清爵也";
2. "缮爵犹未纯吉。如前三爵口腹间遍为篆饰"误作"缮爵犹未纯古如前三爵,口腹间编为篆饰"。

这样断句,文句便不可卒读。按,"环腹有篆饰如带",是说在单爵、篆带爵二器的腹部上,环绕着一条带状篆饰。因其篆饰不多,所以吕大临推测这两件饮酒器"盖缮爵也"。丧礼使用的礼器,以质朴为尚。士虞礼属于丧礼的延续,仍没有进入"纯吉"的阶段,所以须使用篆饰不多、较为质朴的缮爵。这也是我断定"盖清爵也"四字必作"盖缮爵也"的理由之一。"如前三爵"的"三爵",指的是前文中的父丁爵以下三爵;"口腹间遍为篆饰"是说这三爵的口腹间遍布着篆饰,所以吕大临推测它们是"纯吉"之后使用的吉爵,这三个爵不同于在尚未"纯吉"的士虞礼上使用的"废、足、缮"三爵。

吕大临是把"爵"认定为三足器的,他根据器身上的纹饰多寡,猜测言父爵相当于足爵,单爵、篆带爵相当于缮爵。它们的器形,参看图2。

---

[1]《考古图》,上海书店出版社2016年版,第92页。

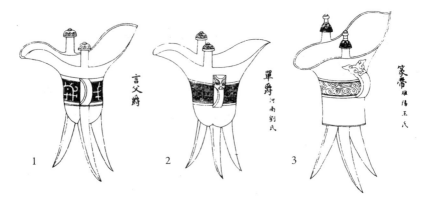

图2 《考古图》中的言父爵、单爵与象带爵

此外还有王黼,他在《宣和博古图》中,把一件商祖乙爵说成足爵,把另一件商爵说成缪爵[1]。那两件商爵也都是三足爵。

现代学者对"废、足、缪"三爵,也有论说。在较早时候,林巳奈夫把"废、足、缪"三爵都说成是双耳杯[2]。其所推定的实物器形,参看图3。

宋代金石家把三足有流有柱的酒器定名为爵,为后人所从。今人心目中的爵就是这种三足爵。"三礼"译注、"三礼"辞书之类著作,都把礼书中的"爵"释为三足有流有柱的青铜爵。然而两件伯公父器面世后,斗形器也被纳入了"爵"的范畴,由此就有两种爵了。因西周中期始,青铜三足爵就不再铸造了,所以不止一位学者断言,东周文献中的爵其实都是斗形爵,礼书中的爵都应改释斗形爵。学者举证说,《仪礼·士虞礼》所见"足爵",便是商西周的三足爵;所见"废爵",就是去掉了三足的爵,也就是斗形爵。

林巳奈夫及我,则认为礼书中的爵、觚、觯、角、散——所谓

---

[1] 王黼:《重修宣和博古图》卷一四,扬州:广陵书社2010年版,第266页下栏、第286页上栏。
[2] 林巳奈夫:《殷周時代青銅器の研究》,東京:吉川弘文館1984年版,第144页下栏—第145页上栏。

图3　林巳奈夫推定的废爵、足爵、缲爵

"五爵",其实都是筒形杯或觚形杯。若然,便又有了第三种爵,即筒形爵或觚形爵了。它们的器形,可参图4。我还提出,"五爵"实际是"容量化器名",跟器形无关,即,一升之杯称爵,二升之杯称觚,三升之杯称觯,四升之杯称角,五升之杯称散,如此而已;还提出了"爵名三迁,爵有四形"的猜想,即,"爵"这个器名曾在三足爵、斗形爵、觚形爵、雀杯爵之间三次迁移扩展,由此留下了四种称"爵"的饮酒器。雀杯爵的形状,是雀鸟背负一个小杯的样子,可参看聂崇义《三礼图》[1]。这种雀杯爵是汉代礼学家构拟出来的,同东周礼书中的爵无关,也与本文论题无关。与本文相关的,是三足爵、斗形爵、觚形爵。

尽管自汉以来,经学、礼学一直是帝国最显赫的学问,集中了当时最优秀的学者,可礼书中的爵到底是什么样子,包括"废、足、缲"三爵之为何物,仍无定论。

本文以现代学者既有的两种论点为基础,尝试论证又一可能性:"废、足、缲"三爵既非三足爵,也不是双耳杯,它们全是斗形器,除了废爵,足爵、缲爵亦然,全都是图1那样的器物。对这三爵在丧礼和祭礼上的用法,它们跟"五爵"的等级关系,随后也将提出推测。

---

[1] 聂崇义:《三礼图集注》卷一二、卷一四,《景印文渊阁四库全书》,台北:台湾商务印书馆1986年版,第129册第166页下栏、第209页下栏。

图4 几种觚形杯

又，据其自名，把伯公父器这样的斗形器视之为爵，这其实也不是定论，因为又有学者提出，伯公父爵的自名其实是"瓒"。然而本文将提供新的史料，证明在先秦时代，斗形器确实曾被看成一种爵。

二　论足爵、缫爵为圆足有柄斗形爵

要弄清废爵、足爵、缫爵的形制，还得从审视礼书原文开始。现将《仪礼·士虞礼》中三次献尸的相关礼文，罗列如下：

1. 主人酳尸：主人洗废爵，酌酒酳尸。尸拜受爵，主人北面答拜。

郑玄注：爵无足曰废爵。

贾公彦疏：则主人丧重，爵无足可知。凡诸言废者，皆是无足，"废敦"之类是也。

2. 主妇亚献：主妇洗足爵于房中，酌，亚献尸，如主人仪。

郑玄注：爵有足，轻者饰也。

贾公彦疏：主妇，主人之妇，为舅姑齐衰，是轻于主人，故爵有足为饰也。

3. 宾长三献：宾长洗繶爵，三献，燔从，如初仪。

郑玄注：繶爵，口足之间有篆文，又弥饰。

贾公彦疏：此爵云繶者，亦是爵口足之间有饰可知。云"又弥饰"，以其主妇有足已是有饰，今口足之间又加饰也。[1]

以上三条经文，在《士虞礼》"记"的部分还有复述。士虞礼的丧主是士。士既葬父祖，随后返回殡宫，举行安魂的虞礼。在士虞礼上，主人、主妇与宾长三献，分别使用废爵、足爵与繶爵。根据郑玄注，废爵无足、足爵有足，贾疏还引用了"废敦"作为旁证。至于宾长所用的繶爵，郑玄称其"口足之间有篆文"，既曰"口足之间"，则繶爵也是有足的，也可以说是一种足爵。又，主妇亚献的足爵，其礼制等级低于主人酯尸的废爵，宾长三献的礼数又低于亚献，就此说来，把三献用的繶爵解释为一种更低等的足爵，也是合情合理的。

足爵的"足"就是三足爵的那三个足吗？对此问题，笔者注意到了礼书中的一段文字，其中隐藏着解谜的钥匙：

《礼记·祭统》：尸酢夫人执柄，夫人受尸执足。

孔颖达疏：爵为雀形，以尾为柄。夫人献尸，尸酢夫人，尸则执雀尾授夫人也。"夫人受尸执足"者，夫人受酢于尸，则执爵足也。[2]

---

[1]《仪礼注疏》卷四二，阮本，第1169页中栏—第1170页上栏。郑注"有篆文，又弥饰"一语，原文是"有篆又弥饰"。陶鸿庆云："'又'即'文'字之误。"见其《读礼质疑》，北京：中华书局1963年版，第4页。陶说是，但他忽略了阮刻本的校勘记："'篆'下《通典》有'文'字，是也。"阮本，第1172页。据补。

[2]《礼记正义》卷四九，阮本，第1605页下栏。

经文及孔疏中两处"夫人受尸",原作"夫人授尸"。王梦鸥、杨天宇的注译,据"夫人授尸"为释[1]。王文锦、钱玄、钱兴奇及吕友仁、吕咏梅的注译,据"夫人受尸"为释[2]。按阮元《校勘记》:"惠栋校宋本授作受,正义同","按此言尸酢夫人,夫人受酢于尸则执爵足,是'受尸'而非'授尸'明矣"[3]。又查八行本《礼记正义》,正是作"受"不作"授"的[4]。据改。

《祭统》上文之所述,应推定为祭礼上的夫人亚献之事。"夫人"是什么人呢?依照周礼,"诸侯曰夫人,大夫曰孺人,士曰妇人"。诸侯是一国之君,"夫人"特指诸侯国君的配偶。在祭祖礼上,国君作为主人初献之后,尸要酢主人,也就是向主人回敬。随后是亚献环节,这就轮到夫人上场了,于是就有了"夫人献尸,尸酢夫人"的场景,即,在夫人献尸之后,尸也要反过来酢夫人。酢酒之时,将发生爵之授受,尸授爵而夫人受爵。在这时候,本于"男女授受不亲"的古老规矩,尸与夫人的手持之处不能是同一个地方,而要一人执足,一人执柄,以避免男女之间手的接触。这个礼数相当细微,肯定不是后儒的虚拟增益,必定是春秋祭礼之实录。

"尸酢夫人"的这个爵既然有足,那么它就是足爵;同时它又有柄,那么它就是斗形爵了。足、柄关键所在,下面分别讨论。

首先来看"足"。这个"足"是殷代青铜爵的三条足吗?答案是否定的。斗形爵往往有一个圆形的底座,参看图1。这种圆形的底

---

[1] 王梦鸥《礼记今注今译》:"夫人授爵与尸时,手执着爵的足。"北京:新世界出版社2011年版,第429页。杨天宇《礼记译注》:"夫人向尸献酒时握着爵的足部。"上海古籍出版社2016年版,第791页。

[2] 王文锦《礼记译解》:"夫人接受这酒爵,就用手执着酒爵的底足。"北京:中华书局2011年版,第643页。钱玄、钱兴奇等注译《礼记》:"而夫人接受爵的时候却应握住爵的脚。"长沙:岳麓书社2001年版,第647页。吕友仁、吕咏梅《礼记全译》:"夫人在接受时,手执酒爵的足。"贵阳:贵州人民出版社2009年版,第685页。

[3] 阮元《校勘记》,阮本,第1608页下栏。

[4] 《礼记正义》卷五七,上海书店1985年版,第19册第17页。

座，古人称为"圆足"。证以聂崇义《三礼图》所述玉爵："今以黍寸之尺校之，口径四寸，底径二寸，上下径二寸二分。圆足。"[1]《三礼图》所说的圆足玉爵，就是雀杯爵。雀杯爵来自汉儒之构拟。战国秦汉以来，一些斗形器被加上了雀鸟装饰，可参图1-2那件陶鸟彝。这种饰雀斗形爵，就成了汉儒构拟雀杯爵时的灵感来源。所以《三礼图》中雀杯爵之"圆足"，也就是先秦斗形器的那种圆足。《三礼图》中的"圆足"二字，表明斗形器的圆形底座确实是被礼家名之为"足"的。

其次再来看柄。《仪礼》中能看到三种器柄：匕柄、勺柄、柶柄。《士丧礼》："素俎在鼎西，西顺，覆匕，东柄。"[2]这个柄是匕柄。"东柄"的意思是匕柄朝东。《少牢馈食礼》："加二勺于二尊，覆之，南柄。"[3]这个柄是勺柄。"南柄"的意思是勺柄朝南。又《士冠礼》："加柶面枋（bǐng）。"郑玄注："今文枋作柄。"[4]这个柄是柶柄。"面枋"的意思是让柶柄正对着自己的脸。匕柄、勺柄、柶柄都是扁长形的，斗形爵的柄也是这个样子。

孔疏对《祭统》"尸酢夫人执柄""柄"字的解释，后来遭到了清人江永的驳斥："按《博古图》，爵有鋬为柄，疏（指《祭统》孔疏）非是。"[5]但我认为江说非是。江永依据的是宋人王黼的《宣和博古图》，其中的爵是三足爵。然而第一，三足爵有鋬，却没有匕、勺、柶、斗那样扁长的柄；三足爵的那个鋬不是扁平的，所以不能

---

[1] 聂崇义：《三礼图集注》卷一四，《景印文渊阁四库全书》，第129册第209页下栏。
[2] 《仪礼注疏》卷三六，阮本，第1136页上栏。
[3] 《仪礼注疏》卷四七，阮本，第1198页中栏。
[4] 《仪礼注疏》卷二，阮本，第952页下栏。沈文倬指出，郑玄所据《仪礼》之本，今古文互见，故柄、枋二字错杂并用。武威汉简《仪礼》中的"枋"字多作"柄"。参看其《〈礼〉汉简异文辨》，收入《菿闇文存：宗周礼乐文明与中国文化考论》，北京：商务印书馆2006年版，第151页。
[5] 江永：《礼书纲目》卷四二，《景印文渊阁四库全书》，第133册第603页下栏。

叫柄，至少古人不称之为柄。第二，三足爵自西周中期始就不再铸造了，春秋礼典不可能使用三足爵。三足爵无柄，而筒形爵或觚形爵绝大多数也没有柄，所以，"尸酢夫人"的那个有足有柄的爵，既不会是三足爵，也不会是筒形爵，只能是斗形爵。

夫人献尸所用的爵与尸酢夫人所用的爵，虽不是同一个爵——所谓"酢必易爵"的原则，也应适用于尸与夫人[1]——却是同一种爵，即夫人用哪一等爵献尸，尸就用哪一等爵酢夫人。所谓"哪一等爵"，因爵的升数而定，"以小为贵"。证以《仪礼·特牲馈食礼》：

1. 主人洗角，升酌，酳尸。尸拜受，主人拜送。……尸以醋（酢）主人，主人拜受角，尸拜送。

2. 主妇洗爵于房，酌，亚献尸。尸拜受。……尸卒爵，祝受爵，命送如初。酢，如主人仪。[2]

由第1条得知，主人以角酳尸，而角四升；尸酢主人也用角，下文"主人拜受角"就是证据。这表明，尸酢主人之爵，与此前主人献尸之爵，是同一等级的爵，都是四升之角。由第2条得知，主妇献尸、尸酢主妇，"如主人仪"。"如主人仪"，当然也包括"献尸用什么爵，尸酢就用什么爵"之仪了。特牲馈食礼系士礼，但卿大夫、诸侯国君、天子的祭礼并无不同，都是献尸用什么爵，尸酢就用什么爵。所以，由尸酢夫人使用斗形爵这一点，便可以反推夫人

---

[1]《礼记·祭统》在"尸酢夫人执柄，夫人受尸执足"之后，又云："夫妇相授受，不相袭处。酢必易爵，明夫妇之别也。"孔颖达疏引皇侃："夫妇犹男女，不相袭处。"《礼记正义》卷四九，阮本，第1605页下栏。皇侃指出此处"夫妇"一词不是指夫妻，而是指"男女"，"夫"就是男人，"妇"就是妇人。其说是。江永《礼书纲目》卷四一注亦云："易爵者，男女不相袭爵。"《景印文渊阁四库全书》，第133册第577页上栏。

[2]《仪礼注疏》卷四五，阮本，第1184页下栏、第1185页中栏。

献尸也用斗形爵。

因国君夫人献尸使用有柄有足的斗形爵,则士虞礼上主妇献尸所用的"足爵",就也可以推定为斗形爵了。由《祭统》"尸酢夫人执柄,夫人受尸执足"之文一步步推理,就必然走到这个结论上来。因《祭统》之助,"足爵是有柄有足的斗形爵"一点得以确认。

"足爵是三足爵"之说,由此就有问题了。首先,三足爵自周初以后就消歇了,久已不用,所以它不可能出现在东周典礼之上;进而,三足爵是温酒器而非饮酒器,也不可能在东周典礼上被用于饮酒、献尸。我敢说,包括《仪礼》在内的东周礼书,其中没有一个爵字可以释为三足爵。那斗形器呢?它们大多数有圆足。图1就是圆足的实物。进而如前所述,缌爵也有足,我判定其足也是圆足,同于足爵。那么缌爵也是斗形爵。吕大临、王黼说足爵、缌爵都是三足爵,其说皆误。

林巳奈夫把"废、足、缌"三爵说成"双耳杯",这个说法,现在也有麻烦了。他举出的那些双耳杯,既没有扁长的柄,也没有足。称"足"的东西除了居于器物的下部之外,还应与主体部分有明显差异,才能给人以"足"的视觉感受。从那几件双耳筒形杯的外观上,看不出"足"的样子来,先秦礼家也不会以"足"为称。

除了酌酒,斗形器也可以用来饮酒,当然也可以用来献尸。在伯公父爵的铭文中,有"用献、用酌"之辞[1]。"用酌"就是酌酒,"用献"应包括献尸。除了用于酌酒,在祭礼上供主妇与宾长执柄献尸之用,应该就是伯公父爵的用途之一。"尸酢夫人执柄,夫人受尸执足",就是"用献"的一个实例。

---

[1] 陕西周原考古队:《陕西扶风县云塘、庄白二号西周铜器窖藏》,《文物》1978年第11期,第6页。

三 论废爵为无足斗形爵

何为足爵、缮爵,由此清楚了不少。"废爵"又是什么器物呢?起初我曾猜测废爵是觚形器。当时的考虑是这样的:礼书"五爵"爵、觚、觯、角、散,均系"容量化"器名,所谓"凡诸觞皆形同,升数则异",即其外形都是觚形杯的样子,仅容量有一至五升之别。东周漆木觚无足,而"爵无足曰废爵",废爵便可能是觚形杯的别名。

除此之外,我还曾推测士虞礼上的主人献尸用爵,或许是四升之角,而角是觚形爵。当时的思路,是从特牲馈食礼反推。《仪礼·特牲馈食礼》:

1. 主人酳尸:主人洗角,升酌,酳尸。尸拜受,主人拜送。
2. 主妇亚献:主妇洗爵于房,酌,亚献尸。尸拜受,主妇北面拜送。
3. 宾三献:宾三献,如初。燔从如初。爵止。[1]

特牲馈食礼是士礼,具体说是士的祭祖之礼。其时主人献尸用角,用角的原因,《礼记·礼器》有论:

有以小为贵者:宗庙之祭,贵者献以爵,贱者献以散;尊者举觯,卑者举角。……此以小为贵也。

郑玄注:凡觞,一升曰爵,二升曰觚,三升曰觯,四升曰角,五升曰散。

孔颖达疏:《特牲》注云主人献尸用角,角受四升,其器

---

[1]《仪礼注疏》卷四五,阮本,第1184页下栏,第1185页中栏、下栏。

小；佐食洗散以献尸，散受五升，其器大。是尊者小，卑者大。按，天子、诸侯及大夫皆献尸以爵，无"贱者献以散"之文，礼文散亡，略不具也。《特牲》"主人献尸用角"者，下大夫也。

孔疏引崔灵恩：按《特牲》《少牢礼》，尸入举奠觯，是"尊者举觯"；《特牲》主人受尸酢，受角饮者，是"卑者举角"，此是士礼耳。[1]

五等饮酒器的运用原则，是"以小为贵"；而容量等差，就是如郑玄注所说的一到五升五等。孔疏论述说，天子、诸侯及大夫都用爵来献尸，一升之爵最小，所以最尊；佐食者最贱，所以献尸以散，五升之散最大，因而最卑。这就是"贵者献以爵，贱者献以散"了。孔疏及崔灵恩又指出，在特牲馈食礼等典礼上，尸的地位最尊，所以尸在自饮时用三升之觯；主人的身份是士，其身份既低于尸又低于大夫，所以献尸用四升之角。这就是"尊者举觯，卑者举角"了。

由此我便猜想：既然士虞礼与特牲馈食礼都是士礼，其主人的身份都是士，那么，适用于特牲馈食礼的"卑者举角"，想来也适用于士虞礼，则士虞礼上主人所用的废爵，很可能也是四升之角。角在"五爵"之列，系觚形爵。东周典礼所使用的觚形爵通为木爵，由挖木而成，底部是实心的，外形浑然一体，无"足"可言，而"凡物无足称废"，故觚形爵被称为"废爵"。

然而在我主持的讨论班上，厉承祥同学提示我，还要注意礼书中的"斯禁""废禁""敦""废敦"。这提示非常之好，这些材料我一时忽略了。于是，我便来推敲礼书中那些带有"废"字的名物，以期更精确地把握"凡物无足称废"的本意。

---

[1]《礼记正义》卷二三，阮本，第1433页上栏、中栏。

礼书有"废辎""废禁""废床""废衣""废敦"等等词语。废辎、废禁、废床等词系动宾结构，其中的"废"是动词，意为废去不用。"废辎"也就是不用辎，"废禁"也就是不用禁，"废床"也就是不用床。"废衣"则是偏正结构，"废"在这里是形容词，指"废置不用的"。这些与本文关系不大。"废敦"则与这里的讨论息息相关，因为"废敦"不是"不用敦"的意思，"废"是仅就"足"之有无而言的：

《仪礼·士丧礼》：新盆，盘，瓶，废敦，重鬲，皆濯，造于西阶下。

郑玄注：废敦，敦无足者。

贾公彦疏：是其有足直名敦，凡物无足称"废"。是以《士虞礼》云"主人洗废爵，主妇洗足爵"。[1]

有足的敦直名为"敦"，无足的敦特称"废敦"，则称"废"的敦与原敦的主体部分相同，区别仅在于足之有无。在《士虞礼》一篇，贾疏又反过来引用"废敦"以释废爵："凡诸言废者，皆是无足，'废敦'之类是也。"准此，废爵与足爵也应主体部分相同，二者的区别，仅在于足之有无。把"凡物无足称'废'"直译为"凡是没有足的器物就可以称废"，字面似乎没错，可实际是错的。精确的理解是这样的：一个本来有足的器物，把它的足去掉了，则称"废某物"。废敦、废爵便是相应的实例。

那么，据此重新审视"废爵"。首先，若以足爵为三足爵，用想象把它的三足去掉，那么剩下来的爵体、流、柱、尾、鋬，并不能构成一个器物，现实中没那种东西。古人已面临着这个困境了。例如吕大临的《考古图》与王黼的《宣和博古图》，都把足爵、缭爵释

---

[1]《仪礼注疏》卷三五，阮本，第 1130 页中栏。

为三足爵，至于废爵是什么爵，均避而不谈。又如清人的《钦定仪礼义疏》，用朱熹《绍兴礼器图》中的三足爵图像解释足爵、缫爵，至于"废爵"为何物，说完"废爵无足而已，故不图"[1]就没话了，知难而退了，连图像都不提供，因为画出来不成个东西。总之，"废爵"不可能是由三足爵去掉三足而来的。"足爵不是三足爵"的论点并没有动摇。

再尝试把足爵看成斗形爵，又会怎样呢？把斗形爵的圆足去掉了，剩下的依然是一个斗。而在考古实物中，确实存在着没有圆足的斗。参看图5中的那几个无足斗形器。

头两件无足青铜斗，即图5-1，是殷代器物。可见这种无足斗颇为古老。另外两件无足漆木斗，分别是春秋至战国初年的器物，这时候流行轻便精美的漆木礼器了。无论如何，无足斗这东西在先秦有实物可征。若说"废爵"是斗形爵，居然是说得通的。这类无足斗形器因其无足，遂以"废"为名，用于祭祀献酒。

沿此思路继续前行，就走到了这一点上：废爵、足爵及缫爵都是斗形器，它们的主体部分相同，区别在于废爵去掉了圆足。"足爵是斗形器"之说风雨安然，"废爵是觚形爵"的猜测却岌岌可危了。于是我决意放弃"废爵是觚形爵"之论，改弦易辙，另作新说。

为什么要把斗形器的圆足去掉呢？如前所引，郑玄是这样解释足爵为什么有足的："爵有足，轻者饰也。"所谓"轻"，指主妇的丧服较轻：主人要为他的父亲服三年之丧，主妇则为她的公婆服齐衰。因主妇的丧服轻于主人，二人的献酒用爵就有区别。贾疏云："为舅姑齐衰，是轻于主人，故爵有足为饰也。"主妇服轻，其献尸的爵

---

[1]《钦定仪礼义疏》卷四二《礼器图二》："考朱子《绍兴礼器图》，亦据《考工记》，爵受一升，高八寸二分，深三寸三分，阔二寸九分。则足爵、缫爵可推矣，"废爵无足而已，故不图"。《景印文渊阁四库全书》，第107册第467页。"朱子《绍兴礼器图》"即朱熹的《绍熙州县释奠仪图》，其中的爵图，被《钦定仪礼义疏》采用了，可参其商务印书馆1939年版，第35页。

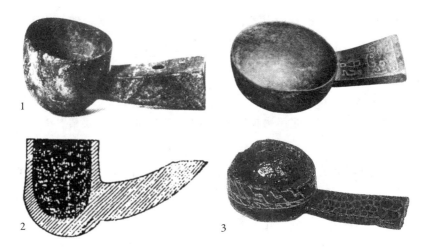

图5 无足斗形器
1. 无足青铜斗，殷代。林巳奈夫：《殷周時代青銅器の研究——殷周青銅器綜覽》，第355页，勺1-2
2. 无足漆木斗，春秋。欧潭生：《春秋早期黄君孟夫妇墓发掘报告》，《考古》1984年第4期，第329页，图三3
3. 无足漆木斗，战国初。《中国漆器全集》，福州：福建美术出版社1997年版，第1册图版八一

上就可以增加一些装饰，包括足饰。由此可知，"足"是被视为一种"饰"，而被采用或去除的。又吴廷华："废爵，爵无足者。服重，不敢用成器也。"[1]又胡培翚："足爵为有足者，则此废爵无足明矣。以服重，不敢用成器也。"[2]主人服重，所以不使用"成器"。"成器"就是形制完整、保留圆足的爵。

进而士虞礼上的宾长，其哀痛又轻于主妇，其用爵就可以更华丽一些。所以宾长使用"又弥饰"的繶爵，以便同主人、主妇的素爵区别开来。所谓"弥饰"，据郑玄说就是"篆文"。"篆文"是与"繶"字相对应的。"繶"本是由丝线编织的带子[3]。又《考工记·鳧

---

[1] 吴廷华：《仪礼章句》卷一四，阮元编《清经解》，上海书店1988年版，第2册第384页上栏。
[2] 胡培翚：《仪礼正义》卷三二《士虞礼》，南京：江苏古籍出版社1993年版，第2006页。
[3] 《周礼·天官·屦人》："赤繶黄繶。"郑玄注引郑众："以赤黄之丝为下缘。"阮本，第693页下栏。又《广雅·释器》："繶，条也。"王念孙：《广雅疏证》，上海古籍出版社1983年版，第894页。

氏》："钟带谓之篆。"[1]"钟带"就是钟体上纵横隆起的线条。足爵、废爵都是因外观而得名的，繶爵亦不例外，也因外观而得名，具体说就是以爵体上的带状纹饰而得名。无论如何，认定繶爵的纹饰更繁，在礼学逻辑上具有合理性，可以接受。

除了"以小为贵"的原则，古礼有时还会采用"以素为贵"的原则，以简单无饰、质朴无华为贵。《礼记·礼器》："有以素为贵者。至敬无文，父党无容，大圭不琢，大羹不和，大路素而越席，牺尊疏布幂，樿杓。此以素为贵也。"[2]爵、觚、觯、角、散这五爵之差，所遵循的是"以小为贵"；而"废、足、繶"这三爵之差，所遵循的是"以素为贵"。陈祥道概括说："主人废爵而未有足，主妇足爵而未有篆，宾长则篆口足而已，以虞未纯吉故也。然则吉礼之爵盖全篆欤？"[3]意思是"废、足、繶"三爵依据装饰的简繁而分三等。吴之英看法雷同："哀轻者渐文。废爵哀于足爵，则废爵无足；举足名爵则有足；繶爵轻于足爵，则有篆饰。"[4]这样一来，以丧之轻重、"饰"之有无，便形成了如下的三等之差——

1. 主人酳尸，用废爵。废爵无足饰，无篆饰。
2. 主妇亚献，用足爵。足爵有足饰，无篆饰。
3. 宾长三献，用繶爵。繶爵有足饰，有篆饰。

三等之差整齐有序，"文"者不贵，简洁无饰者最贵。以双耳杯解释"废、足、繶"三爵，或认为足爵是三足爵、废爵是斗形爵，

---

[1]《周礼注疏》卷四〇，阮本，第916页上栏。
[2]《礼记正义》卷二三，阮本，第1433页下栏。
[3] 陈祥道：《礼书》卷九八，《景印文渊阁四库全书》，第130册第609页上栏。
[4] 吴之英：《寿栎庐仪礼奭固礼器图》，《续修四库全书》，上海古籍出版社2002年版，第93册第615页上栏。

都同这个三等之差抵牾不合。立足于这个三等之差，围绕有足、无足及何者为"足"而生发的各种疑窦，居然都得以填平，矛盾降到了最小程度。质言之，"废、足、繶"三爵，都应解作斗形爵。

这也意味着《礼记·礼器》的"卑者举角"，是仅仅就特牲馈食礼而言的，不含士虞礼在内。我原先的"'卑者举角'也适用于士虞礼"的猜想，并不正确。至于为什么同样以"士"的身份献尸，在士虞礼上就用废爵，在特牲馈食礼上就改用四升之角了呢？我想可以这样解释：士虞礼是凶礼，特牲馈食礼是吉礼。凶礼哀重，所以使用的器物"以素为贵"，主人献尸用废爵，以最简单无饰、质朴无华的爵形，象征着他正在经历人生的最大悲哀。这跟"裨冕吉服，衰杖凶服；毋哭吉礼，稽颡凶礼"[1]之类礼数差异，是同一道理，都来自凶吉之别。

四　四种典礼之用爵推定

本文考察显示，"斗形器一度称爵，仍被用于东周典礼"这个论点，可以成立。《仪礼》中的"废、足、繶"三爵都是斗形爵，都用于行礼，即是证据。然而断言东周文献及礼书中的爵全是斗形爵，则与事实不符，因为东周典礼之用爵，除了斗形爵外，还有觚形爵被使用着。"五爵"爵、觚、觯、角、散，全都是觚形爵。那么在东周典礼上，斗形爵与觚形爵谁占主导，谁的使用规模更大一些呢？下面就此提供一些推测。

士虞礼上主人、主妇、宾长三献，都使用斗形爵。到了特牲馈食

---

[1] 引自《钦定仪礼义疏》卷二六，《景印文渊阁四库全书》，第124册第719页上栏。这段话系简述方悫之言。方悫的原话如下："是以裨冕，吉服也；衰杖，则凶服也；毋哭，吉礼也；稽颡，则凶礼也。"卫湜《礼记集说》卷四七引，《景印文渊阁四库全书》，第118册第3页下栏—第4页上栏。

礼上，主人就改用"五爵"中的四升之角了。至于特牲馈食礼上的主妇用爵与宾长用爵，我们推测仍是足爵、繶爵。又，《仪礼·少牢馈食礼》及《有司彻》中也有献尸环节，其时主人的用爵又变成一升之爵了，这时的主妇、宾长用爵，我们也推测为足爵与繶爵。论证详下。

首先来看《仪礼·少牢馈食礼》，这是诸侯之卿大夫在祖庙中祭祀祖祢之礼：

1. 主人酳尸：主人降，洗爵，升，北面酌酒，乃酳尸。尸拜受，主人拜送。
2. 主妇亚献：主妇洗（爵）于房中，出酌，入户，西面拜，献尸。尸拜受。
3. 宾长三献：宾长洗爵，献于尸，尸拜受爵。[1]

再看《有司彻》。此礼上承少牢馈食礼，是卿大夫在祭祖之后，又在堂上举行的傧尸之礼：

1. 主人献尸：主人坐取爵，酌献尸。尸北面拜受爵，主人东楹东北面拜送爵。
2. 主妇亚献：主妇洗（爵）于房中，出，实爵，尊南，西面拜献尸。尸拜，于筵上受。主妇西面于主人之席北，拜送爵。
3. 上宾三献：上宾洗爵以升，酌，献尸。尸拜受爵。[2]

在以上两篇中，主人、主妇与宾长（或上宾）用以献尸者，全都只记为"爵"，并没有具体说明是哪一等爵。然而讨论至此，已有

---

[1]《仪礼注疏》卷四八，阮本，第1202页中栏、第1203页中栏。
[2]《仪礼注疏》卷四九，阮本，第1207页中栏、第1210页上栏、下栏。

可能把它们弄得清楚一些了,因为我们已拥有了三个坐标。

第一个坐标,是《祭统》"尸酢夫人执柄,夫人受尸执足"之文,它构成了主妇亚献的用爵坐标。足爵是国君夫人献尸用爵的最低标准,以此为准绳,少牢、有司这样的卿大夫礼,士虞、特牲这样的士礼,其主妇献尸用爵,就只能也是"足爵"了。因为,卿大夫、士的配偶的亚献用爵,固然不会比国君夫人的足爵更高,然而也不会比足爵更低,理由是再低一等,且无可再低的只有繶爵一器了,三献的礼数必须比亚献低,这个垫底儿的繶爵要留给三献用。换言之,以上四礼之中的宾长三献,要使用最低等的繶爵。以国君夫人最低用足爵为坐标,以上四礼中主妇亚献用足爵、宾长(或上宾)三献用繶爵这一点,就被锁定了。

第二个坐标,是《礼记·礼器》中的"宗庙之祭,贵者献以爵"之文,以及孔颖达疏"天子、诸侯及大夫皆献尸以爵"之文。"贵者"就是大夫等级以上的人。大夫、诸侯及天子,献尸都用一升之爵。

第三个坐标,是士在士虞礼上用废爵,在特牲馈食礼上用四升之角。根据第二、第三个坐标,卿大夫在少牢馈食礼、有司彻上应使用一升之爵这一点,也被锁定了。

据此,《仪礼》上述四篇的献尸用爵情况,便可以自高而低列为下表1了:

表1 四种典礼上的献尸用爵

等级	类别	篇名	主人酢尸	主妇亚献	宾长三献
卿大夫礼	吉礼	有司彻	一升之爵 (觚形爵)	足爵 (斗形爵)	繶爵 (斗形爵)
		少牢馈食礼	一升之爵 (觚形爵)	足爵 (斗形爵)	繶爵 (斗形爵)
士礼		特牲馈食礼	四升之角 (觚形爵)	足爵 (斗形爵)	繶爵 (斗形爵)
	凶礼	士虞礼	废爵 (斗形爵)	足爵 (斗形爵)	繶爵 (斗形爵)

以上列表，具体展示了"废、足、繶"三爵与"五爵"中爵、角的等级分布。可以很清楚地看到，在礼器等级上，繶爵低于足爵，足爵低于废爵，"废、足、繶"三爵又低于爵、觚、觯、角、散"五爵"。作为觚形杯的"五爵"，高于作为斗形爵的"废、足、繶"三爵：随身份由卑而尊（及典礼由凶而吉），主人初献的用爵，由废爵升至四升之角，由四升之角升至一升之爵。把"废、足、繶"三爵视为双耳杯，或云足爵为三足爵、废爵为斗形爵的看法，都与此表方枘圆凿，在排列规则上存在扞格。

在我的"爵名三迁，爵有四形"那个猜想中，"爵"之器名曾由斗形爵迁移到觚形爵上，这构成了"三迁"中的"一迁"。而此表说明，在这个迁移过程中，斗形爵与觚形爵二者一度同时称"爵"，在行礼时联袂出场，并行不悖。这种情况，就在春秋战国之际被礼书记录下来了。

郑宪仁曾把《仪礼》各篇所见爵、觚、觯、角、散加以排比，列表显示[1]。这里把他的表转引于此，以供比较，见表2。

表2 《仪礼》各篇所见"五爵"

篇名	爵	觚	觯	角	散
士冠	●		●		
士昏	●		●		
相见			●		
乡饮	●		●		
乡射	●		●		
燕礼	●	●	●		
大射	●	●	●		●
聘礼	●		●		

---

[1] 郑宪仁：《对五种（饮）酒器名称的学术史回顾与讨论》，收入《野人习礼：先秦名物与礼学论集》，上海古籍出版社2017年版，第161—162页。

续表

篇名	爵	觚	觯	角	散
公食			●		
士丧			●		
既夕			◎		
士虞	●		●		
特牲	●	●	●	●	●
少牢	●	●	●		
有司	●	○	●		

●经文有此器物；◎未见于经文，但记文有此器物；
○经记皆无而郑注提及该礼有某器物

表中的爵、觚、觯、角、散"五爵"，我认为都是觚形爵。以这份列表，对比前面的四种典礼之献尸用爵列表，可知在《仪礼》中，斗形爵的使用远不如觚形"五爵"广泛。

学者根据伯公父器铭文中的"伯公父作金爵"一句，断言斗形器也是一种"爵"。然而又有学者认为，这个"金爵"的"爵"字，其实应释为"瓒"。例如贾连敏提出，这个"金爵"应读"金瓒"，也就是"铜瓒"[1]。万红丽也赞同这个意见，也把"金爵"读为"金瓒"[2]。因为只有一条自名"金爵"的孤证，"斗形器也是一种爵"之说，似乎岌岌可危了。

本文则从文献方面，为相关讨论提供如下未知信息：

1.《礼记·祭统》"尸酢夫人执柄，夫人受尸执足"这个器具，必是酒爵。

2. 这个爵有柄有足，所以它必是斗形爵，而不可能是三足爵。

3.《仪礼·士虞礼》中的废爵、足爵、缭爵，都是这种斗形爵。

---

[1] 贾连敏：《古文字中的"祼"和"瓒"及相关问题》，《华夏考古》1998年第3期，第108页。
[2] 万红丽：《"瓒"的定名、形制及相关问题》，《东南文化》2004年第2期，第78页。

4. "废、足、繶"三爵的适用场合,斑斑可考。

5. 伯公父器也属于这种斗形器,此器"用酌用献",确定无疑是爵。

伯公父器铭文中的那个"金爵"读"爵"还是读"瓒",有待专业学者继续探索;至如"斗形爵也是一种爵"的论点,则并未动摇,或说再启生机。

总的说来,对"废、足、繶"三爵,目前计有四解:

1. 足爵、繶爵是三足爵;
2. "废、足、繶"三爵是双耳杯;
3. 足爵是三足爵,废爵是斗形爵;
4. "废、足、繶"三爵都是斗形爵。

读者自可以择善而从,或另创新说。

东周礼书所见玉爵辨

在东周礼书之中，能看到爵、觚、觯、角、散五种饮酒器，是所谓"五爵"。人们曾把"五爵"认定为青铜器，还说其中的爵、角、散（散实为斝）是三足青铜器，觚、觯是青铜筒形器。然而文物考古学者已指出，青铜制成的爵、觚、觯、角、斝等，到了西周中期就消歇了。"礼书中的爵是什么"，遂成谜团。

近年来，我提出了若干新推测：礼书"五爵"都是筒形杯，而非三足器；它们都是漆木器，而非青铜器。"五爵"以容量一升、二升、三升、四升、五升为别，五者"以小为贵"，即容量越小，礼制等级越高，共同构成了一个组合。在《仪礼》之中，还能看到废爵、足爵、缩爵三种爵，三者又构成了一个组合。我推测这三爵都是斗形爵，三者"以素为贵"，即装饰越少，礼制等级越高。

在此之外，礼书还记有若干玉爵类的饮酒器，用于祭祀献酒，它们又成一类。《礼记·明堂位》就叙述了夏之玉琖、殷之斝、周之玉爵，及璧散、璧角，它们都属玉爵。同书《礼记·祭统》记有玉爵、瑶爵、散爵。玉爵、瑶爵，在《周礼》中也能看到。此外，诸书中还能看到用于祼礼的圭瓒、璋瓒，广义上它们也算是爵，既然以圭、璋为名，则也属玉爵。

也许有人觉得，既称"玉爵"，顾名思义，它们便是玉质之爵了。其实不然。本文随后要论证这些"玉爵"其实都是漆木爵，饰玉而已。圭瓒、璋瓒是斗形器，其余的玉爵是筒形器。既称"玉爵"，显然就是高等级的饮酒器了，那么在礼器等级上，玉爵同爵、觚、觯、角、散等"五爵"是什么关系，同"废、足、繶"三爵又是什么关系，便有待梳理。"礼书中的爵是什么"这个问题，由此就能推进一步；由上述三套爵构成的饮酒器等级体制，也将首次现形。

在随后的讨论中，礼学视角与史学视角会被区分开来。这二者虽有交集，但不全等。史学视角直指事实，即饮酒器的实物形态和实用情况。这是一种"是或不是"性质的问题。若有史料可资求真，本文当然不会放弃。而礼学视角中的爵形及爵制，是礼书、礼家所认定的"合乎礼制"的爵形与爵制。礼书有异文、礼家有异说、文献有阙略，若遇歧异，传统学者主要是从"礼学合理性"来判断的，含有"理应如此"的性质。

本文虽是一篇史学论文，但因所讨论的是"礼书中的爵"，那么礼学视角便不能旁置，因为设身处地，才能理解礼家安排礼器等级的社会背景、文化精神、思维逻辑。先秦礼家对"周礼"所蕴含的文化精神，曾有大量阐发，那些文化精神，是体现于礼制，体现于礼器，进而体现于酒器之中的。高贵者使用高贵的酒器，这在各民族都是常态，然而国人独出心裁，创造了一种绝无仅有的"容量化爵名"，通过在行礼中依照身份高低而随时换用大小酒爵来区分贵贱，这一点就非常"中国特色"了。为什么是酒器得到了青睐呢？为什么容量大小成了等级尺度呢？这必定同社会背景相关。还有，先民在不同酒爵与不同身份、场合之间构建起来的结构性关系，堪称匀称、整齐、清晰、精巧。这种对制度形式美的特殊敏感，以及实现制度形式美的卓越能力，同样地非常"中国特色"。这些问题、这些现象在我的眼前格外凸显，是因为我把酒器的"等级结构"发掘出来了。而欲发掘、揭示这种结构，"礼学逻辑"就无法漠视。因为对制度形式美的敏感、实现制度形式美的能力，就体现在"礼学逻辑"之中。先民用"礼学逻辑"建构礼制，后儒心心相印，用"礼学逻辑"阐发礼制。而本文在必要时，也会利用"礼学逻辑"来排比酒爵。

一 礼学视角中的诸玉爵形制

首先从《礼记·明堂位》所述夏琖、殷斚、周爵开始讨论。对于琖、斚、爵的形制，前人业已触及。宋人聂崇义的《三礼图》，有"五爵"爵、觚、觯、角、散之图像，但是没有琖、斚的图像。至宋人陈祥道的《礼书》，为礼书中的饮酒器提供了四幅图像，分别是琖、斚、爵、觚之图。比之聂氏《三礼图》，陈祥道的《礼书》未绘觯、角、散。这大概是因为陈祥道对《三礼图》中的觯、角、散形象无异议；之所以提供了觚的图像，是因为陈祥道对《三礼图》中的觚的形象有异议。《三礼图》不见琖、斚之图像，所以陈祥道予以补足。琖、斚的形制与爵相关，在《礼记·明堂位》中，琖、斚、爵三器用于夏、商、周三代宗庙祭祀，展示三代礼器时不宜独无周爵，所以陈氏要把《三礼图》中的爵移植到《礼书》中来。"觚"的问题另文讨论，跟本文相关的是琖、斚、爵。参看图1。

图1中的爵，作雀鸟背负酒杯之形。这个造型系汉儒所创。汉儒把容量最小的一升之爵放在了雀鸟背上，形成了这种"雀杯爵"。

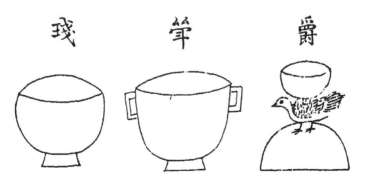

图1 陈祥道《礼书》中的琖、斚、爵
陈祥道《礼书》卷九八，《景印文渊阁四库全书》，台北：台湾商务印书馆1986年版，第130册第606—607页

其图形在汉唐间六种礼图中辗转相传，最终进入了聂崇义《三礼图》。而且从东汉到宋初，诸王朝的祭祀用爵真就采用了"雀杯爵"的造型。那么，琖、斝、爵三器对于陈祥道，爵既有礼图，又有实物为据；而琖、斝则系其个人创绘，并没有相关图像供其参考。

当然，陈祥道在增绘琖、斝时，也曾有一番文献考索。其依据首先是《礼记·明堂位》：

命鲁公世世祀周公以天子之礼乐。……季夏六月，以禘礼祀周公于大庙，……灌用玉瓒大圭，荐用玉豆、雕篹，爵用玉琖仍雕，加以璧散、璧角。……爵，夏后氏以琖，殷以斝，周以爵。[1]

鲁国禘祀周公，得用天子之礼节，以及天子之礼器。"灌"即祼礼降神，使用玉瓒大圭；"荐"即进献肴馔，使用玉豆雕篹；献酒用爵，使用有雕镂的玉琖；"加"即加爵，加爵阶段献酒时，使用璧散、璧角。夏商周三代的献酒用爵，分别使用琖、斝、爵。又查许慎："夏曰琖，殷曰斝，周曰爵。"[2]则是说同一种献酒用爵，在夏商周三代各有其名。据此，陈祥道就把琖、斝画在了爵的前面。

今人在注释《礼记·明堂位》时，有把斝说成青铜三足器的："古代酒器，圆口，有鋬（錾？）和三足。"[3]有把斝、爵二者说成青铜三足器的："殷代用的是圆口平底、上口有两柱、下底有三足、侧有提梁名叫'斝'的铜制酒杯。周代用的是长口圆底、上口有两柱、下底有三足，较斝为小名叫'爵'的铜制酒杯。"[4]还有把琖、斝、爵三者全都说成青铜三足器的："琖、斝、爵同指用来饮酒之

---

[1]《礼记正义》卷三一，阮本，北京：中华书局1980年版，第1488页下栏至第1489页上栏，第1490页下栏。
[2]许慎：《说文解字》卷一四，北京：中华书局1963年版，第300页上栏。
[3]钱玄、钱兴奇等译注：《礼记》，长沙：岳麓书社2001年版，第436页。
[4]王文锦：《礼记译解》，北京：中华书局2011年版，第396页。

杯，亦因朝代更替而异名。爵是较早出现的饮酒器，一般形制是：前有倾酒的流槽（称为流，似雀喙），后有尖锐的尾状（似雀尾）。一侧有柄。下有三足，流与杯口之际有柱"，"直到周代，才确定了'爵'这一名称，在周以前，有称'琖'的，也有称'斝'的"[1]。意谓三足爵最早出现，但其名称历代有变化，最初称琖、称斝，到了周代才以爵为称了。

今人以三足爵为释，与陈祥道判然不同。但陈祥道把琖、斝都画成杯盏，亦非无据："考之《尔雅》：'钟之小者谓之栈。'晋元兴中，剡县民井中得钟，长三寸，口径四寸，铭曰栈。则栈卑而浅矣。夏爵命之以琖，盖其制若栈然也。"陈祥道便认为，琖也是小钟之名，东晋那个栈钟长三寸，口径四寸，从尺寸看又矮又浅。于是就把琖画成了倒置的小钟。其说虽有疑点[2]，但琖的画法不无道理。琖通盏，二字都从戔，从戔的字往往有"小"的含义[3]，琖、盏都是小杯之名[4]。把琖画成小杯，比释为青铜三足爵更胜一筹。

---

[1] 刘兴均、黄晓冬等：《三礼名物词研究》，北京：商务印书馆 2016 年版，第 209 页。又刘兴均：《汉语"异名同实"词汇现象研究——以〈礼记〉用器类名物词为例》，《古汉语研究》2014 年第 3 期，第 79 页。

[2] 查《尔雅·释乐》邢昺疏："李巡云：栈，浅也。东晋太兴元年，会稽剡县人家井中得一钟，长三寸，口径四寸，上有铭古文云。栈，钟之小者。既长三寸，自然浅也。"阮本，第 2602 页上栏。陈祥道应是把上文读为"上有铭古文云栈。栈，钟之小者"了。然《宋书》卷二七《符瑞志》之所记，与邢昺疏不同："会稽剡县陈清又于井中得栈钟，长七寸二分，口径四寸，其器虽小，形制甚精，上有古文书十八字，其四字可识，云'会稽徽命'。"北京：中华书局 1974 年版，第 783 页。

[3] 沈括《梦溪笔谈》引王子韶："如戔，小也，水之小者曰浅，金之小者曰钱，歹而小者曰残，贝之小者曰贱。如此之类，皆以戔为义也。"胡道静：《梦溪笔谈校证》卷一四《艺文一》，上海古籍出版社 2011 年版，第 376 页。又张世南《游宦纪闻》卷九："戔有浅小之义，故水之可涉者为浅，疾而有所不足者为残，货而不足贵重者为贱，木而轻薄者为栈。"北京：中华书局 1981 年版，第 77 页。俞樾："按此乃六书形声中之声而兼义者。"《茶香室丛钞》卷九《右文》，北京：中华书局 1995 年版，第 218 页。"盏"这个字，可为"右文"说再增一例。

[4] 陈彭年、丘雍《广韵》上声卷三："玉琖，小杯。"北京：中华书局 2011 年版，第 290 页。《广雅·释器》："盏，杯也。"王念孙《广雅疏证》："盏与琖通。"上海古籍出版社 2016 年版，第 1126 页。《方言》卷五："盏，桮也。"郭璞注："盏，酒醆。""最小桮也"。华学诚：《扬雄方言校释汇证》，北京：中华书局 2006 年版，第 338、339 页。

《明堂位》说周朝"爵用玉琖仍雕",郑玄释"仍"为因仍:"爵,君所进于尸也。仍,因也,因爵之形为之饰也。"[1]鲁国因袭了夏之玉琖,添加了雕镂,用作献尸之爵,则周爵也是小杯,也是玉爵。

若夏琖、周爵都是杯形,那殷斚呢?殷斚不应另成一格,作为一件青铜三足器,横插在杯形的夏琖、杯形的周爵之间吧。《明堂位》说鲁国藏有三代之爵,孔颖达疏:"此一经明鲁有三代爵,并以爵为形,故并标名于其上。"[2]意谓三代之爵并无二致,形状雷同。又许慎:"斝,玉爵也。夏曰琖,殷曰斝,周曰爵。"[3]《左传》昭公十七年记有"瑾斝"[4]。"瑾"是一种玉,则"瑾斝"就是一种玉爵。殷斚也应是杯形器,而非三足器,同于夏琖、周爵。

《礼记·明堂位》还列有用于"加爵"的璧散、璧角。《礼记·祭统》中还能看到玉爵、瑶爵、散爵。玉爵、瑶爵又见于《周礼·天官·大宰》及《内宰》。"五爵"爵、觚、觯、角、散都是筒形杯,诸玉爵既以爵、以角、以散为称,则外形应同于"五爵",也是筒形杯。再从玉爵是杯形器看,同玉爵配套的瑶爵、散爵,也以推定为筒形杯为好。

在阐述璧散、璧角的形制时,郑玄云"散、角,皆以璧饰其口也"[5];对《周礼》中的瑶爵,郑玄也说"其爵以瑶为饰"[6]。若然,则璧散、璧角及瑶爵都不是通体玉质的爵,仅仅是以玉为饰而已。至于享先王的玉爵,对其质地,《明堂位》孔疏意见不定,先云"'夏后氏以琖'者,夏爵名也,以玉饰之";又说"周爵或以玉

---

[1]《礼记正义》卷三一,阮本,第1489页上栏。
[2] 同上书,第1490页下栏。
[3] 许慎:《说文解字》卷一四,第300页上栏。
[4]《春秋左传正义》卷四八,阮本,第2084页下栏。
[5]《礼记正义》卷三一,阮本,第1489页上栏。
[6]《周礼·天官·内宰》郑玄注,阮本,第684页下栏。

为之，或饰之以玉"[1]，似乎除了饰玉者之外，另有一种通体"以玉为之"的玉爵。但在《周礼》贾公彦疏看来，玉爵只是饰玉之爵[2]。礼学专家孙希旦也把玉爵说成饰玉之爵[3]。另一位礼学专家孙诒让，明谓玉爵其实是木爵。他于《周礼·大宰》则云："玉爵亦刻木为之，而饰以玉，若《内宰》瑶爵注亦谓'以瑶为饰'是也"；于《周礼·内宰》则云："刻木为爵而以瑶饰之，若《太宰》之玉爵也。"[4]即，玉爵、瑶爵都是刻木而成、饰之以玉的。

《礼记·曲礼》记有一条小小的规矩："饮玉爵者弗挥。"[5]所谓"挥"，就是挥动酒杯以甩去杯中的余沥。陆德明《释文》引何晏："振去余酒曰挥。"为什么用玉爵饮酒就不能"挥"呢？郑玄注："为其宝而脆。"玉爵是"宝而脆"的，"挥"脱手就摔坏了。对"宝而脆"的"脆"，今人会联想到硬脆、坚脆，即如"脆薄河冰安可越""彩云易散琉璃脆"那种脆。司马光就是这么联想的："玉爵弗挥，典礼虽闻于往记；彩云易散，过差宜恕于斯人。"[6]宋人陈栎："洗他爵必挥扬之，去其余水。惟饮玉爵者弗挥扬，玉器宜慎也。"[7]又吕大临："玉器宜谨，故弗挥。"[8]三人都把玉爵看成通体的玉器。

---

[1]《礼记正义》卷三一，阮本，第1490页下栏。
[2]《周礼·大宰》贾疏："此享先王有玉几、玉爵，天地有爵，但不用玉饰。"阮本，第650页中栏。祭祀天地的爵不用玉饰，所以跟享先王的玉爵不同，这不就意味着享先王的玉爵是玉饰的吗？
[3] 孙希旦《礼记集解》卷四七："玉爵，献尸所用之爵，以玉为饰者。"北京：中华书局1989年版，第1245页。
[4] 孙诒让：《周礼正义》，北京：中华书局1987年版，第148、519页。
[5]《礼记正义》卷二，阮本，第1244页下栏。
[6] 胡仔：《苕溪渔隐丛话后集》卷四〇引孙宗鉴《东皋杂录》，北京：人民文学出版社1962年版，第336页。司马光题辞原为官妓打碎玉杯而发，"彩云易散"暗涉"琉璃脆"。
[7]《钦定礼记义疏》卷四引，《景印文渊阁四库全书》，台北：台湾商务印书馆1986年版，第124册第137页上栏。
[8] 吴澄：《礼记纂言》卷一中引，《景印文渊阁四库全书》，第121册第40页上栏。

然而郑玄所说的"脆",并不是硬脆、坚脆,而是柔脆。"宝而脆"三字,或本作"宝而胞"[1]。脆是胞、脄的俗字,这三个字都从肉,肉便是"柔脆"的好例子。许慎:"胞,小耎易断也";"脄,耎易破也。"[2]"耎"即柔软,"小耎"即偏软,"易断""易破"是说其柔软但不柔韧,容易弄断弄破。曹魏张揖《广雅·释诂》:"柔、耎、脆,弱也。"[3]"弱"是"坚"的反面。《考工记·弓人》:"夫角之末……是故脆。脆故欲其柔也"[4];《汉书·王吉传》:"数以耎脆之玉体,犯勤劳之烦毒。"[5]这两处胞、脆,都是柔软易破的意思。柔软而易于咀嚼的佳肴称"甘脆",易腐易碎的东西称"腐脆"。玉器的质地坚硬,与"脆"不合,不是那种质地柔软、易断易破的东西;跟铜器、玉器相比,漆木器的质地软得多,就可以说"脆"了。"宝而脆"的玉爵,应是精美贵重、易于损坏的玉饰漆木杯,而非通体玉质之杯。进而《礼记·明堂位》"爵用玉琖仍雕"的那个"雕"字,与其说是玉雕,不如说是木雕、漆雕。漆木礼器也是需要雕琢的,例如觚形杯。《潜夫论·相列》:"觚而弗琢,不成于器。"[6]说的就是漆木觚必由雕琢而成。

总之,把《礼记·明堂位》中的琖、斝、爵释为青铜三足器,并不确切。青铜三足爵系温酒器而非饮酒器,而且在早周之后就消歇了,不再铸造了;再从考古实物看,先秦三足爵既无玉质的,也没有玉饰的。把诸玉爵释为饰玉漆木杯,才是最佳选择。

---

[1]《礼记·曲礼》校勘记:"闽、监、毛本同。嘉靖本同。惠栋校宋本'脆'作'胞'。宋监本同,岳本同,《释文》同。《五经文字》云:'胞'从刀从卪,作'脆'讹。"阮本,第1248页上栏。
[2] 许慎:《说文解字》卷四下,第90页上栏。
[3] 王念孙:《广雅疏证》,上海古籍出版社2016年版,第216页。
[4]《周礼注疏》卷四二,阮本,第935页上栏。
[5] 班固:《汉书》卷七二《王吉传》,北京:中华书局1962年版,第3059页。
[6] 汪继培、彭铎:《潜夫论笺校正·相列》,北京:中华书局1985年版,第313页。

二 礼学视角中的诸玉爵用法

下面来看玉爵的类别、用法,及其在饮酒礼器体系中的地位。

相对于爵、觚、觯、角、散这一组筒形爵,以及废爵、足爵、缯爵这一组斗形爵,玉爵类的饮酒器是最高贵的,被天子、诸侯用来祭祖献酒。

天子与五等诸侯祭祖献尸,有九献、七献、五献之差。除了周天子行九献,据说上公也有举行九献之礼的资格。《礼记·明堂位》:鲁国"世世祀周公以天子之礼乐"。鲁国禘祀周公,得用九献。对于九献之流程,经学家有扼要概括:

> 1.《周礼·春官·司尊彝》郑玄注:此凡九酌,王及后各四,诸臣一,祭之正也。
>
> 2. 贾公彦疏:"九"谓王及后祼各一,朝践各一,馈献各一,酳尸各一,是各四也。诸臣酳尸一,并前八为九。云"祭之正也"者,此九献是正献。[1]

第1条郑注所述较简:所谓九献,包括周王的4次献酒,王后的4次献酒,及诸臣为宾者的1次献酒,合计献酒9次。第2条贾疏所述较详:周王有祼尸、朝践、馈献3次献酒;王后有祼尸、朝践、馈献3次献酒,合计6次献酒;然后是周王、王后、诸臣的3次酳尸,或称"卒食三献",合计献酒9次。以上是为"正献",正献之后还有"加爵"或"加献"。

在祭祖礼上,除了主人、主妇和宾长向代表死者的尸献酒之外,

---

[1]《周礼注疏》卷二〇,阮本,第773页中栏、下栏。

主人还要穿插着向来宾献酒。既献尸，又献宾，二者都有用爵问题，两方用爵遂可以互相印证。诸侯国君祭祖的来宾，为卿、大夫、士及群有司。在一轮轮献尸、尸饮之后，国君穿插着向这三等来宾献酒之时，分别使用玉爵、瑶爵、散爵。请看：

> 《礼记·祭统》：尸饮五，君洗玉爵献卿；尸饮七，以瑶爵献大夫；尸饮九，以散爵献士及群有司。
>
> 孔颖达疏：此据备九献之礼者。至主人酳尸，故尸饮五也。凡祭二献，祼用郁鬯，尸祭奠而不饮。朝践二献，馈食二献，及食毕主人酳尸，此等皆尸饮之，故云"尸饮五"，于此之时以献卿。献卿之后，乃主妇酳尸。酳尸毕，宾长献尸，是尸饮七也，乃瑶爵献大夫。是正九献礼毕。但初二祼不饮，故云"尸饮七"。自此以后，长宾、长兄弟更为加爵，尸又饮二，是并前"尸饮九"，主人乃散爵献士及群有司也。此谓上公九献，故以酳尸之一献为"尸饮五"也。[1]

《祭统》此文中的"君"可行九献，可见其地位特高。为此，孔疏把这位主祭的"君"说成上公，把所行之礼说成"上公九献"[2]。除了献尸，主人还要献宾。献宾的对象为诸臣，也就是卿、大夫、士及群有司这三等臣吏。在"尸饮五""尸饮七""尸饮九"之时，主

---

[1]《礼记正义》卷四九，阮本，第1605页中栏。
[2] 杨天宇《礼记译注》认为，孔疏"上公九献"的这个"上公"，指的是被祭祀的死者："这是就死者为上公，向尸行九献之礼而言（若为侯伯则行七献之礼，子男则行五献之礼）。"（上海古籍出版社2004年版，第641页。）若依杨说，用九献、七献还是五献，以被祭祀的死者的爵位为准。对这个问题，沈文倬另有看法："祭礼中的爵位标准依主祭者（主人）来定的：已死的父亲是大夫，主祭的儿子是士，《中庸》说'葬以大夫祭以士'。"(《宗周岁时祭考实》，收入《菿闇文存：宗周礼乐文明与中国文化考论》，北京：商务印书馆2006年版，第362页。）按沈说是。由此可以推论，祭礼上的献尸次数，也应取决于主祭者的地位，而不是被祭祀的死者的地位。"上公九献"的"上公"，应指那位主持祭祀的"君"，而不是被祭祀的"君"之已故父祖。

人将有献宾之举。可见献尸与献宾是穿插交错,所以,又可以通过《祭统》所述献宾,来反观献尸。

尸饮之数如何计算呢?据孔疏所说,初献、二献为祼尸。"祼"就是以酒灌地以请神,酒被灌到地上,尸没喝到,所以这两次献酒不计饮数。随后是朝践二献、馈食二献及主人酳尸之献,这5次献尸都有"尸饮"之事,合计"尸饮五"。赘言之,当献酒达到7次之时,"尸饮"达到5次,二者相差2次。随后又有夫人酳尸、宾长(来宾之长)2次酳尸。"酳"即食毕进酒漱口,酒既已入口了,那就可以算作2次"尸饮"了,合计遂为"尸饮七",即,5次+2次=7次。九献到此结束,进入"加爵"阶段。此时有长宾(年长来宾)的加爵、长兄弟的加爵,把这两献也算上,合计"尸饮九"。

正如孙诒让所言:"九献之说,异同颇多。"[1]异说虽多,却也没必要一一详辨,观其大概即可。下面只把《祭统》孔疏、《礼运》孔疏,及《通典》所述时享九献、祫祭九献[2],四项一并列表,以便了解九献时的献尸用爵与献宾用爵,参看表1。

表1 九献诸说对比

进程	献数	《祭统》及孔疏上公九献	《礼运》孔疏天子九献	《通典》卷四九天子时享九献	《通典》卷四九天子祫祭九献
祼礼	一献	尸祼,祭奠而不饮	王献尸尸祼	王以圭瓒献尸(尸饮一)	王以圭瓒献尸
祼礼	二献	尸祼,祭奠而不饮	后从灌尸祼	后以璋瓒献尸(尸饮二)	后以璋瓒亚献
朝践	三献	(尸饮一)	王以玉爵献尸	王以玉爵献尸(尸饮三)	王以玉爵献尸
朝践	四献	(尸饮二)	后以玉爵亚献	后以玉爵献尸(尸饮四)	后以瑶爵亚献

---

[1] 孙诒让:《周礼正义》,第1519页。
[2] 《礼记·礼运》孔疏,阮本,第1417页上栏;杜佑:《通典》卷四九《礼九》,北京:中华书局1988年版,第1365—1367页。

续表

进程	献数	《祭统》及孔疏 上公九献	《礼运》孔疏 天子九献	《通典》卷四九 天子时享九献	《通典》卷四九 天子祫祭九献
馈献	五献	（尸饮三）	王以玉爵献尸	王以玉爵献尸 （尸饮五）	王以玉爵献尸
	六献	（尸饮四）	后以玉爵献尸	后以玉爵献尸 （尸饮六）	后以瑶爵亚献
朝献	七献	尸饮五 君洗玉爵献卿	王酳尸 王献诸侯	王以玉爵献尸 尸饮七 王献公	王以玉爵酳尸 尸酢王
	八献	（尸饮六）	后酳尸 王以瑶爵献卿	后以玉爵献尸 尸饮八 王献卿	后以瑶爵亚献 尸酢后
宾献	九献	尸饮七 君以瑶爵献大夫	诸侯为宾者 以瑶爵献尸	诸侯为宾者 以玉爵献尸 尸饮九 王献大夫士	诸臣为宾献尸
加爵		长宾更为加爵 （尸饮八） 长兄弟更为加爵 尸饮九 君以散爵献士及群 有司	九献之后， 谓之加爵	嗣子、诸臣加爵 更行三献， 用璧散璧角	太子、三公之长、九 卿之长行加爵， 用[璧散]璧角 凡十二献

依《礼记·祭统》所云，在献宾的时候，君将分别使用玉爵、瑶爵、散爵。献宾用爵既然如此，献尸时用什么爵呢？在此孙希旦提示，利用国君的献宾用爵，便可以反推此前的献尸用爵：

> 以玉爵献卿，因献尸之爵也；……既则夫人又酳尸而爵止，君乃以瑶爵献大夫也。瑶爵，酳尸所用之爵，以瑶为饰者。……宾长又酳尸而为九也。既则长兄弟为加爵而爵止，君乃以散爵献士也。五升曰散，以璧饰之。为加爵者用璧散，《明堂位》曰"加以璧散、璧角"是也。以散爵献士，亦用献尸之爵也。[1]

---

[1] 孙希旦：《礼记集解》，第1245页。

据孙希旦如上论述，国君的献宾用爵，就是刚才的献尸用爵。由国君用玉爵献卿，可知此前国君七献用玉爵；由国君用瑶爵献大夫，可知此前夫人八献用瑶爵；由国君献士及群有司用散爵，可知此前长宾、长兄弟的加爵用散爵。拿献宾用爵来反推献尸用爵，诸玉爵的用法又清晰了很多。

《礼记·祭统》孔疏所述九献，是上公之礼；《礼记·礼运》孔疏所述九献，是天子之礼。比较上表中的两处孔疏，上公之礼和天子之礼的用爵之法，颇有相似性。

请看《礼记·礼运》孔疏：

> 时众尸皆同在太庙中，依次而灌，……是为一献也。
> 王乃出迎牲，后从灌，二献也。……
> 王乃以玉爵酌著尊泛齐以献尸，三献也。
> 后又以玉爵酌著尊醴齐以亚献，四献也。……
> 王乃以玉爵酌壶尊盎齐以献尸，为五献也。
> 后又以玉爵酌壶尊醴齐以献尸，是六献也。……
> 王以玉爵因朝践之尊泛齐以酳尸，为七献也。……
> 尸酢，酢主人，主人受嘏，王可以献诸侯。
> 于是后以瑶爵，因酌馈食壶尊醍齐以酳尸，为八献也。……
> 于时王可以瑶爵献卿也。
> 诸侯为宾者，以瑶爵酌壶尊醍齐以献尸，为九献。
> 九献之后，谓之加爵。……
> 其鲁及王者之后皆九献，其行之法与天子同。[1]

《礼运》孔疏对天子九献时王、后、宾的用爵，有明确记载。以

---

[1]《礼记正义》卷二一，第1417页上栏。

之对比《祭统》孔疏所记上公九献用爵,确实就能感觉到"其鲁及王者之后皆九献,其行之法与天子同"。进而请注意《礼运》孔疏中的这一细节:八献时王后以瑶爵酢尸,随后周王就以这种瑶爵献卿,这跟孙希旦的"献宾因献尸之爵"那个论断,恰好相符。准以此例,七献时周王既然以玉爵酢尸,则随后周王"献诸侯"的那个爵,也应该同于方才的献尸之爵,也就是玉爵了。至于孙希旦说九献之后的长兄弟加爵用璧散,就跟孔疏不一样了,因为在对"加爵"的认知上,孙希旦不用孔疏,而是另行采用了崔灵恩之说。详后。

比较表1的四列内容,能看到很多细节差异。例如献宾时所献对象有异,尸饮之数的计算方法有异,进而用哪种爵献酒,也各有其异。下面就此三点,略加陈述。

(1)献宾对象问题

就献宾对象而言,《祭统》孔疏所叙为上公之礼,所以是国君献卿、献大夫、献士;《礼运》孔疏所叙为天子之礼,所以是天子献诸侯、献卿;《通典》所叙为天子时享、祫祭,所以是天子献公、献卿、献大夫士。献诸侯、献公为天子之礼所独有,上公本身也是诸侯,诸侯不设"公",所以上公就没有献诸侯、献公这种事了。

(2)尸饮之数问题

再看尸饮之数。《祭统》孔疏释尸饮之数,不计初裸、亚裸;《通典》叙述天子时享,却把二裸也计入了尸饮之数,这样尸饮之数就高了两等。对《通典》把二裸也计入饮数这个做法,孙诒让颇不以为然:"其谬又不足辨矣!"[1]

---

[1] 孙诒让:《周礼正义》,第1524页。

在尸饮之数上的异说，还不止这些。在《祭统》孔疏、杜佑《通典》之外，郑玄、贾公彦还有第三种不同解说：

  1.《礼记·祭统》郑玄注：尸饮五，谓酳尸五献也。大夫、士祭，三献而献宾。[1]

  2.《周礼·春官·司尊彝》郑玄注：以今祭礼《特牲》《少牢》言之，二祼为奠；而尸饮七矣，王可以献诸臣。《祭统》曰："尸饮五，君洗玉爵献卿。"是其差也。

  贾公彦疏：云"二祼为奠，而尸饮七矣，王可以献诸臣"者，王献诸臣无文，此又约《祭统》而言。故即引《祭统》曰"尸饮五，君洗玉爵献卿，是其差也"者，彼据侯伯礼，宗庙七献，二祼为奠不饮，朝践已后，有尸饮五献卿。即天子与上公同九献，二祼为奠不饮，是尸饮七可以献诸臣。若然，子男五献者，二祼为奠不饮，是尸饮三可以献卿，故郑云"是其差"。皆当降杀以两。大夫士三献，无二祼，直有酳尸三献，献祝是也。[2]

第 1 条在阐述《祭统》"尸饮五，君洗玉爵献卿"之文时，郑玄认为"君洗玉爵献卿"之事，发生在酳尸五献之后。然而如表 1 所示，若依《祭统》孔疏，"君洗玉爵献卿"之事，却是发生在酳尸七献之后的。郑注、孔疏之间，显然出现矛盾了。

第 2 条在阐述《周礼》之时，郑玄说"尸饮七矣，王可以献诸臣"，至于《祭统》"尸饮五，君洗玉爵献卿""是其差也"，意思是说周王与诸侯礼制有差别，周王在"尸饮七"之后献宾，诸侯在"尸饮五"之后献宾，比天子低下一等，"尸饮"便少了两次。

---

[1]《礼记正义》卷四九，阮本，第 1605 页中栏。
[2]《礼记注疏》卷二〇，阮本，第 773 页中栏、下栏。

随后贾疏详解郑玄之旨：依照郑玄，《祭统》所述并不是上公九献，而是侯伯七献；天子及上公可以用九献，所以"尸饮七"而献宾；侯伯只能用七献，所以《祭统》就出现了"尸饮五"而献宾的事情。按照这个逻辑继续推论，子男五献，"尸饮三"而献宾；大夫士无祼礼，但献数不变，也是三献，所以也是"尸饮三"而献宾（献祝）。下面把郑注、贾疏的意见列为表2，以便于读者理解。

表2 郑注、贾疏对尸饮之数的解释

进程	献数	天子及上公九献	《祭统》侯伯七献	子男五献	卿大夫士三献
祼礼	一献	初祼			
	二献	亚祼			
朝践	三献	（尸饮一）	初祼		
	四献	（尸饮二）	亚祼		
馈献	五献	（尸饮三）	（尸饮一）	初祼	
	六献	（尸饮四）	（尸饮二）	亚祼	
朝献	七献	（尸饮五）	（尸饮三）	（尸饮一）	初献
	八献	（尸饮六）	（尸饮四）	（尸饮二）	亚献
宾献	九献	尸饮七 以玉爵献诸臣	尸饮五 君以玉爵献卿	尸饮三 献卿	三献
加爵		（尸饮八）（尸饮九）江永：（尸饮十）尸饮十一	（尸饮六）尸饮七，君以瑶爵献大夫（尸饮八）尸饮九，君以散爵献士及群有司	（尸饮四）（尸饮五献大夫？）（尸饮六）（尸饮七献士及群有司？）	献祝

依照孔疏，《祭统》中的"尸饮五""尸饮七""尸饮九"都发生在上公九献场合，是同一典礼不同阶段的事情，即"尸饮五"之后献卿，"尸饮七"之后献大夫，"尸饮九"之后献士。而依照《周礼·司尊彝》郑注、贾疏，"尸饮五""尸饮七""尸饮九"乃是不同典礼上的事情，即天子上公九献，故于"尸饮七"之后献诸臣；侯伯七献，故于"尸饮五"之后献诸臣；子男五献，故于"尸饮三"之后献诸臣。

对《祭统》"尸饮五,君洗玉爵献卿"这个"君",郑注、贾疏与孔疏的看法不同,矛盾便滋生了。郑注、贾疏认为,《祭统》这个"君"是侯伯,侯伯七献,故尸饮五而献卿;而天子、上公是用九献的,比侯伯高一等,所以"尸饮七矣,王(及上公)可以献诸臣"。而孔疏却认为,《祭统》这个"君"是上公,上公九献,故尸饮五而献宾(献卿);因天子、上公都用九献,所以《祭统》之所述可以用于天子之礼;《礼运》孔疏在阐述天子九献时,也是说尸饮五而献宾(献诸侯)。郑注与孔疏的这个分歧,打破了"疏不破注"的惯例。

清儒江永、金榜、孙诒让等都为郑注、贾疏站台,否定孔疏[1]。而否定孔疏,还将导致对加爵阶段的不同解释。依照孔疏,正献之后只有两次加爵。而依郑注、贾疏,把《祭统》所述认作侯伯七献,那么七献、"尸饮五"及"君洗玉爵献卿"都完毕,正献便结束了,"尸饮七,以瑶爵献大夫;尸饮九,以散爵献士及群有司"就要留给加爵阶段去完成了,这就会有"尸饮六""尸饮七""尸饮八""尸饮九"四次加爵了。沿此思路继续推论,因天子及上公的九献比侯伯七献又多了两献,所以又将多出两次"尸饮",为此,江永便又弄出一个"尸饮十一"来[2],加爵将由此而增至六次之多,治丝益棼了。

(3) 诸玉爵的用法问题

对于诸玉爵的用法,表1各列也存在差异。其主要差异有二。第一,王后在四献、六献时的所用之爵,《礼运》《祭统》孔疏与

---

[1] 江永《礼书纲目》卷四二《献诸臣及加爵》:"当以贾疏为正,若如孔说,则宾未献尸而君先献宾,失其序矣。"《景印文渊阁四库全书》,第133册第605页下栏。金榜《礼笺》卷三《加爵》:"冲远(孔颖达字)此说违失郑义",贾疏"其差数与郑义合"。《续修四库全书》,上海古籍出版社2002年版,第109册第78页上栏。孙诒让赞扬贾疏"深得经注之旨"。《周礼正义》,第1523页。

[2] 江永《礼书纲目》卷四二《献诸臣及加爵》:"盖尸饮五,正献已毕。饮七、饮九,皆正献之后加爵也","则侯伯有四加,宜矣","则备九献者,尸饮九而献大夫,尸饮十一而献士及群有司可知也"。《景印文渊阁四库全书》,第133册第605页下栏。

东周礼书所见玉爵辨　195

《通典》所述有异。第二，对八献、九献及加爵时的瑶爵、散爵、璧角、璧散用法，《礼运》《祭统》孔疏也跟《通典》不同。在这两处，郑玄、孔颖达、贾公彦构成了一方，崔灵恩、杜佑构成了另外一方。

首先来看第一点，即四献、六献时的王后用爵。《周礼·天官·大宰》："享先王亦如之，赞玉几、玉爵"；《天官·内宰》："大祭祀，后祼、献，则赞；瑶爵亦如之。"[1]在大祭祀上，王后要承担"祼、献、瑶爵"三事。依郑玄注，"祼"指二祼时的王后亚祼，"献"指朝践时的王后四献、馈献时的王后六献，"瑶爵"即朝献阶段的王后八献。也就是说，天子与王后夫唱妻随，天子承担初祼、三献、五献、七献，而王后承担亚祼、四献、六献、八献。在这地方，"瑶爵"都成了"使用瑶爵的献酒行为"之简称了。郑玄认为，王后在四献、六献时用玉爵，同于天子；到了八献之时，王后改用瑶爵了，所以王后八献特称"瑶爵"。

然而崔灵恩的意见与郑玄不同："崔氏以为后献皆用[瑶]爵。"[2]即，王后四献、六献、八献都用瑶爵，始终都不用玉爵。杜佑追随崔灵恩，所以表1《通典》所叙天子祫祭九献，其中王后四献、六献、八献之时的用爵，全都是瑶爵。（至于《通典》所叙天子时享九献，周王与王后全用玉爵，这一个"玉爵"显系泛称，含瑶爵在内。）金榜、孙诒让决意挺崔。金榜提出，周王初祼用圭瓒，王后亚祼用璋瓒，可见自二祼始，周王与王后的酒器就不一样了，那么在二祼之后，周王与王后的用爵也不该雷同，应是周王一直用玉爵，王后一直用瑶爵[3]。这个论点相当有力。孙诒让还提出，既然王后献尸皆用瑶爵，则《内宰》原文中的"祼、献"二字，就应该连

---

[1] 分见《周礼注疏》卷二、卷七，阮本，第650页中栏、第684页下栏。
[2]《礼记·礼运》孔颖达疏引，阮本，第1417页上栏。"瑶"字据校勘记补，参第1420页下栏。
[3] 金榜：《礼笺》卷三《加爵》，《续修四库全书》，第109册第77页下栏。

为"祼献"一词[1],"祼献"特指王后的亚祼之事,至王后四献、六献、八献,便转入了"瑶爵"范畴。

随后再看第二点,即瑶爵、散爵与璧散、璧角之关系。七献、八献、九献,是为酳尸三献。《周礼·春官·司尊彝》郑玄注:"王酳尸用玉爵,而再献者用璧角、璧散可知也。"意谓酳尸三献时,王七献用玉爵,王后八献用璧角,宾九献用璧散。贾公彦疏:"以瑶玉为璧形,以饰角、散。爵是通名,故得瑶爵璧角、璧散之名也。"[2]照贾疏的意思,"璧"指用来装饰酒杯的玉器的器形,"瑶"是"璧"之质料,"角""散"二字指容量,角为四升之爵,而散为五升之爵。孔颖达也这么说:"此璧角、璧散则瑶爵也。"[3]贾疏、孔疏异口同声,说璧角、璧散都属于瑶爵的范畴。那么瑶爵有四升之角、五升之散两等。八献、九献所用的璧角、璧散既然被说成是瑶爵,正献结束后的加爵就该用散爵了。若然,则"散爵≠璧散",因为璧散属于瑶爵。

这个用爵之礼的问题,随即就把"加爵"卷进来了。《礼记·明堂位》的"加以璧散、璧角"一语,确认加爵时使用的是璧散、璧角。但何为"加爵",崔灵恩、杜佑是一种理解,《礼记》孔颖达疏、《周礼》贾公彦疏是另一种理解。

"崔氏……又以九献之外加爵,用璧角、璧散","崔氏乃云正献之外,诸臣加爵用璧角、璧散"[4]。崔灵恩只认可一种加爵,即九献之后的加爵献尸,其时诸臣使用璧角、璧散。依其所论,只有九次正献之后的献尸,也就是嗣子、诸臣的进献,才能算加爵,因为这时候才使用璧散、璧角,"加以璧散、璧角"反过来就是"用璧散、

---

[1] 孙诒让:《周礼正义》,第 517、518 页。
[2] 《周礼注疏》卷二〇,阮本,第 773 页中栏。
[3] 《礼记·礼运》孔疏,阮本,第 1417 页上栏。
[4] 《礼记·礼运》孔疏引,阮本,第 1417 页上栏。

璧角献酒为'加'"。随后跟进崔灵恩的，是杜佑《通典》[1]。

孔疏、贾疏却说，馈食之后是"酳尸三献"，其中主妇八献与宾长九献，也算一种加爵，是为"食后称加"[2]。究其原因，是这时主妇、宾长使用瑶爵，而瑶爵被孔、贾说成璧角、璧散了。这里的逻辑，居然也是"用璧散、璧角献酒为'加'"！当然，孔疏把九献后的献酒特称为"正加"，则八献、九献虽属"加爵"，但够不上"正加"，二者仍有所区别。参看表3。

表3 对加爵的两种不同理解

崔灵恩、杜佑		郑注、孔疏、贾疏		
七献	王酳尸用玉爵		七献	王酳尸用玉爵
八献	后酳尸用瑶爵	加爵	八献	后酳尸用（瑶爵）璧角
九献	（宾酳尸用散爵？）		九献	宾酳尸用（瑶爵）璧散
加爵	嗣子、三公之长、九卿之长更行三献，用璧角、璧散	正加		（长宾加献用散爵、长兄弟加献用散爵？）

当代学者在注释《礼记》时，面对《明堂位》"加以璧散、璧角"之"加"，或此或彼，各有所从。王文锦、钱玄、杨天宇、吕友仁等，只把九献之后的诸臣献尸说成加爵[3]，与崔灵恩、杜佑相合；王

---

[1] 杜佑《通典》卷四九《礼九》："九献之后，更为嗣子举奠与诸臣进献，更行三爵，皆谓之加爵，则用璧散、璧角。"北京：中华书局1988年版，第1367页。
[2] 《礼记·明堂位》孔疏："夫人用璧角，《内宰》所谓瑶爵也。其璧散者，夫人再献讫，诸侯为宾用之以献尸，虽非正加，是夫人加爵之后总而言之，亦得称'加'。故此总云'加以璧散、璧角'。"又《周礼·天官·内宰》贾疏："《明堂位》云'爵用玉醆仍雕，加以璧散、璧角'。食后称加，彼鲁用王礼，即知王酳尸亦用玉醆，后酳尸用璧角，宾长酳尸用璧散。"分见阮本，第1489页中栏、第685页上栏。"食后称加"的"食"即馈献、馈食，馈食之后就是酳尸三献，也就是七献、八献、九献。这时的夫人以璧散八献，宾以璧角九献，被孔、贾算在"加爵"范畴之内了。
[3] 王文锦《礼记译解》："诸臣加爵时使用璧玉缘饰杯口的名叫璧散、璧角的酒杯。"第393页。钱玄、钱兴奇等注译《礼记》："向尸行九献之后，诸臣献尸，称加爵。"第433页。杨天宇《礼记译注》："案，向尸行过九献之礼后，诸臣又献，是为加爵。"第392页。吕友仁、吕咏梅《礼记全译》："加爵，谓正献之后诸臣向尸敬酒。"贵阳：贵州人民出版社2009年版，第466页。

梦鸥、陈戍国的注释独取郑、孔、贾之说[1]。若偏执一端，不及其余，也许会令注疏的读者发生困惑。所以本文在此提醒《礼记》读者，对"加"即"加爵"之法存在异说，异说影响到对献酒用爵的不同认识。

三 诸玉爵、"五爵"与"废、足、繶"三爵

上一节的辨析虽有失繁冗，玉爵的用法却大为清晰了，随后可以对诸玉爵与另两组酒爵的等级关系，做进一步讨论。另两组酒爵，就是爵、觚、觯、角、散"五爵"，与废爵、足爵、繶爵三爵。

"五爵"都是筒形杯，仅容量有一升、二升、三升、四升、五升之别。废爵、足爵、繶爵见于《仪礼·士虞礼》，也用于祭祖献尸。我通过《礼记·祭统》"尸酢夫人执柄，夫人受尸执足"这条记载，判定"尸酢夫人"的这个爵是有足有柄的斗形爵，进而论证"废、足、繶"三爵都是斗形爵。在士虞礼上，主人用废爵初献，主妇用足爵亚献，宾长用繶爵三献。

士虞礼是丧礼的一部分，仍属凶礼，所以使用等级较低的"废、足、繶"三爵献尸。特牲馈食礼、少牢馈食礼、有司彻等则属于吉礼，献尸用爵就升级了，主人改用"五爵"系列中的饮酒器献尸。具体说，就是主人为士，就用四升之角献尸；主人为卿大夫，就用一升之爵献尸。主妇亚献与宾长三献倒没有因吉礼而变，主妇仍用足爵，宾长仍用繶爵。我的依据仍是"尸酢夫人执柄，夫人受尸执足"。这个"夫人"特指国君夫人。既然连国君夫人亚献都用足爵，而繶爵又要留给宾长三献时使用，则卿大夫士的配偶，在亚献时就

---

[1] 陈戍国《礼记校注》则直录孔疏（及陈澔《礼记集说》、王夫之《礼记章句》），长沙：岳麓书社2004年版，第230页。又王梦鸥："加，指主人以爵献尸之后，主妇又以爵献尸。"《礼记今注今译》，天津古籍出版社1987年版，第423页。其说可酌。

只能用足爵了，因为她们的用爵不可以高于国君夫人，但可以同于。以上述考察为基础，我为士虞礼、特牲馈食礼、少牢馈食礼、有司彻四礼上的主人、主妇、宾长的献尸用爵，提供了一份列表。

然而现在，对诸玉爵的考察又提供了更多信息，有些地方还与我原先的推理看上去有了冲突。天子与上公九献，其时王后或上公夫人的四献、六献用玉爵还是用瑶爵，注疏家存在分歧；而王后或上公夫人八献用瑶爵这一点，是从《礼记·祭统》"尸饮七，以瑶爵献大夫"推论而来的，注疏家并无异议。矛盾油然而生了。同出《祭统》的"尸酢夫人执柄，夫人受尸执足"所涉之爵，我在前文中判定为斗形爵，并由此判定夫人献尸用斗形爵；可现在又看到夫人献尸用瑶爵，而本文又判断瑶爵是筒形杯，那么，夫人献尸到底用杯形的瑶爵，还是用斗形的足爵呢？看上去自相矛盾了。

这个矛盾，我尝试运用"礼学逻辑"来化解。如前所述，在对《祭统》献宾那段经文的理解上，孔疏与郑注、贾疏有矛盾。孔疏认为《祭统》所述为上公九献："此谓上公九献，故以酢尸之一献为尸饮五也。若侯伯七献，朝践、馈食时各一献。食讫酢尸，但尸饮三也。子男五献，食讫，酢尸，尸饮一。"[1]列国的国君身份各异，其爵位有公侯伯子男之别，爵在上公者可以行九献，侯伯就只能七献，子男就只能五献了。若依孔疏，我们就可以推测上公的夫人献尸用杯形瑶爵，侯伯、子男夫人献尸用斗形足爵。

若不依孔疏，而依郑注、贾疏呢？郑、贾是把《祭统》所述视为侯伯七献之礼的。由于"尸饮七，以瑶爵献大夫"的这个瑶爵，应是夫人方才献尸的同一种爵，则侯伯夫人献尸也用瑶爵。然而我仍可以推测，上公、侯伯夫人献尸用杯形瑶爵，子男夫人献尸用斗形足爵。

---

[1]《礼记正义》卷四九，阮本，第1605页中栏。"但尸饮三也"中的"尸"字，据校勘记或本补。

国君献诸臣用玉爵、瑶爵、散爵之文，与"尸酢夫人执柄，夫人受尸执足"之文，不但恰好同出《祭统》，而且恰好都出自"祭有十伦"那同一段落。玉爵、瑶爵、散爵之文，用以"明尊卑之等"；"尸酢夫人执柄，夫人受尸执足"之文，用以"明夫妇之别"。所以玉爵、瑶爵、散爵之文，与"执柄""执足"之文，二者应有一致性，不应也不会彼此抵触。这就意味着，使用瑶爵献尸的国君夫人与使用足爵献尸的国君夫人，在《祭统》作者的心目中是并存不悖的。至于使用足爵的是哪一等夫人，经文不明。为求谨慎，我们变换叙述策略，旁置了上公、侯伯、子男概念，借用"大国、小国"概念来表达：王后及大国夫人用杯形瑶爵献尸，相应地，宾长用杯形散爵献尸；小国夫人用斗形足爵献尸，相应地，宾长用斗形缫爵献尸。

那么，此前我为士虞礼等四种典礼上的三献用爵而提供的列表，就可以补充两项内容了：天子及大国之君、王后及大国夫人及宾长的献尸用爵，以及小国之君、夫人、宾长的献尸用爵。即如表4。

表4　几种祭祖礼上的献尸用爵

等级	类别	礼书篇名	主人酢尸	主妇亚献	宾长三献
天子、大国之君	吉礼	祭统 明堂位 太宰 内宰	玉爵（玉瓒）（杯形爵）	玉爵＋瑶爵 璧角（=瑶爵？）（杯形爵）	散爵 璧散（=瑶爵？）（杯形爵）
小国之君			一升之爵（觚形爵）	足爵（斗形爵）	缫爵（斗形爵）
卿大夫礼		有司彻	一升之爵（觚形爵）	足爵（斗形爵）	缫爵（斗形爵）
		少牢馈食礼	一升之爵（觚形爵）	足爵（斗形爵）	缫爵（斗形爵）
士礼		特牲馈食礼	四升之角（觚形爵）	足爵（斗形爵）	缫爵（斗形爵）
	凶礼	士虞礼	废爵（斗形爵）	足爵（斗形爵）	缫爵（斗形爵）

表4最上面的两行"天子、大国之君""小国之君"的祭祀用爵，就是本文为旧表增补的部分。

应该说明，若仅依《祭统》，则对"尸酢夫人执柄，夫人受尸执足"一语，本可以向两个方向推论：除了推论这个夫人是小国之君的夫人，也可以推论玉爵、瑶爵、散爵都是斗形爵。然而，若把表4中的酒爵等级分布全部收入视野，前一推论就明显居优了。筒形的"五爵"高于斗形的"废、足、繶"三爵，"五爵"中一升之爵最贵，五升之散最贱。所以主人献尸，在士虞礼中用废爵，在特牲馈食礼中用四升之角，在少牢馈食礼以上用一升之爵，依身份高下而异；主妇、宾长等而下之，仍使用斗形的足爵、繶爵。既然玉爵最贵，它就应该是容量一升的杯形爵，而非斗形爵。

对玉爵容量一升这一点，注疏家无异说；对瑶爵、散爵、璧角、璧散的容量，注疏家有异说。孔疏、贾疏认为瑶爵就是璧角、璧散，角容四升，散容五升，则瑶爵有四升、五升两种容量。而在崔灵恩看来，瑶爵应为一升，散爵应为五升，用于加爵的璧角四升、璧散五升。方悫看来是支持崔灵恩的："玉爵、瑶爵，正谓一升之爵尔。言'散爵'即五升之散也。"[1] 不过这些容量方面的不同说法，对表4之中的爵形分布，无大影响。

旁置或绕过了上公、侯伯、子男这些"五等爵"概念，转用大国、小国之辞，就等于兼用史学视角了。《左传》成公三年："次国之上卿，当大国之中，中当其下，下当其上大夫。小国之上卿，当大国之下卿，中当其上大夫，下当其下大夫。上下如是，古之制也。"杜预注："春秋时以强弱为大小。"[2] 由此而知，大小国概念确实事关等级礼制。具体到饮酒礼器，也许就有这种情况：大国妄自尊大，不惮礼制奢僭，夫人献尸用杯形瑶爵；小国拘谨守旧，夫人献尸仍然用斗形足爵。当然，还可能交织着这样的情况：在较早时

---

[1] 卫湜：《礼记集说》卷一一五引方悫，《景印文渊阁四库全书》，第119册第489页上栏。
[2] 《春秋左传注疏》卷二六，阮本，第1900页下栏。

候，列国拘谨守旧，夫人献尸仍然用斗形足爵；随时光推移，传统松弛，诸侯不惮礼制奢僭，夫人献尸便改用杯形瑶爵了。

四　史学视角中的诸玉爵

在前面两节，我参用礼学视角、礼学逻辑来探讨玉爵的用法，探讨玉爵与"五爵"及"废、足、繶"三爵间的结构性关系，并把其间关系以最便利的方式，也就是列表方式加以呈现。虽然史料零碎、史阙有间，但所采用的是"结构排比"之法，所以仍能通过推理而提供一幅总体化的图景。"总体化的图景"意义何在呢？比如说吧，我阅读礼书，时不时遭遇一些饮酒器名，随后我在注释及辞书中查到了器形与用途，便心满意足了——认识了几件新东西，长知识了。然而这时我仍不知道，那些饮酒器名的背后，其实还潜藏着一整套精巧整齐的体系呢。在其中，各种酒爵与各色人等、各级身份、各种礼典及各个行礼环节，高下有序、有条不紊。

我不保证各表中的具体"数据"确切唯一，但要强调，本文最关心的不是具体"数据"，而是组合方式与彼此关系。历代礼学家对先秦酒爵也不乏异说，如对尸饮之数，对璧散、璧角，对加爵等。但他们也有一致性：都把酒爵礼制看成一种排列组合，它有"原理"，有"逻辑"。列表排比，能让你清晰地看到一整套"结构"，感受到它们的精巧整齐，并帮助你把握其生成原理、结构特征，及其背后的"礼学逻辑"，而不仅仅是知道了几个器名器形。

所谓的"礼学视角"，其目的仍是史学的。从史学视角看，各种礼书的"书法"并不相同。《仪礼》最早成篇，其内容基本是实录。《礼记》之《曲礼》《少仪》《杂记》等篇，记有大量细微枝末的仪节，它们不是后人能凭空虚构的。然而在《礼记》中，"应然"性质的文字明显多了起来,"礼意"宏论、礼制宏图往往而有。《周礼》的建构色彩最浓厚了。此书充分利用了古今礼制素材,但各种礼数都围绕伟大光荣的周天子铺陈罗列,这座"天子之礼"金字塔,同东周王廷的破败卑微不成正比。

所谓"天子之礼",也许含有儒生对"大一统天子"的想象,但《礼记·明堂位》说鲁国藏有三代礼器,享先公使用琖形玉爵,还算是情理中事吧。《左传》昭公十七年裨灶曰:"宋、卫、陈、郑将同日火,若我用瓘斝、玉瓒,郑必不火。"杜预注:"瓘,珪也。斝,玉爵也。"[1] 王国维有异议:"瓘当作灌,灌斝即灌尊。"[2] 按,"玉瓒"之"玉"字指瓒的质料或饰物,"瓘斝"之"瓘"字也应指斝的质料或饰物[3],可知杜注较优。这件瓘斝应是玉爵之属,可用于禳火,系祭器。又《礼记·曲礼》"饮玉爵者弗挥"一条,极其细枝末节,只有专业礼乐人员才会把这个规矩口口相传,后儒无从悬拟其事,也没有动机编造这样的细节。那么这条史料也可以证明,春秋典礼上确实有玉爵被使用着。《仪礼·士虞礼》中的废爵、足爵、缢爵,器名非常冷僻,后儒编不出来,应该有古老的来源。

又《礼记·祭统》"尸酢夫人执柄,夫人受尸执足"这一条也相当具体,只有身临其境、躬亲其事者方知其详。由此可以推测,《祭统》篇的作者是一位专业礼乐人员。那么,同时见于《祭统》篇,甚至就处在同一段落的"尸饮五""尸饮七""尸饮九",其可信度也大为提升,甚至就可以看成实录。进而,以主人的献宾用爵反推此前的献尸用爵,以及把《士虞礼》与《祭统》联系起来,论定"废、足、缢"三爵是有柄斗形爵,即便从史学视角看,也足以成为一家之言了。

礼家说天子及上公九献,侯伯七献,子男五献。这应该怎么认识

---

[1]《春秋左传正义》卷四八,阮本,第2084页下栏。
[2] 王国维:《观堂集林》卷三《说斝》,北京:中华书局1959年版,第146页。
[3] 许慎《说文解字》卷一上:"瓘,玉也。"第10页上栏。

呢？首先，九献、七献、五献、三献本身，在春秋飨礼上有案可稽。祭礼的规格，因主人的爵位而定，而飨礼不同，飨礼规格取决于客人的爵位。《左传》僖公二十二年，郑公享楚子，"楚子入享于郑，九献"。杜预注："用上公之礼，九献酒而礼毕。"孔疏："楚实子爵，以霸主自许，故郑以极礼待之。"[1]楚君位在子爵，郑国用九献"极礼"享楚君，事属"非礼"。《国语·晋语四》：晋公子重耳如楚，"楚成王以周礼享之，九献"。韦昭注："非礼敌，而设之如人君也。"[2]重耳只是公子，楚国用享国君之礼享公子，无疑也破格越礼了。《左传》昭公元年郑伯享晋国卿大夫赵孟："及享，具五献之笾豆于幕下。"杜预注："朝聘之制，大国之卿五献。"[3]似把这个五献看成正常礼制，孔疏却说这是"乱世之法"[4]。杨伯峻亦云："又《春官·典命》，公侯伯之卿皆三献。杜注此云'朝聘之制，大国之卿五献'，不知何据。"[5]若然，这次"五献"也有"非礼"之嫌。一方面春秋礼制日益繁密整齐了，另一方面僭越者反而随心所欲、上下其手，借以实现其政治目的。又据《左传》昭公六年，晋侯享鲁国季孙宿，其时季孙宿有"得贶不过三献"之辞，希望恪守卿大夫三献[6]。那么随心所欲、无视古制者也有，不忘初心、恪守旧礼者也有。外交场合的飨礼如此，国内祭祖礼也会有类似现象吧：或不惮奢僭，或不越雷池。

孔颖达疏说玉爵"或以玉为之，或饰之以玉"。这个说法也可以参诸实物。从出土实物看，通体玉质的玉杯的出现是很晚的，主要见于战国秦汉，参看图2。

---

[1]《春秋左传正义》卷一五，阮本，第1814页中栏。
[2]《国语》，上海古籍出版社1978年版，第352—353页。
[3]《春秋左传正义》卷四一，阮本，第2021页中栏。
[4]《礼记·乐记》孔疏："但春秋乱世之法，或有大夫五献者，故昭元年郑伯享赵孟'具五献之笾豆于幕下'，是乱世之法也。或者郑以公孤之礼享赵孟，故五献也。"阮本，第1534页下栏、第1535页上栏。
[5] 杨伯峻：《春秋左传注（修订本）》，北京：中华书局2016年版，第1209页。
[6]《春秋左传正义》卷四三，阮本，第2044页下栏。

图 2 若干战国秦汉玉杯
1. 双耳玉杯,战国或西汉。哈佛大学艺术馆藏。《海外遗珍·玉器(一)》,台北故宫博物院 1988 年版,第 67 页
2. 西汉玉卮。扬州博物馆、天长市博物馆编:《汉广陵国玉器》,北京:文物出版社 2003 年版,第 121 页,图版 98
3. 高足玉杯,战国晚期。刘云辉:《陕西出土东周玉器》,北京:文物出版社 2005 年版,第 219 页
4. 高足玉杯,战国或秦。广西壮族自治区博物馆:《广西贵县罗泊湾汉墓》,北京:文物出版社 1988 年版,彩版八
5. 高足玉杯,西汉前期。昭帝平陵陪葬墓。《中国出土玉器全集》14,北京:科学出版社 2005 年版,第 155 页

　　战国秦汉的玉质饮酒器,约有三种器形。图 2-1 中的双耳玉杯是觚形器。图 2-2 中的玉杯是卮形器。战国文献中已有了"白玉卮"的记载[1]。图 2-3、图 2-4、图 2-5 是高足玉杯。这些玉杯倒是都可

---

[1] 参看《韩非子·外储说右上》"今有白玉之卮而无当"。王先慎:《韩非子集解》,北京:中华书局 1998 年版,第 321 页。

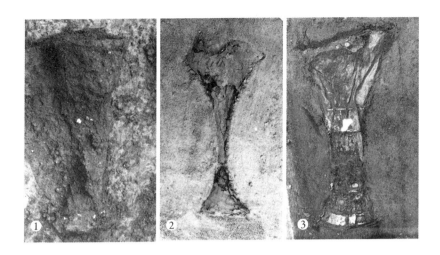

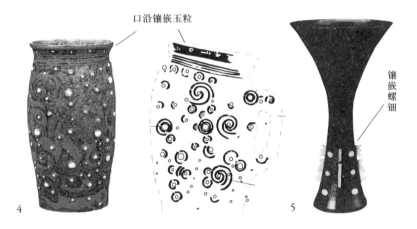

口沿镶嵌玉粒

镶嵌螺钿

图3 嵌玉漆木杯

1. 嵌玉高柄朱漆觚,良渚文化。浙江省文物考古研究所:《余杭瑶山良渚文化祭坛遗址发掘简报》,《文物》1988年第1期,第38页
2. 漆觚形器,夏家店文化下层。中国社会科学院考古研究所:《大甸子:夏家店下层文化遗址与墓地发掘报告》,北京:科学出版社1996年版,彩版二〇
3. 彩绘贴金嵌绿松石觚,西周。中国社会科学院考古研究所、北京市文物工作队琉璃河考古队:《1981—1983年琉璃河西周燕国墓地发掘简报》,《考古》1984年第5期,图版二3
4. 嵌玉漆杯复原及图案线描。浙江省文物考古研究所:《反山》,北京:文物出版社2005年版,下册第163页,彩版四——;上册第88页,图七四
5. 镶嵌螺钿雕漆觚复原,西周。楼明林:《琉璃河出土的漆器与复原》,收入北京市文物研究所编《北京文物与考古》第5辑,北京燕山出版社2002年版,第319页,图七

东周礼书所见玉爵辨 207

以称爵的。第1种作觚形，从器形说倒很古朴，但玉质的觚形器，尚没有战国之前的实物发现。第2、第3种出现太晚。杨建芳已指出，高柄玉杯是战国晚期才出现的，而且都有楚文化的特征[1]。

据本文第一节所述，春秋典礼与东周礼书中的玉爵，不应是通体玉质的爵，而应是饰玉的漆木爵。由考古资料所见，饰玉的漆木爵的出现相当之早。图3就是几个例子。

图3中的5例都是嵌玉漆木杯。除了图3-4那一件，其余都是觚形杯。第1件系我国已知最早的嵌玉漆器，在其杯体与圈足的接合部，镶嵌有一圈玉粒。同一遗址还发现了不少觚的朱红色漆皮和200余颗用于镶嵌的玉粒。图3-2那件觚出自大甸子墓地，此觚虽然未见镶嵌物，但同一遗址还发现了很多觚的漆膜残屑，黏附着松石片一同出土[2]，松石片即镶嵌物。图3-3那件觚出自琉璃河墓地，镶嵌绿松石。图3-4是筒形杯，其口沿与杯体上都镶嵌着玉粒。图3-5是琉璃河墓地另一件觚的复原品，嵌有螺钿。

早在新石器时代，带有嵌饰的筒形漆器就出现了。《礼记·明堂位》说"夏后氏以琖"，我推断琖是饰玉漆木杯，这个推断，从考古实物看也是有依据的。从商周到战国秦汉，漆器镶嵌都是广泛应用的工艺。镶嵌物多种多样，包括蚌片、蚌泡、绿松石、牙、骨、龟甲、石片、角片、金属箔片、玉片、玛瑙、水晶、琥珀、料器、珍珠等等。春秋漆木礼器转以彩绘为主了，但镶嵌之事仍不绝如缕。礼书中还能看到"象觚""象觯"，据说是饰以象骨的觚、觯[3]。那么漆木爵以玉为嵌饰，进而以"玉爵"为称，便有了很大

---

[1] 杨建芳：《论三件玉杯的年代、产地及其他相关问题》，《中国古玉研究论文集续集》，北京：文物出版社2012年版，第229—237页。
[2] 《大甸子：夏家店下层文化遗址与墓地发掘报告》，第853号墓、第905号墓、第931号墓等，第191、193页。
[3] 《仪礼·燕礼》郑玄注："象觚，觚有象骨饰也。"阮本，第1017页上栏。

的可能性。在此应向郑玄致敬：在那么多个世纪之后，他依然知道春秋典礼、东周礼书中的诸玉爵并不是通体玉质的，仅仅是饰玉的木爵而已。看来对先秦秦汉礼乐传统之延绵性，还要评估得更高一些才好。

郑玄还说璧散、璧角是"以璧饰其口"。从字面上，这可以理解为玉饰的位置集中在杯口的附近。这说法根据何在呢？在先秦考古发现中，倒是有一些漆木豆、漆木盒的实物或残片，恰好口沿下部有一圈嵌饰，以蚌泡为多。至于漆木饮器，笔者无力遍检，只看到一例而已，即图3-4那个筒形杯，其口沿下环绕着一圈玉粒，然而此器的时代太早，都早到史前了。

进而，《礼记·明堂位》孔疏在阐释璧散、璧角时称："璧是玉之形制。"《周礼·司尊彝》贾疏亦云："以瑶玉为璧形，以饰角、散。"[1] 孔疏、贾疏都说"瑶"指的是质料，"璧"指的是形状。众所周知，璧是扁平中空的环形玉器。用来装饰饮酒器璧散、璧角的"璧"是那种扁平中空的环形玉璧吗？可是，用那种环形玉璧装饰杯口，从实用看不便饮酒，从实物看未见其物。"璧形"之说恐不可以。另一可能，这个"璧"不是指器形，而是指某种用于镶嵌的玉料。

五　圭瓒、璋瓒与"废、足、缱"三爵：同形异名

天子祭祖九献，其一献、二献分别是天子初祼、王后亚祼。据《周礼》，周天子初祼用圭瓒，王后亚祼用璋瓒。圭瓒、璋瓒，也是两种饰玉饮酒器。我曾揭举周代酒器的"命名策略"这一论题，

---

[1] 分见《礼记正义》卷三一、《周礼注疏》卷二〇，阮本，第1489页上栏、第773页下栏。

提出周代礼乐人员除了因器形而定器名之外，为了行礼便利，还会依容量而定器名，依容物而定器名，因容酒状态而定器名。这样的命名策略，是非常实用主义的。与现代科学器物类型学的分类定名规则，相当不同。下面由圭瓒、璋瓒与"废、足、缱"三爵的关系，再为先秦实用主义的命名策略补充一条："依使用场合而定器名"。

流传下来的圭瓒、璋瓒图像，见于聂崇义《三礼图》，参看图4-1，二器都作斗勺之形。《左传》昭公十七年"若我用瓘斝、

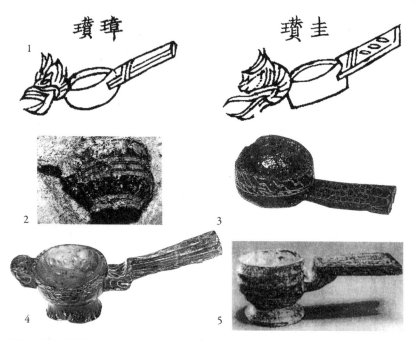

图4　瓒的相关图像
1. 璋瓒、圭瓒。聂崇义《新定三礼图》卷一四，中华再造善本宋淳熙二年镇江府学刻公文纸印本
2. 漆木斗，西周中期。翼城大河口墓。卢一：《论先秦礼器中的漆器传统》，《古代文明》第13卷，上海古籍出版社2019年版，第44页，图二五
3. 无足漆木斗，战国初。《中国漆器全集》，福州：福建美术出版社1997年版，第1册图版八一
4. 有柄漆木瓒，战国中期。湖北省九连墩2号墓出土。湖北省博物馆网站，http://www.hbww.org/Views/ArtGoodsDetail.aspx?PNo=Collection&No=CQMQ&Guid=9b791b5e-6654-4eb6-a30a-6a19a5deac83&Type=Detail
5. 玉瓒，战国。震旦艺术馆藏。孙庆伟：《周代祼礼的新证据——介绍震旦艺术博物馆新藏的两件战国玉瓒》，《中原文物》2005年第1期，第74页，图四

玉瓒"一句，杜预注谓"瓒，勺也"[1]。这种勺斗形容器的考古实物，有青铜的，有漆木的，有陶质的，也有玉质的。1976年陕西宝鸡出土的伯公父器，属西周晚期，是一件青铜斗形器。此器自名为"爵"，为此不少学者便认为，这种斗勺形器也是一种爵，它构成了三足爵之外的第二种爵，即斗形爵。当然又有学者提出，伯公父器应该称"瓒"，它自名的那个字，应该是"瓒"字，而不是"爵"字[2]。

对于瓒的形制，郑玄有论。《礼记·祭统》："君执圭瓒祼尸，大宗执璋瓒亚祼。"郑玄注："圭瓒、璋瓒，祼器也。圭、璋为柄。"[3]（据说大宗亚祼，只是夫人因故不能到场亚祼之时，由大宗代理而已。）又《礼记·明堂位》"灌用玉瓒大圭"郑玄注："瓒，形如槃，容五升，以大圭为柄，是谓圭瓒。"孔颖达疏："以玉饰瓒，故曰玉瓒也。"[4]若依郑注、孔疏，则所谓玉瓒，只是以玉为柄或以玉为饰的容器，跟诸玉爵一样，也不是通体玉质的。图4-5是两件通体玉质的玉瓒之一，出自战国后期。因系成对出土，推测也是用于祼礼的。而通体玉质的玉杯也是这时出现的。看来到了战国后期，通体玉质的献酒礼器开始成为时尚了，春秋时还不是这样。

又，聂氏《三礼图》圭瓒："后郑云：瓒如槃，大五升，口径八寸，深二寸。"又瓒槃："《典瑞》注云：《汉礼》，瓒大五升，口径八寸，下有槃，口径一尺。"（"《典瑞》注"即《周礼·春官·典瑞》郑玄注："《汉礼》，瓒槃大五升，口径八寸。下有槃，口径一尺。"[5]"瓒

---

[1]《春秋左传正义》卷四八，阮本，第2084页下栏。
[2] 贾连敏认为"白公父瓒，自名为瓒"，见其《古文字中的"祼"和"瓒"及相关问题》，《华夏考古》1998年第3期，第111页。李家浩也主张伯公父器自名为"瓒"，见其《包山二六六号简所记木器研究》，《国学研究》第2卷，北京大学出版社1994年版，第538—540页。林巳奈夫把此器归之为瓒。见其《殷周时代青铜器の研究》，東京：吉川宏文館1984年版，第129页。
[3]《礼记正义》卷四九，阮本，第1603页下栏。
[4]《礼记正义》卷三一，阮本，第1489页上栏。
[5]《周礼注疏》卷二〇，阮本，第777页中栏。

槃大五升"应作"瓒如槃,大五升",同于《三礼图》所引[1]。)郑玄所征引的《汉礼》,即叔孙通在汉初所作《汉礼器制度》。可知聂氏《三礼图》对瓒的描述,是可以通过郑玄,进而追溯到叔孙通那里去的。有人认为:郑玄生活在公元2世纪,离春秋战国太遥远了,所以他对瓒的阐述不可信。然而郑玄并不是自出心裁,他对瓒的解释来自叔孙通《汉礼器制度》。叔孙通的学养成于先秦,他对鲁国所藏三代礼器及孔氏家族所藏礼器,不会陌生。总之,《三礼图》把那种斗形器称为"瓒",并非聂氏的凿空悬想,他所提供的瓒的图像,其中含有《汉礼器制度》的历史信息,从而同先秦礼器传统联系起来了。

当然,来自先秦的"瓒"之信息,在传承中难免会出现扭曲失真。比如郑玄把"圭瓒"之圭说成是瓒的柄。对这一点,学者就多有质疑。孙庆伟提出,周代圭璋、璋瓒的"圭""璋",实际是指柄部的形状,其柄似圭的就称"圭瓒",其柄似璋的就称"璋瓒";扁平窄长尖首的玉则为圭,扁平长条形的玉版则为璋[2]。这个看法可成一说。臧振分析"瓒"之字形,认为"瓒"是"以郁鬯灌注盛于器之玉"[3]。方稚松亦云:"瓒字的字形是象将玉件置于'同'中"[4]。严志斌对文字与实物做综合分析,进一步提出"瓒"本指裸礼上放在饮酒器觚中的玉柄形器[5]。

---

[1]《周礼·典瑞》郑注引《汉礼》,其"瓒槃大五升"一句,除了阮刻本《周礼注疏》外,诸本皆然。(八行本,即宋两浙东路茶盐司刻宋元递修本《周礼疏》亦然。可参看《周礼注疏》卷二二,上海古籍出版社2010年版,第769页。)然而参看《三礼图》前文"后郑云:瓒如槃",便知"大五升"的是瓒,而不是瓒槃。瓒放在瓒槃的上面,瓒槃比瓒的口径大两寸,瓒口径八寸,瓒槃口径一尺。再看《礼记·明堂位》郑玄注:"瓒,形如槃,容五升。"参前。可证《典瑞》郑注的原文,或是"瓒如槃",或是"瓒,形如槃",却不会是"瓒槃"。此外参照聂氏所引,《汉礼器制度》在"口径八寸"之后,还应有"深二寸"之文。

[2] 孙庆伟:《周代裸礼的新证据》,《中原文物》2005年第1期,第74页。

[3] 臧振:《玉瓒考辨》,《考古与文物》2005年第1期,第31页。

[4] 方稚松:《释殷墟花园庄东地甲骨中的瓒、裸及相关诸字》,《中原文物》2007年第1期,第83—87页。

[5] 严志斌:《瓒爵辨》,《三代考古》七,第183—193页;《漆觚、圆陶片与柄形器》,《中国国家博物馆馆刊》2020年第1期,第6—22页。

把瓒释为玉柄形器而非盛酒容器,是一大突破。圭瓒与璋瓒之"圭""璋",由此就成了裸器中外形或质料有异的两种玉柄形器了。而斗形酌酒器与玉柄形器,从外观到用途差距甚大,哪一个是真的"瓒"呢?孙庆伟认为,"要论定此两器(按指两件战国玉瓒)的器名,似不宜单纯从字形上考察,铭文所揭示的器物功能及其伴出器物都是值得注意的依据",从功能及伴出器物看,斗形的伯公父器就属于"瓒"[1]。这一意见,也值得考虑。

现代科学的分类定名原则要求避免交集,不允许亦此亦彼。但生活中的器名却会因时因地而异,会发生词义转移、交叉与合并。来看一个平行的例子。从甲骨文和金文中的字形看,"爵"就是有流有柱的三足器。然而另有一个鬶字,被认为是爵字之繁体,由同、爵两个偏旁构成,上部"同"系筒形饮器之象形,所以鬶字就被说成"觚爵组合"的反映。这便意味着,由于爵与觚是配套使用的,那个繁体"爵"便以偏代全,把那觚包括在内了,实用中这样更为便利。如果礼乐人员这样说:"现在请使用那组爵与觚",听起来是比较啰唆冗赘的,若径云"现在请使用爵"就很简洁,双方心领神会,都知道那个"爵"实际是"爵+觚"。"爵"后来成了饮酒器之通名,觚正在"五爵"之列。

参以上例,便可以这样推想:就算"瓒"本指裸礼时置于觚(或斗)中的玉柄形器,但因瓒与觚(或斗)是配套使用的,"瓒"便以偏代全,把那觚(或斗)包括在内了,行礼时这样更为便利。如果礼乐人员这样说:"现在请使用那件盛着瓒的觚(或斗)",听起来是比较啰唆冗赘的,若径云"现在请使用瓒"就很简洁,双方心领神会,都知道那个"瓒"实际是"玉柄形器+觚"或"玉柄形器+斗"。称"瓒"而不称"觚"或"斗",是为了跟不盛"瓒"的觚或斗区别开来,"瓒"用于初献、亚献,觚用于三至九献。

---

[1] 孙庆伟:《周代裸礼的新证据》,第72页。

对伯公父器自名为"爵"这一点，学者有异说。有人认为它实际自名为"瓒"，而不是自名为"爵"。这样一来，"伯公父器那样的斗形器也是一种爵"的论点，便立足不稳了。因为这是唯一一件自称为"爵"的斗形器，属于孤证[1]。然而我已指出，《礼记·祭统》"尸酢夫人执柄，夫人受尸执足"一语，可证有柄有足的斗形器确曾用之如爵，且称为爵。又，《仪礼》中的废爵、足爵、繶爵，我已证明它们都是有柄斗形爵。则"斗形器也是一种爵"依然有效。又《礼记·王制》郑玄注："圭瓒，鬯爵也。"[2]"爵"可以是饮酒器的泛称。在古人概念中，"爵"可以把"瓒"包含在内，用来盛鬯酒行裸礼的瓒，可称"鬯爵"。

伯公父器上有"用献，用酌，用享，用孝"的铭文，这句铭文，等于器物用途的说明书。"用酌"被释为酌酒，这时其功能同于斗、勺之类酌酒器。"用献"，应包括用于裸礼献尸，这时它相当于圭瓒、璋瓒；以及在士虞礼等典礼上用于献尸，这时它相当于"废、足、繶"三爵。同一种有柄斗形爵，用于酌酒则可称"斗"称"勺"，用于裸礼献尸则称"瓒"，用于士虞礼等典礼献尸又可以称"爵"，其名称可以随行礼场合的变化而变化，这一情况，应该引起人们的关注。

陈晓明在讨论裸礼时，先已触及这种"因使用场合而定器名"的命名策略了：

> 其实，对于瓒与勺、斗，我们大可不必强为之别。周代当某些日常器具被用于宗庙祭祀的时候，通常被赋予新的名称。《礼记·曲礼下》载："凡祭宗庙之礼，牛曰一元大武，豕曰刚鬣，豚

---

[1] 当然，仍有学者坚持伯公父器的自名为"爵"。如严志斌说：那个自名之字是"爵"字，"是确不可易的，故而将伯公父勺（或伯公父爵）改称'伯公父瓒'是不妥的"。《瓒爵辨》，《三代考古》七，北京：科学出版社2017年版，第188页。
[2]《礼记正义》卷一二，阮本，第1332页中栏。

曰脂肥，羊曰柔毛，鸡曰翰音，犬曰羹献，雉曰疏趾，兔曰明视，脯曰尹祭，槁鱼曰商祭，鲜鱼曰脡祭，水曰清涤，酒曰清酌，黍曰芗合，粱曰芗萁，稷曰明粢，稻曰嘉蔬，韭曰丰本，盐曰咸鹾，玉曰嘉玉，币曰量币。"由此推断，则勺、斗被用于祭祀场合，当作赞助祼礼的器具，则可能被冠以特殊之名——"瓒"。[1]

陈晓明指出，同一事物，到了祭祀场合则称谓有异。其说甚是。对这个论点，沈薇、李修松也表赞成[2]。伯公父器自名所用的那个字，究竟是"爵"还是"瓒"，有待于更多相关器物自名被发现，再由古文字、古器物研究者裁定。但有一点已很明确了：斗形器在用为礼器时，是既可称"勺"称"斗"，也可以称"瓒"，甚至称"爵"的，视行礼的场合而定。这就是"因使用场合而定器名"了。《礼记·曲礼》所记载的那种祭宗庙时的名称变换，究其目的，是想通过与日常不同的名称，来加重祭祀的神秘感、神圣性。斗形器的器名变换，除了增加行礼便利，可能也有类似的用意。

由此想来，"五爵"之所以称爵、觚、觯、角、散，除了简便之外，可能也有场合因素。

要通过器名来区分容量，本有另一命名策略可供采用，即直接以容量命名。长沙马王堆汉墓中的遣策上，便列有"𮍛布小卮""二升卮""七升卮""斗卮"等饮酒器名[3]，其容量一望即知。又《急就篇》："蠡升参升半卮觛。"[4]这话中含有四种饮酒器：1.蠡升，为容

---

[1] 陈晓明：《祼礼用玉考》，《鸡西大学学报》2011年第8期，第130—131页。
[2] 沈薇、李修松：《祼礼与实物资料中的"瓒"：试以〈周礼〉资料分析》，《中原文物》2014年第5期，第80页。
[3] 湖南省博物馆、中国科学院考古研究所：《长沙马王堆一号汉墓》，北京：文物出版社1973年版，上集第82页。湖南省博物馆、湖南省文物考古研究所：《长沙马王堆二三号汉墓》，北京：文物出版社2004年版，第123—124页。
[4] 史游：《急就篇》卷三。张传官：《急就篇校理》，北京：中华书局2017年版，第215页。

量一升之勺；2."参升"，即容量三升之卮；3."半"，即一斗之半，亦即容量五升之卮；4.觛，应系容量一升之卮[1]。所谓"参升"，所谓"半"，都直接以容量为名。

然而"五爵"并没有采用上述命名策略，没有直接以容量或"容量＋器形"来构造器名。究其原因，除了一个字的器名更简便之外，还有另一可能：日常家用的筒形杯可以直接以容量为称，一旦进入宗庙或庠序，也就是用到典礼之上，就改以爵、觚、觯、角、斝为称了，这个做法，足以引发仪式感，唤起敬畏感，那些历史悠久、历经沧桑的传统礼器之名，立竿见影地让人意识到"这是一个与众不同的日子""这是一次意义非凡的活动"，为此肃然起敬，古雅、隆重、崇高、神圣的情绪，在心底油然而生。

这便触发了我的又一奇想：汉代的那些平时以"若干升"容量命名的酒卮，即以"蠡升""𥁕布小卮""二升卮""参升""半"等为称的酒卮，一旦用于祭祀、乡饮等典礼，用为礼器了，会不会就改称爵、觚、觯、角、散了呢？进而在春秋"五爵"时代，也会有类似现象吗？虽然我手头上尚没有资料可以证实这个奇想，但我仍认为这种可能性不能完全排除。

---

[1] 旧注以饮酒器容量释《急就篇》此文，是。《急就篇》颜师古注："半者，容二升五合也。"王应麟补注："半者，散之半也。"按"五爵"容量，散五升，一半就是二升五合了。管振邦依颜氏、王氏，取二升五合之说（《颜注急就篇译释》，南京大学出版社2009年版，第142页）。据吴慧所考，秦朝量米的量器，有斗量、半斗量、三分之一斗量、二升半量、升量之别（《计量研究中的度量衡问题》，收入《中国经济史若干问题的计量研究》，福州：福建人民出版社2009年版，第413页）。可见"二升半"还真的就构成了一个特定容量标度。然而吴慧也指出，用于量米的量器等差，与秦国的口粮分配制度有关。那么。"二升半"只对发放口粮有意义。而《急就篇》不同，"蠡升参升半卮觛"所述，显系饮酒器，对饮酒器来说，"二升半"的容量没有意义。所以这个"半"解为一斗之半即五升较好。秦简中的"旦半""半食"，即指1/2斗口粮。又《史记》卷七《项羽本纪》集解引徐广："半，五升器名。"又引王劭："半。量器名，容半升。"（北京：中华书局2014年版，点校修订本，第388页）升、斗二字常常混淆，王劭所说的这个"半升"必为"半斗"之讹。至于我把"觛"推定为一升之器，是因为"觛，小卮也"（《说文解字》卷四下，北京：中华书局1963年版，第94页上栏）。

削觚·觚名·觚棱
——先秦礼器觚片论

一　削觚：青铜觚与漆木觚

《论语·雍也》："子曰：觚不觚，觚哉！觚哉！"孔子所为之感慨的这个"觚"，今人通常释为青铜酒觚。例如杨伯峻这样注释："觚，音孤，gū，古代盛酒的器皿，腹部作四条棱角，足部也作四条棱角。"[1] 这就是以青铜酒觚为释。这种觚以扉棱为特点，青铜圆觚会有四条扉棱，青铜方觚还会有八条扉棱，参看后文图1。

汉宋注疏也是把孔子所说的这个"觚"释为酒觚的。北宋姚宽却另造新说。他在《太平御览》中读到了这么一条史料："孔子曰，削觚而志有所念，觚不时成。故曰'觚哉！觚哉！'"于是他提出"觚，木简也"，随即还引用《急就篇》颜师古注以证之："觚者，学书之牍，削木为之。"[2] 姚宽大概觉得青铜酒觚不能削，木简木牍才可以削，所以孔子所削的应是木简木牍吧。

明人杨慎却说木简不能削，酒觚才可以削："酒觚可削而圆，木简不可削而圆也。木简而规圆，岂不成赶（同擀）面杖邪？"酒觚怎么"削而圆"呢？青铜觚的腹部有四棱，"腹之四棱，削之可以为

---

[1] 杨伯峻：《论语译注》，北京：中华书局1980年版，第62页。
[2] 姚宽：《西溪丛语》卷上，北京：中华书局1993年版，第23页。"孔子曰削觚云云"见于《太平御览》卷七六一，北京：中华书局1960年版，第4册第3377页上栏。这段文字原出《论语郑氏注》，参看阿斯塔那唐写本《论语郑氏注》残卷，唐长孺主编：《吐鲁番出土文书》，北京：文物出版社1996年版，第4册第154页、第171页。

圆。故《史记》云'破觚为圆'也"[1]。可知杨慎所谓的"可削",不是就材质,而是就形制、功能而言:木简削去了棱就成圆柱了,不适合书写了;铜觚呢?把它的四棱去掉,盛酒功能毫发无损。

刘宝楠又根据《三礼图》与《周礼·考工记》,指《宣和博古图》中的四棱铜觚为伪作:"聂崇义《三礼图》谓觚用木。惟用木,故《考工》梓人制之。《宣和博古图》载商周觚三十五,其形如今铜花瓶,而腹起四棱,与《礼注》不合。且皆以金为之,则非梓人所司,后世伪作,此无疑矣。"[2]查《考工记·梓人》:"梓人为饮器。勺一升,爵一升,觚三升。献以爵而酬以觚。"[3]梓人是七种"攻木之工"之一,也就是木匠,他造的爵、觚都是削木而成的。为此,对孔子所见之觚,刘宝楠就论定为木酒觚,否定其为铜酒觚。

宋人沈括态度相反:"或曰:《礼图》樽、彝皆以木为之,未闻用铜者。此亦未可质。如今人得古铜樽者极多,安得言无?"[4]"未可质"就是不可信的意思。宋人搜集了大量商周青铜礼器,包括青铜酒器,有物为证,眼见为实,金石学因而突飞猛进,随即便拿礼书中的器名,为那些青铜器定名,礼书中的礼器就被弄成青铜器了。然而先秦礼书所见、注疏家所论、礼图所画酒器,又大抵都是漆木器。沈括那段话的背景,就是方兴未艾的铜礼器与木礼器之争。

在聂崇义《三礼图》中,"六尊"献尊、象尊、著尊、壶尊、太尊、山尊,"六彝"鸡彝、鸟彝、斝彝、黄彝、虎彝、蜼彝,"五爵"爵、觚、觯、角、散(散即斝,后文径称斝)等,都被说成木器,言之凿凿。其书叙述礼器,"用木""刻木""以木为之"的字样屡屡而有;若称某种器物"漆赤中""刻画",那也是视为木器的。"漆赤

---

[1] 杨慎:《丹铅续录》卷一"觚不觚觚哉觚哉",北京:中华书局1985年版,第30页。
[2] 刘宝楠:《论语正义》,北京:中华书局1990年版,第240—241页。
[3] 《周礼注疏》卷四一,阮本,第925页下栏。
[4] 沈括:《梦溪笔谈》卷一九。胡道静:《梦溪笔谈校证》,上海人民出版社2011年版,第465页。

中"意谓漆器内壁涂成赤色。汉末梁正、阮谌的《礼图》称爵"漆赤中",那就是漆木爵了[1]。铜器虽可以"刻",但不能"画",能同时"刻画"的就是木器。《毛诗正义》:"(罍)言刻画,则用木矣,故《礼图》依《制度》云刻木为之。"[2]此《礼图》系郑玄《礼图》(否则会明标阮谌《礼图》),《制度》即叔孙通《汉礼器制度》。那么早在郑玄、叔孙通那里,罍就被说成是木制的了。汉唐间经师又云,用作罚爵的觥,其实也是木制的:"先师说云:刻木为之。形似兕角。盖无兕者,用木也。"[3]把先秦礼书中所见的诸多礼器,特别是酒器说成木器,自汉已然了。礼家满眼漆木酒器,而金石家满眼青铜酒器,孰是孰非呢?

在上世纪30年代,高本汉指出了这样一场变动:方鼎、鬲鼎、觚、爵、尊、卣等青铜器物,自公元前947年以后(按即周穆王卒年),就不再用青铜铸造了;周中期以后的文献中名为"觚""尊""爵"的那些容器,显然已不像人们所相信的那样,仍是严格意义的专名了;那些器名业已泛化到了多种日常用具上去,不一定是专用品;而且未必是铜制品,已变成木制品和陶制品了[4]。

高本汉这些论述,给了李济一个巨大震撼:"这个扫荡式的论断与近代考古学的发现,实际上可以扣合到什么程度,是一个尚须大量的小心工作方能解决的问题。……所谓'爵''觚''尊'等等,

---

[1] 聂崇义《三礼图集注》卷一二:"爵,刻木为之,漆赤中","旧《图》亦云画赤云气"。这份"旧《图》"就是梁正、阮谌的《礼图》。可参《三礼图集注》卷一四玉爵:"案梁正、阮氏《图》云,爵尾长六寸,博二寸,傅翼,方足,漆赤中,画赤云气。"《景印文渊阁四库全书》,台北:台湾商务印书馆1986年版,第129册第166页下栏、第209页下栏。

[2]《毛诗正义》卷一,阮本,第278页上栏。

[3] 同上书,第278页中栏。

[4] 高本汉:《中国青铜器中的殷与周》,《远东古物博物馆学报》第8份,1935年,第143页。(B. Karlgren: "Yin and Chou in Chinese Bronzes." *Bulletin of the Museum of Far Eastern Antiquities*, No.8, Stockholm, 1935, p.143.)

所指的是哪一种形制的实物？周朝人，汉朝人，宋朝人，清朝人以至现代的中外学者，所用的同样的名词是否准确地也指同样的器？这个大前提不解决，高本汉教授推断的价值是没法估计的。"[1]

高本汉这个"扫荡式的论断"，其要点有二：第一，周初以后，一批青铜容器退出了历史舞台，木器、陶器取而代之；第二，这个事件随即带来了一场器名变迁，东周文献中的那些器名，所指已非昔日之旧了。假若高本汉之说能够成立，则先秦古礼器的现有称谓体系，就可能需要调整修订了。因为目前的礼器称谓，被默认为夏商周一脉相承，未曾发生器名变迁。而如周初之后真有一场器名变迁，则"同样的名词是否准确地也指同样的器"，就有疑问了。

本文也相信，周初一批青铜器的"集体退役"事件，推动了青铜酒器和漆木酒器之间的此消彼长，同时还触发了一场酒器的"器名大革命"。当然，"器名大革命"是我的夸张说法，修辞而已。眼下还是先看第一点，即从铜器到木器的变化。郭宝钧："殷商盛用的爵、觚、斝、觯、角到西周中叶即中绝"，"但《仪礼》中宾主酬酢之间，仍记饮器，这些饮器，当已改铜用木了。……是铜酒器虽绝，而木酒器并未尽绝"[2]。又马承源："西周觚趋向衰落，很可能用漆木觚替代了青铜觚，考古发掘中已有此现象。"[3]

商周初青铜礼器占尽优势。而从东周看，高贵精巧的漆木礼器转成时尚。由《考工记》所见，饮酒器由木工梓人制造，已变为木器了。孔子还有"削觚"之辞："削觚而志有所念觚，不时成。"[4]此语当有所本，应出自削木为觚、削木为觚的那个时代，也就是孔子生活的时代。《盐铁论·殊路》解说"觚不觚"："故人事加则

---

[1] 李济：《记小屯出土之青铜器》，《中国考古学报》第3册，北京：商务印书馆1948年版，第81页。
[2] 郭宝钧：《商周铜器群综合研究》，北京：文物出版社1981年版，第121、144页。
[3] 马承源主编：《中国青铜器》，上海古籍出版社1988年版，第185页。
[4] 《太平御览》卷七六一《器物部》引，第3377页上栏。

为宗庙器，否则斯养之爨材。"王利器因云："盖觚以木为之，言木加以人事刻镂则为觚，荐之宗庙；否则为弃材，斯养取以为薪给爨烹而已。"[1]宗庙祭祀之所用，已是木觚了。战国秦汉的漆木礼器之盛，可以从如下记载中看到："百年之木，破为牺樽，青黄而文之"[2]；"禹作为祭器，墨漆其外，而朱画其内"[3]；"（木材）大者治罇，小者治觞，饰以丹漆，歠以明光，上备大牢，春秋礼庠"[4]；"唯瑚琏、觞、豆而后雕文彤漆"，"夫一文杯得铜杯十"[5]。漆木器广泛用于各种典礼。精美的漆木杯，其价值可以是铜杯的十倍。

当然在这时候，还必须把林沄的如下论断纳入考虑："中国先秦时代考古发现的饮酒器虽多为青铜铸造，从铭文来看大多是宗庙供设的祭器。贵族中实用的酒杯恐怕是以漆觚为主，只是易朽而不容易保存至今。"[6]根据林沄的意见，铜觚、木觚之异，还包括二者并行不悖，但使用场合有异的情形，比如说，沉重庞大的青铜酒觚用于宗庙陈设，轻巧精美的漆木酒觚用于日常生活。到了西周前期，一批青铜酒器"集体退役"了，此后就连宗庙陈设的酒器，包括孔子所感叹的觚，也逐渐变成漆木器了，所谓"人事加则为宗庙器"。

在较早的礼学辞典、礼书注释中，"觚不觚"之觚，以及"五爵"爵、觯、角、斝等，还有其他很多礼器，往往被释为青铜器。然而随考古推进，青铜器和漆木器的此起彼伏已现出轮廓，有些礼书注译或应重新推敲，许多被释为青铜器的礼器，现在看来酌情改释漆木器，也许更好。

---

[1] 王利器：《盐铁论校注》，北京：中华书局1992年版，第273、282—283页。
[2] 《庄子·天地》。郭庆藩：《庄子集释》，北京：中华书局1985年版，第453页。
[3] 《韩非子·十过》。王先慎：《韩非子集解》，北京：中华书局1998年版，第71页。
[4] 《新语·资质》。王利器：《新语校注》，北京：中华书局1986年版，第102页。
[5] 《盐铁论·散不足》。王利器：《盐铁论校注》，第351页。
[6] 林沄：《古代的酒杯》，《中国典籍与文化》1995年第4期，第31页。

二 从"五器"到"五爵":器物组合与相对容积

高本汉察觉到了周初一批青铜容器之"集体退役",还曾触发了一场器名变动,其眼光可称敏锐。这就意味着东周文献所见酒器之名,可能另有所指,并不一定是商周初的青铜原物之名了。可想而知,若其说不误,确有其事,那将影响很多东周文献的译注和论著的相关叙述,在那些叙述中,夏商周三代礼器之名一脉相承,东周文献中的器名直接对应着商代某一青铜器。而从高本汉出发,则商周初的青铜酒器本名是什么,东周礼书中的酒器又是什么,就需要先分为二事,再综合考虑了。

对那场可能发生过的器名变动,高本汉一时所能指出的只是器名之泛化,即旧有礼器之名扩大到日常用具之上了。而笔者近期提出了一个理论,或可把高本汉的论点推进很大一步。我用"从'五器'到'五爵'的转型",把那场酒器的"器名大革命"具体化了,其关键词是"容量化器名"。详下。

商周初的爵、觚、觯、角、斚,本来对应着五种器形——为此可以名为"五器"。在青铜"五器"不再铸造之后,爵、觚、觯、角、斚这些器名投胎转世了:东周礼乐人员把它们拿过来,分别转指一升、二升、三升、四升、五升之五等酒爵,以此来贯彻"以小为贵"的礼制原则,给礼乐工作增加便利度。爵、觚、觯、角、斚之名,由此"容量化"了。"五爵"都是漆木器,并非青铜器;它们外形相同,全是筒形杯或觚形杯,仅容量有五等之别而已。概而言之,"器名大革命"的内容之一,就是从"五器"转化为"五爵";这并不仅仅是"器名泛化",还包含着"称谓原理"的转型——五个器名由器形之称,变成容量之称了。这么大的变化,我觉得够得上

"革命"二字了[1]。

若干青铜礼器不再铸造,同时漆木礼器取而代之,这两个事件此消彼长,看上去具有相关性,甚至是因果关系。也就是说,转而偏好漆木礼器,就是"不再铸造"的原因之一。

进而三足青铜爵、角、斝之不再铸造,还意味着一种器形的消亡。这就值得深究了。特殊器形必然对应着特殊用途。三足器应涉及一种特殊饮酒礼俗,那种礼俗变了、消亡了,三足酒器就用不着了。赘言之,器形消亡,事涉礼俗变迁。

较早时候学者已提出,三足器的功能是煮酒或温酒,出土实物外底的烟炱、内里的水锈就是证据[2]。爵柱的用途,被认为是便于在加热后用筷子提持[3]。当然也有人质疑说,有烟炱痕迹的爵仅20多件,只占出土铜爵的1/30。但这不足以否定爵的温酒功能吧。好比我家厨房此刻只有二三个盘碗有饭菜痕迹,只占盘碗总数的1/10,但这不等于其余9/10的盘碗不用于盛饭盛菜,只用来摆样子。

傅晔分析了爵各部件的功能,认为爵是用来滤酒的[4]。张光裕也根据一件青铜爵内插着一支柶,而判断那个柶用于在酌醴酒时滤去糟滓,还指出在《仪礼》中,柶与勺、觯配套,其功能仍是滤酒[5]。温酒与滤酒似不一定冲突,二者可以兼而有之。爵之三足,就是便

---

[1] 拙作:《礼书"五爵"的称谓原理:容量化器名》,原刊《史学月刊》2019年第7期,第12—28页,已收入本书。
[2] 容庚、张维持:"父乙爵腹下有烟炱痕,可知是煮酒器","角下有三足,且常有盖,便于置火上以温酒,故与爵同为煮酒器";"斝有三足,且多中空,其用处是以温酒,与角、爵同"。见其《殷周青铜器通论》,北京:科学出版社1958年版,第43—45页。又朱凤瀚:"出土斝中,外底多有烟熏痕迹,内里有白色水锈","说明斝确是用以受热温酒的酒器"。见其《中国青铜器综论》,上海古籍出版社2009年版,第168—169页。
[3] 傅晔:《金爵新论》,《文博》1992年第4期,第41页。按,容庚、张维持也认为,"柱"是把持用的:"两柱是当爵受热时,一边用手把持举起的,其作用和鼎的两直耳相近。"出处同前注。
[4] 傅晔:《金爵新论》,第39—40页。
[5] 张光裕:《从新见材料谈〈仪礼〉饮酒礼中之醴柶及所用酒器问题》,《文物》2013年第12期,第67、69页。

于置之火上的。小篆爵字从鬯，鬯是一种香酒。贾洪波认为，约在二里岗上层晚期，爵逐渐与斝建立起组合关系了，可能已固定地用来温酒了；至殷墟时期，爵又用于调煮珍贵的香酒[1]。近年孙机又提出，三足爵是用来加热鬯酒的，用于歆、祼，即以鬯酒沸腾时的芬芳蒸汽享神，以及灌地以礼神[2]。

祼礼的仪节资料，主要出自东周礼书。(《诗》《书》中只是偶见其事。)然而早在西周中期，三足青铜爵就绝迹了，所以东周礼书中所记歆、祼，不可能使用这种三足青铜爵。我确信，礼书中没有一处"爵"字是三足爵。那么，若想把三足青铜爵的功能解释为加热鬯酒，就只能以斗形爵为中介，间接地向前推了。斗形爵若用于祭祀，则可以称"瓒"，据说周王用圭瓒祼尸，王后用璋瓒祼尸。《说文解字》所说的"中有鬯酒"的爵，就是斗形爵。然而东周礼器，包括"瓒"这样的斗形器，大多是漆木器，用火烧就烧坏了，假设歆、祼要使用煮沸的热鬯，那也是其他铜器煮沸的，而不是漆木瓒煮沸的。西周后期的伯公父斗有"用酌"功能，可以称"瓒"，若用它来祼尸，倒是可以直接煮鬯的，因为它是青铜器，烧不坏。然而这仍需检索礼书，看一看有无歆、祼时用火烧瓒的记载。

青铜三足爵是用于温酒、滤酒还是用于煮鬯歆祼，仍有待专家探讨。本人并不是文物考古学的专业研究者，乐于随时改从新说，只要那个新说同时符合以下两点：

  1. 它应能解释爵与斝如何组合配套，在功能上"分工合作"。
  2. 它应能解释为何三足器消歇了，与之配套的觚形杯却延续下去了。

---

[1] 贾洪波：《爵用新考》，《中原文物》1998年第3期，第38页。
[2] 孙机：《说爵》，《文物》2019年第5期，第43页。

无论如何，务请注意这样一点：三足青铜酒器的消亡，意味着某种礼俗的消亡。正因为那种礼俗已消亡了，所以三足爵弃而不用了，所以在礼书中找不到三足爵的踪影了。

"爵＋觚组合"是商周初最重要的酒器组合。早在二里头文化中，陶盉、陶爵、陶觚就有配套使用的迹象了，盉以盛酒，爵以温酒，觚以饮酒。自商中期以来，"爵＋觚"的组合是最常见的随葬品，就连平民小墓往往也有一陶爵一陶觚，或二陶爵二陶觚[1]，已成日常生活用品了。爵与觚如影随形，其间必有一种各尽其用又相得益彰的关系。目前看，把三足爵释为温酒器稍优，这可以同时满足上述两点：爵以温酒，觚以饮酒，分工合作，珠联璧合。

然而温酒大约是夏族、商族的习俗，周王朝创立前后，跟着时髦了一下，不久就兴趣索然，不温酒了。于是三足爵就用不到了，不铸造了。假如温酒是周族的原生礼俗的话，那么它会发展，会变异，却不会轻易消失。所以我认为，对周人来说，温酒礼俗及三足温酒器都是外来的，是从商族那里移植的。

据杜金鹏所考，三足陶爵先于三足铜爵而出现，铜爵最初是仿照陶爵制造出来的[2]。而"今知陶爵的起源，主要发生在豫西、豫北的龙山文化晚期，是在夏代的夏族和商族居住区内大致同时萌生的，夏商两族在文化上的密切与相近，由此可见一斑。迄今为止，还没有在先周文化中发现陶爵，尽管此时陶爵在商族墓葬中十分流行，且周人的中上层已在使用铜爵。这应是商、周两族文化的一个重要区别"[3]。

---

[1] 宋镇豪：《夏商社会生活史》，北京：中国社会科学出版社1994年版，第284页。例如，1969—1977年殷墟西区发掘了939座墓，出土陶觚、陶爵的多达508座，出土铜或铅觚、铜或铅爵的67座，合占近3/5。其中第八墓区的55座墓中，有49座出土了觚、爵。
[2] 杜金鹏：《铜爵研究》，收入《夏商周考古学研究》，北京：科学出版社2007年版，第773页。
[3] 同上书，第709页。

这里有一个关键性的事实：陶爵是源，铜爵是流，前者要比后者早几百年。既然先周文化中没发现陶爵，那就可以推断：三足爵的起源与周族无关，三足青铜爵对于周族是"舶来品"。而这就强化了我方才的论断：温酒的礼俗最初与周族无关，也是来自商族的。由《酒诰》等文献可知，周人对饮酒非常在意，认为酒既可以降神，也可以亡国。我猜想商族那种温酒的喝法，很容易导致纵酒，所以周人先时髦了一阵，后来就必欲废之而后快了。"五爵"礼制的发展，也应与此相关。"以小为贵"，即一升者最贵、五升者最卑，意味着权贵在节酒上必须身先士卒，为人表率。这就推动了饮酒礼器的变化。在当时的信息及交通条件下，礼俗的改变不会太快。大概用了几十年时间，各地逐渐都不温酒，也不铸造三足青铜温酒器了。青铜觚、青铜觯虽也不铸造了，然而饮酒礼还是有的，祭祀时酒还是要献的，所以觚、觯的器形，通过漆木筒形杯而延续下去了。

孙机不赞成三足青铜爵用于温酒之说，其主要理由之一，是古人饮冷酒："但古人通常喝的是冷酒，《诗·豳风·七月》：'为此春酒，以介眉寿。'毛传：'春酒，冻醪也。'《楚辞·大招》：'四酎并孰，不涩嗌只。清馨冻饮，不歠役只。'王逸注：'冻犹寒也。'湖北随州曾侯乙墓所出大冰鉴中固定着贮酒的方缶，可作为古人饮冷酒的实物证据。……这一点清代的经学家已然悉知。皮锡瑞《经学通论》卷二《论古宫室衣冠饮食不与今同》一文中说古'酒新酿冷饮'，自是其读书有得之见。故上古时之饮酒器上无须安排加热的设施。"[1] 孙机提示先秦存在着"饮冷酒"的习俗，这一点确实很有启发。这问题也许可以这样认识：夏人、商人才温酒，三足青铜爵就是干这个的；周人一度效颦，不久就放弃了。《豳风·七月》中的"春酒"若真是"冻醪"，那便是周族旧俗了。在放弃了温酒的做法

---

[1] 孙机:《说爵》，第41—42页。

之后，周人不忘初心，又恢复了饮冷酒的旧俗，并把它逐渐普及到各地了，包括楚辞由之发源的楚地。

随温酒之法及三足青铜温酒器被放弃，礼乐人员采用了来自商人的、业已失效的爵、角、斝器名，与觚、觯组合，为一升、二升、三升、四升、五升的酒杯命名。古文字提供的信息，也能旁证器名与器形的对应关系曾发生过变化。甲骨文是商族发明的，"爵"字是一个很清晰的有流有柱三足器的形象，此乃商礼器之形[1]。然而在东周，"爵"是斗形饮酒器与筒形饮酒器之称，字形与器名两相乖戾。甲骨文中的"斝"字原先也是三足器形象[2]，到了"五爵"时代，也面目全非了。附带说，"瓒"字也是如此，甲骨文中的这个字，本是放在祼器中的玉柄形器之形[3]，这是殷人观念。但东周典礼上的"瓒"，其所指称的，已是用于祼礼的斗形爵了。

考古研究又告诉我们，商代"爵＋觚组合"占主流地位，而至殷墟末期，"爵＋觯组合"与日俱增，还有二爵配一觚一觯的情况。进入早周，觯在青铜酒器中已经多达30%，觚则降到了11%。"爵＋觯组合"后来居上，居然有夺席之势。除此之外，商周初还有"角＋觚""斝＋觚"组合存在着。它们在总体上，向我们展示了一种"三足器＋筒形器"的组合关系。这就很神奇了：商周初的酒器组合，事涉五种器物；礼书"五爵"恰好也是五器，名为爵、觚、觯、角、散（斝）；而曾与觚、觯相组合的那三种三足器，恰好就是宋人命名

---

[1] 朱凤瀚认为："今天通称为'爵'的商周铜器，其名称与'爵'字显示的器型特征是相合的，即是说将此种器类定名为'爵'还是名实相符的。"见《中国古代青铜器》，天津：南开大学出版社1995年版，第89页。

[2] 罗振玉：《殷虚书契考释·文字第五》，《殷虚书契考释三种》，北京：中华书局2006年版，第183、457页。王国维：《观堂集林》卷三《说斝》，北京：中华书局1959年版，第145—147页。李零：斝"名字是宋人起的，但器形与商代甲骨文中的'斝'字相像，定为'斝'还是有一定道理"。《关于铜器分类的思考——自其不变而观之》，收入《入山与出塞》，北京：文物出版社2004年版，第255页。

[3] 参看贾连敏、万红丽、臧振、方稚松、严志斌等学者的相关讨论。

的爵、角、斝。

总之,我找到了这样一个特殊视角:由组合关系来验证"五爵"与"五器"。其结论是,宋人拿礼书"五爵"为商周"五器"的命名,准确度颇高!无论如何,周代礼乐人员是着眼于上述组合关系,来为五等漆木筒形杯命名的。之所以选用爵、角、斝三名,而不是其他什么酒器之名,与觚、觯一道为五等容量命名,是因为在此之前,爵、角、斝与觚、觯原已存在器物组合关系,这五器本来就是分工合作的。好比当年的老同学现在要合伙开公司,一拍即合,"将缋来比素,新人不如故"。

组合关系,是建构"五爵"礼制的一个依据。此外,"相对容积"构成了另一个依据。

下面再看五等容量的形成。对礼书所见五等容量之说,李济曾尝试证实或证伪。他对殷墟小屯出土的 18 对"爵—觚"组合进行测量,比较它们的容积。进而又做了爵与觯的容积对比,爵与斝的容积对比[1]。李济的两份表格直接搬用,稍嫌复杂,所以我把它们简化为表 1。

表 1 爵、觚、觯、斝相对容积

爵形器	觚形器	觯形器	斝形器
1	最小 1∶1.4 1∶2.1—2.5 占多数 最大 1∶4.4	1∶2.3 1∶3.0	最小 1∶5.4 1∶10 近半数 最大 1∶26.7

如何看待这些测量结果呢?首先,李济所用资料是殷墟小屯的青铜酒器,而爵一升、觚二升……之说,却是春秋时漆木杯的使用礼俗。因晚商与春秋之异、殷礼与周礼之异、青铜器与漆木器之异,李济的测量结果,不能直接用来证实或证伪"五爵"容量。

---

[1] 李济:《记小屯出土之青铜器》,第 79、83 页,表十四、表十六。

然而若变换思路，善加利用，这份统计仍有价值。觚与爵的容积之比，以 2.1 倍到 2.5 倍者居多，则爵的容积较小，觚的容积较大；觯比爵大 2.3 倍或 3.0 倍，则觯又比觚更大一些。斝比爵大 5.4 倍到 26.7 倍，看来斝容积最大。虽然四器容积的绝对比值，与"五爵"容量等差并不一一对应，即，觚的容积并不一定正好是爵的 2 倍[1]，觯的容积并不一定正好是爵的 3 倍，斝的容积也并不一定正好是爵的 5 倍，然而大小次序却没有错乱，即斝大于觯，觯大于觚，觚大于爵。反过来就是爵小于觚，觚小于觯，觯小于斝。

为此我猜想，"五爵"由小到大的排序，应同商周礼乐人员对"五器"容积的传统认知相去不远。不妨想象，他们习惯性地认为爵＜觚＜觯＜角＜斝，后来便有了爵一升、觚二升、觯三升、角四升、斝五升。打个比方，假设我要借用碟、盘、碗、锅、桶来指代一升、二升、三升、四升、五升之容量，我将不假思索地采用一升称碟、二升称盘、三升称碗、四升称锅、五升称桶之法，而不会相异相反，因为在我家的厨房里，碟＜盘＜碗＜锅＜桶。

综上所述，在借用青铜酒器旧名，来为五等容量的漆木杯命名时，其参照点有二：一是组合关系，二是相对容积。组合关系决定了器名取舍，相对容积决定了大小排序。

当然，宋人所定名的三足无流、两翼似尾的"角"，在考古实物中与爵的容量大致相等。马承源："宋人所言之角，容量与爵大致相等，故不是《礼记·礼器》注和《韩诗》所云之角。"[2]"角"是个象形字，本指兽角。商周初时"角"指什么，实际上我不确知。"五爵"之外，还有"罚爵"称"觥"，系兽角之形，据说大五升或大七升，看来兽角形器的容量倒是可以很大的。角为什么被确定为四升

---

[1] 罗福颐也提供了一个相关认识：觚"容量还不到爵的一倍"。《青铜器名辞解说（五）》，《文物参考资料》1958 年第 5 期，第 40 页。罗福颐的原意应是觚"容量还不到爵的两倍"。
[2] 马承源：《中国青铜器》，第 180 页。

之器，排在第四，因资料不足，就不过度推论了。对"五器"中的那个"角"，本文虽采用宋人定名，但只是权宜之计，存疑可也。

大致说，在这场"扫荡式"的"器名大革命"中，爵、角、斝遭受冲击最大，被彻底改造、重新做人了，由三足青铜器之名，一变而为某一容量的筒形杯之名。觯的形状很接近筒形，转作三升觯形杯之名，尚未面目全非。觚身形依旧，只是其质地由青铜变为漆木了。

三　觚棱与觚名

十余年前，西周早期的一件青铜觚，因其自名为"同"，遂吸引了学者的视线。其器形请参看图 1-2。吴镇烽、王占奎据此认定，觚的本名是"同"，并把这件青铜器名之为"内史亳同"。他们指出，"同"者"筒"也，古人以竹筒为饮器，同字的初形作㕸，像截竹而成的竹筒；后来这个字被加上了意符"口"，遂变成了"同"字；又加上了偏旁"竹"，就形成了筒、箇等字。吴镇烽认为："宋人定名为觚是搞错了"，"此类青铜酒器本名应当叫作'同'。至于古文献中的'觚'到底是什么样的器物有待进一步研究"；又王占奎提出："当改正以往张冠李戴的错误。以往叫作觚的东西，应该正名为同。"[1]

随后一个在甲骨文中多次出现的斝字，也被注意到了。学者认定这个上同下爵的字，恰好是商代"觚爵组合"的反映："'同'是为觚，'同爵组合'即是'觚爵组合'。"[2] 斝字表明，与爵相组合的

---

[1] 吴镇烽：《内史亳丰同的初步研究》，《考古与文物》2010年第2期，第32—33页；王占奎：《读金随札——内史亳同》，《考古与文物》同期，第35—39页。
[2] 严志斌：《说爵》，收入邹芙都主编《商周青铜器与先秦史研究论丛》，北京：科学出版社2017年版，第284页；《瓒爵辨》，《三代考古》七，北京：科学出版社2017年版，第191—192页；《薛国故城出土鸟形杯小议》，《考古》2018年第2期，第104—105页。

那个器物，其名为"同"。（当然也表明了与"同"相组合的那个三足器，其本名为"爵"，那个"爵"字不能改释为"觞"。）

称"觚"的那种筒形器其本名是"同"，这一点已无大疑问，被普遍接受了。同时"觚"之器名纠葛，其实并没有就此结案。在先秦两汉文献中，"觚"屡屡出现；孔子还有"觚不觚，觚哉觚哉"之叹；"五爵"之中有觚，礼书有明文。那些传世的和考古发现的实物觚，今人可以全部改称为"同"，至如文献中的众多"觚"字，则一个都不能改。"觚不觚"不能改为"同不同"，"献以爵而酬以觚"也不能改为"献以爵而酬以同"，那是必须保持原貌的。所以先秦两汉文献中的"觚"指什么，仍需探索。

我认为，"觚"是同之一种，本是商周初有扉棱的青铜同之特称。详下。

宋人把今人称"同"的器物命名为"觚"，依据之一，就是它的扉棱。朱熹已经用有棱无棱，来解释孔子的"觚不觚"了："觚，棱也。或曰酒器，或曰木简，皆器之有棱者也。'不觚'者，盖当时失其制而不为棱也。"[1]觚字的本义就是"棱"。饮酒之觚与用于书写之觚，都因"棱"而得名，失去棱便有名无实了。"觚不觚"之叹，在朱熹看来就是个"觚无棱"之叹。

南宋朱熹的看法其来有自。北宋金石学者李公麟在为"觚"命名时，觚棱已被他用作依据之一了。吕大临《考古图》收录了一件觚，参看图1-1，注明此觚来自庐江李公麟，跋曰："李氏《录》云：此器口可容二爵，足容一爵。《礼图》所谓'二升曰觚'。腹作四棱，削之可以为圆，故曰'破觚为圆'。足之四棱，汉宫凤阙取以为角隅，故曰'上觚棱而栖金爵'。下为四象，《礼》所谓象觚

---

[1] 朱熹：《四书章句集注·论语集注》，北京：中华书局1983年版，第90页。

图 1 觚棱示意

1. 四棱圆觚,商周。吕大临:《考古图》卷五,北京:中华书局 1987 年版,第 113 页
2. 四棱圆觚,又名内史亳丰同,周初。吴镇烽:《内史亳丰同的初步研究》,《考古与文物》2010 年第 2 期,图版 1
3. 兽面纹四棱觚,下方上圆,西周。山西省绛县衡水西周墓地 1006 号墓出土。山西省博物院网站:http://www.shanximuseum.com/sx/collection/detail/id/g50
4. 八棱方觚(亚址觚),商。中国社会科学院考古研究所:《安阳殷墟郭家庄商代墓葬 1982 年—1992 年考古发掘报告》,北京:中国大百科全书出版社 1998 年版,图版 12
5. 八棱方觚(亚醜觚),商。陈芳妹编:《故宫商代青铜礼器图录》,台北故宫博物院 1998 年版,第 496 页
6. 镶嵌螺钿雕漆木觚(复原品),西周。楼朋林:《琉璃河出土的漆器与复原》,收入北京市文物研究所编《北京文物与考古》第 5 辑,北京燕山出版社 2002 年版,第 319 页

也。"[1]其语中所引"李氏《录》",大约就是李公麟所作的《考古图》或《古器图》[2]。李氏把这件器物名之为觚,其依据有二,一是容量二爵,二是腹有四棱。

吕大临采纳了李公麟的定名,及其"二升"与"四棱"两个标准,据以解释孔子的"觚不觚"。他的《考古图》卷五录有一件觚形器,容量三升,超过了礼书所说的二升,吕大临便说"按此器与前觚形略相似,其容受有加,与礼书不合"。因容量不合,吕氏便另行名之为"癸举",拒不称觚。同书卷四录有一件觚形器,吕大临说它"若觚而无棱",便名之为"彝",即,因其无棱而拒不称觚[3]。看来在运用容量与觚棱两个标准上,吕氏一丝不苟,亦步亦趋。

王黼《宣和博古图》描述青铜器,时时把隆起的棱称为"觚棱"。如其书卷三述周节鼎:"纯缘之下起六觚棱";卷四述周蟠螭鼎:"腹间饰以蟠螭状,隐起觚棱。"卷一五对两件无棱的周小圜觚,特别说明"形制似觚而四隅无棱";其论周素觚:"凡觚之形,必为觚棱状。"[4]这些描述的话语,全都遵循着"觚,棱也"之义。

考古学者采用了宋人所定"觚"名,却既不相信其"升数"之标准,也不相信其"觚棱"之标准。不相信其"升数"标准,是因为青铜觚的实测结果,不符合礼书"五爵"所云的容量,即"觚二升"的容量。对这一点,本文前面已指出,青铜觚与礼书"五爵"时代不符,不能相互印证是很自然的。然而容积的测定并不是没有意义,其所显示的相对大小,可以协助理解"五爵"排序。

至于"觚棱"标准,陈梦家、容庚等学者持否定态度。陈梦家

---

[1] 吕大临:《考古图》卷五,北京:中华书局1987年版,第113页下栏。
[2] 李公麟的《考古图》或《古器图》,可参史正浩《宋代金石图谱研究》,开封:河南大学出版社2017年版,第76—79页。
[3] 吕大临:《考古图》,第114页下栏、第69页下栏。
[4] 王黼:《重修宣和博古图》,扬州:广陵书社2010年版,第55页下栏、第73页上栏、第319页下栏、第320页上栏。

驳云："觚之有棱枑，非其所以为觚之必要条件，觚言其弧也。中央研究院于安阳小屯所发掘之陶觚，无棱枑，可证棱枑为后起。……觚有棱枑，生于铜范之接笋，故尊及其他铜器皆有之。"[1]容庚驳云："其所以定名为觚的原故，有谓因其四面有觚棱。但孔子当时已见有无棱的觚，遂有'觚不觚，觚哉！觚哉'之叹。但现传世的觚不尽有棱，尊、卣、罍等酒器也有棱的，可证棱不是构成觚的必要条件。"[2]

陈梦家的"觚言其弧"之说，没有得到学界认同。陈、容二人对"觚，棱也"的批评，却被接受、沿袭了。其批评计有两个要点：第一，"棱枑为后起"，"觚不尽有棱"；第二，"尊及其他铜器皆有之"，"尊、卣、罍等酒器也有棱"。此后青铜觚的研究者，都不采用"觚以棱得名"之说。然而笔者认为，上述两点批评并不足以排除异议，"觚棱"标准仍足以分庭抗礼、自成一说。

若"同"字来源于竹筒，那么这个器名一定相当古老，因为它所指称的事物"筒"随处可见。包括竹筒在内的各种筒形器，如细腰侈口的木制筒形器或陶制筒形器，在新石器末期就已出现，在那时候，其器名大约已经是"同"了。至于青铜制成的同，在商前期还很粗糙简陋，到了商后期，青铜同日益精美。此时上中下三段的形制基本形成，腰间所铸的两个竖棱发展为四条羽状棱，扩展到了足部，进而扩展到了口沿。方同甚至会铸有八道扉棱，尤显高贵。青铜同华美富丽的扉棱，在宗庙殿堂上夺目耀眼。我推测在这时候，有棱青铜同就特称为"觚"了。

在宋人为觚定名之时，已感觉其扉棱非常抢眼。明人方以智亦云："有棱者曰觚，无棱者曰觶"，"觚本以觚棱名，《急就》'奇觚'，

---

[1] 陈梦家：《中国铜器概述》，收入《陈梦家学术论文集》，北京：中华书局2016年版，第354页。
[2] 容庚、张维持：《殷周青铜器通论》，第62页。

谓其一棱之面可书"[1]。甚至现代辞书也把"棱"作为觚之特征[2]。人同此心，心同此理，宋人如此，明人如此，殷人的心理想来相去不远。"觚"可以看成有棱青铜同的一个"别名"，由此便跟无棱的青铜同，以及木同、陶同、象牙同，区别开来了。图1-6是西周琉璃河墓地一件漆木觚的复原品，它下部镶嵌的螺钿，应该就是用来模仿扉棱的。在青铜觚消歇之后，继起的漆木觚对扉棱依然恋恋不舍，仍按照老习惯以扉棱为饰，力求名实相符，无愧"觚"名。

"觚"字应该源于"柧"字。《说文解字》："柧，棱也"；"棱，柧也"。[3] 浑言之，柧、棱互训，二者为一事；析言之，则如服虔《通俗文》所云："木，四方为棱，八棱为柧。"[4] 段玉裁因谓："柧与棱二字互训。殳以积竹八觚。觚当作柧，觚行而柧废矣。"[5] 棱、柧字从木，通指木棱。有棱的木材在原始社会就出现了，用于建筑与器物。可想而知，偏旁从木的棱、柧二字，必定比偏旁从角的觚字起源更早。

当有棱的青铜同因棱得名时，最初的用字大约是"柧"，随后"柧"字被改从角旁了，作"觚"，以表明这是一个酒器之名。段玉裁："凡觵、觯、觞、觚字皆从角"，"许云兕牛角可以饮。其他不以角为而字从角者，盖上古食鸟兽之肉，取其角以饮，饮之始也。故四升曰角，犹仍角名，而觚、觯字从角欤？"[6] 又朱骏声："疑古酒器之始以角为之，故觚、觯、觞、觥等字多从角。"[7] 按，觯本有自

---

[1] 方以智：《通雅》卷三三《器用》，上海古籍出版社1981年版，第268页下栏。
[2] 例如徐中舒主编《汉语大字典》觚条："古代酒器。青铜制。喇叭形、细腰、高圈足，腹和圈足上有棱。"成都：四川辞书出版社，武汉：湖北辞书出版社1986年版，第3923页。
[3] 许慎：《说文解字》卷六上，北京：中华书局1963年版，第125页上栏。
[4] 《慧琳音义》卷五三引，《一切经音义三种校本合刊》，上海古籍出版社2008年版，第1443页下栏。段书伟：《通俗文辑校》，郑州：中州古籍出版社1993年版，第74页。
[5] 段玉裁：《说文解字注》卷六上，上海古籍出版社1981年版，第268页下栏。
[6] 段玉裁：《说文解字注》卷四下，第187页上栏、下栏。
[7] 朱骏声：《说文通训定声·角部》，北京：中华书局1984年版，第378页下栏。

削觚·觚名·觚棱　　237

名䕩、鑵或耑、鍴，觥字原先从爵不从角。觚、觯、觞、觥（以及觵、觛、觝、觚）等表示饮酒器的字"批量"从角，似乎也是一个一次性事件，也许同"器名大革命"有关，是"五爵"礼制的副产品。（我还有一个怀疑：上述诸字所从的偏旁"角"并不是角，其实是一个筒形觚的象形字，其字与"角"字形有相像处，后来讹变为"角"了。当然，我没有任何证据，纯系偶发奇想。）

细腰侈口的筒形器通称为同，商后期的四棱或八棱的青铜同特称为觚，这一论点，足以绕过或化解对"觚棱"标准的第一项反驳，即"棱柧为后起"，"觚不尽有棱"之说。至于对"觚棱"标准的另一反驳，即"尊及其他铜器皆有之"，"尊、卣、斝等酒器也有棱"，应该怎么看呢？其实，不光尊、卣、斝，就连瓿、罍、盉、壶、彝、鼎等器形，也不乏有扉棱的。那么，为什么独独有棱青铜同特称为"觚"呢？

我想在古人心目中，相比于其他有棱容器，有棱青铜同一定最接近于柧或觚形。柧、棱互训，而"棱"有数义：

1. 四棱木方。
2. 物体上不同方向的两个平面连接的部分。
3. 物体上条状的凸起部分。

在觚字被创制之后，柧、觚二字经常混用。不妨看一看，古人以柧／觚相称的事物，大致是什么形状。

屋顶有棱，可以称柧／觚。许慎："柧棱，殿堂上最高之处也。"[1]许慎这话说得并不很明白。班固《西都赋》的"设璧门之

---

[1] 许慎：《说文解字》卷六上，第155页上栏。

凤阙，上觚棱而栖金爵"[1]一语，《后汉书》引作"上枊棱而栖金雀"[2]。宋人王观国释云："所谓觚棱者，屋角瓦脊成方角棱瓣之形，故谓之觚棱。"[3]这样的解释就清楚多了。"觚棱"就是宫阙顶部（许慎所谓"最高处"）的那一道脊棱，以及转角处的四道脊棱。图2-1就是班固《西都赋》所说的建章宫璧门之东的那个凤阙[4]，虽系想象图，其阙顶脊棱的样子依然去古未远。阙顶形态，还可参看张孜江、高文之《中国汉阙全集》（中国建筑工业出版社2017年版）。这种脊棱属于"物体表面的条状凸起部分"，古人名之为柧/觚。

祭坛形制，有"八觚"之说。《汉书·郊祀志下》："甘泉泰畤紫坛，八觚宣通象八方。"[5]颜师古把这个"觚"字释为"角"，然而他的这个解释并不妥当[6]，因为甘泉泰畤并不是八角形的，而是一个圆坛[7]，它有"八通鬼道"[8]，"八觚"应由"八通鬼道"求解。又查东汉建武二年（公元26年）制郊兆，"采元始中故事，为圆坛，

---

[1] 萧统编、李善等注：《六臣注文选》，北京：中华书局1987年版，第31页上栏。
[2] 范晔：《后汉书》卷四〇上《班固传》，第1341页。
[3] 王观国：《学林》卷五《觚甬》，北京：中华书局1988年版，第168页。
[4] 班固：《汉书》卷二五下《郊祀志下》："其东则凤阙，高二十余丈。"颜师古注："《三辅故事》云其阙圜上，有铜凤凰。"北京：中华书局1962年版，第1245页。"圜上"谓此阙下方上圆，但《汉建章宫图》中的凤阙顶部却不是圆形的，误。
[5] 班固：《汉书》卷二五下《郊祀志下》，第1256页。
[6] 《汉书》颜师古注："服虔曰：八觚，如今社坛也。师古曰：觚，角也。"按服、颜二说，均有可疑或费解之处。唐代方丘很特殊，不是方坛四陛，而是八角形坛，八陛。唐人把这种方丘描述为"八角""八隅""八觚"，所以颜师古以"角"释"觚"。然而西汉泰畤用于祭祀天神泰一，相当于圜丘，圜丘不宜跟方丘等量齐观；泰畤为圆坛，既不是四角形的，也不是八角形的。所以"圆坛八觚"之"觚"，不宜释"角"，颜师古之说不可从。再看服虔，他以东汉社坛比拟泰畤"八觚"。查《续汉书·祭祀志下》："建武二年（26），立太社稷于雒阳，在宗庙之右，方坛。"（北京：中华书局1965年版，第3200页）可知东汉太社是方坛。建武二十一年太社搬到了上东门内，但方坛未闻有变。先秦秦汉魏晋南北朝的方坛通为四陛，例外极少。那么圆坛八觚的泰畤，怎么会"如"方坛四陛的太社？此处当有讹误。我想服虔作为汉人，未必有错，当是唐人颜师古摘引时出了问题。
[7] 《三辅黄图》卷五《南北郊》："武帝定郊祀之事，祀太一于甘泉圜丘，取象天形，就阳位也。"何清谷：《三辅黄图校释》，北京：中华书局2005年版，第321页。甘泉泰畤既称"甘泉圜丘"，又云"取象天形"，则必为圆坛。
[8] 《史记》卷二八《封禅书》记汉武帝建薄忌泰一坛："为坛开八通之鬼道。"甘泉泰畤系模仿薄忌泰一坛而成，所以也"除八通鬼道"。北京：中华书局2014年版，第1658、1667页。

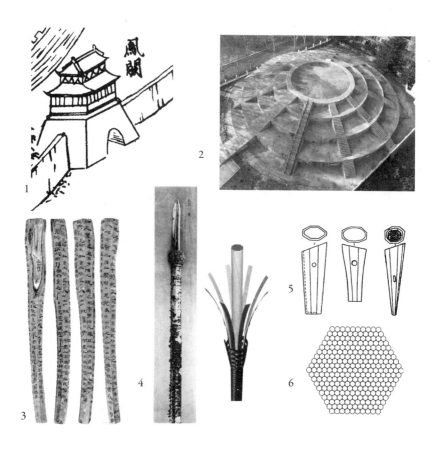

图 2 各种觚棱

1. 建章宫凤阙。毕沅:《关中胜迹图志》卷四《汉建章宫图》局部,西安:三秦出版社 2004 年版,第 128 页
2. 西安隋唐十二陛圜丘遗址。来自互联网,系新闻实拍
3. 用于书写的木觚,西汉。甘肃文物工作队:《汉简研究文集》,兰州:甘肃人民出版社 1984 年版,扉页,玉门花海汉代烽燧遗址出土 1-4 觚图版
4. 积竹柄殳,战国初。湖北省博物馆:《随县曾侯乙墓》,北京:文物出版社 1980 年版,图版八二。积竹柄制作示意图,来自互联网
5. 八棱殳镦,春秋晚期至战国中期。井中伟:《早期中国青铜戈·戟研究》,北京:科学出版社 2011 年版,第 371 页
6. "二百七十一枚而成六觚"截面示意图

八陛"。所谓"元始中故事",见于《元始仪》:元始四年(公元4年)定郊祀,"上帝坛圆,八觚,径五丈,高九尺。……用辟神道八通"[1]。"神道八通"也就是"八通鬼道"。这个上帝坛既被记为"径五丈"的"圆坛",那就不是八角形的了;一说它有"八陛",又说它有"八觚",则"八觚"就是"八陛",也就是用来"宣通象八方"的那八条台阶,称"觚",强调的是坛上有八道隆起;称"陛",表明那八道隆起上有台阶,所以又称"八阶"[2],合称"觚陛"[3]。这一意义的"八觚",与宫阙顶部的"觚棱"相似,都是"物体表面的条状凸起部分"。周隋唐圜丘有十二陛。图 2-2 即隋唐十二陛圜丘遗址,可供想象汉代圆坛的"八陛""八觚"。

宫阙顶部之觚棱、圜丘之觚陛,代表了古人对柧/觚的一种认知,即物体表面的条状凸起部分。多棱柱,则代表了古人对柧/觚的另一认知。

书写用的木牍,因其棱柱之形,而直名为柧/觚。《急就篇》:"急就奇觚与众异。"颜师古注:"觚者,学书之牍,或以记事。削木为之,盖简属也","其形或六面或八面,皆可书。觚者棱也,以有棱角,故谓之觚"[4]。又查《孙膑兵法》:"将战书柧。"张震泽释云:"削竹曰简,削木曰牍,斫木而有棱者曰柧。"[5] 汉代的棱柱形的书写用柧,已有很多实物被发现了。图 2-3 就是例子。

---

[1] 司马彪:《续汉书·祭祀志上》,及注引《三辅黄图》引《元始仪》。北京:中华书局1965年版,第3158、3159页。
[2] "八陛"亦称"八阶",可参梁简文帝《南郊颂序》:"八阶弘丽,四维博敞。"《文苑英华》卷七七二《颂》,北京:中华书局1966年版,第4062页上栏。"八阶"与"四维"相对,亦指八条台阶。《汉语大词典》释"八陛"为"八层台阶"(罗竹风主编,北京:汉语大词典出版社1988年版,第2册第13页右栏)。误,应改释为"八条台阶"。
[3] "觚陛"见《宋史》卷一四一《乐志一六》:"觚陛紫为坛""觚陛展身祠"。北京:中华书局1977年版,第3325—3326页。又苏颂《皇帝初郊大礼庆成诗》:"羽旄备物甘泉仗,觚陛层垓委粟营。"《苏魏公文集》卷一,北京:中华书局2004年版,第6页。
[4] 史游:《急就篇》卷一。张传官:《急就篇校理》,北京:中华书局2017年版,第15页。
[5] 张震泽:《孙膑兵法校理》,北京:中华书局1984年版,第43、49页。

又，殳柄可以制成"八觚"之形。许慎："《礼》，殳以积竹，八觚，长丈二尺。"[1]这种殳的柄采用所谓"积竹柄"，由若干竹片或竹棍黏合裹缠而成，有八棱，故称"八觚"。图2-4就是一件积竹柄的兵器，以及它的制作示意。又，很多殳镦也呈八棱之形，参看图2-5。

又，算筹可以聚为"六觚"之形。《汉书》："算法用竹，径一分，长六寸，二百七十一枚而成六觚，为一握。"[2]把271枚算筹捆成一个六棱柱，就是所谓"为一握"。这个六棱柱直径1.9寸，高6寸，横截面作六角形，故云"六觚"。其横截面参看图2-6。

上述的书写用觚、殳柄（及殳镦），"六觚一握"的算筹等，都作条形或柱形。由此再看《通俗文》"木，四方为棱，八棱为柧"之文，其所谓的棱、柧都应是木条、木柱，而不是木块、木板。《史记·酷吏列传》："汉兴，破觚而为圜。"《集解》引《汉书音义》："觚，方。"《索隐》引应劭："觚，八棱有隅者。"[3]这个横截面为方形、可以破而为圆的觚，在汉人心目中，也应是条形物或柱形物，而不是其他形状的物品。

大致说来，先秦秦汉所谓柧/觚，通指有棱的条形或柱形物体，"棱"则是物体表面的棱角或条状隆起物。由此再来看卣、斝、瓿、罍、盉、壶、彝、鼎等，这些青铜容器虽然也铸有扉棱，但器身并不是柱形物体。唯有细腰侈口的青铜筒形觚，同时具备了两个特点：既有扉棱，又呈柱形。青铜方觚本身就是棱柱之形，其八道扉棱恰好符合"八棱为柧"的定义；青铜圆觚的腰身虽呈圆柱之形，但其腰身所铸四道扉棱，作为"物体表面的条状凸起物"，也算符合"四方为棱"了。无论如何，铸有扉棱的筒形觚外观，最容易让人联

---

[1] 许慎：《说文解字》卷三下，第66页上栏。
[2] 班固：《汉书》卷二一《律历志上》，第956页。
[3] 司马迁：《史记》卷一二二《酷吏列传》，第3777页。

想到有棱木条、木方以及各种多棱柱，换句话说，联想到柧/觚了。也许有人会提出，"尊"也呈柱形，也有扉棱啊。确实，比如有一件八棱亚醜方尊，就跟图1-5那件八棱亚醜方觚外观相似，只不过更粗而已。这种尊，当时也可以称"觚"吧。

着眼于条形或柱形，否定"觚棱"标准的第二个理由，也能绕过或化解了。由此看来，认定或否定"觚，棱也"的两种不同观点，足以平分秋色，各成一家之言了。朱熹"'不觚'者，盖当时失其制而不为棱也"的说法，其合理性将相应上升。由《战国宴乐图》所见，结合漆木觚实物，可以推知春秋典礼所用的"五爵"都是漆木觚形杯，而五等觚形杯都没有棱。孔子的"觚不觚"，也许就是在感叹它们称"觚"却没有棱，名实不符吧。

总之，本文推定"觚"本是商代有棱青铜同之名。有棱青铜同称为"觚"，不算"张冠李戴"。在"五爵"礼制普及之后，"觚"就变成容量二升之漆木筒形杯的特称了。

【三校补记】英人罗森论述了这样一场变动：西周初年的青铜器模仿商器，酒器占优势，包括商式三足酒器；而至公元前880年前后，大批商式酒器令人惊讶地消失了，被青铜食器取代了。罗森把这视为"一场礼制革命"："一个在公元前950年需要成套酒器的社会，却在公元前880年左右废弃了它们，并以大规模成套的食器取而代之，这一定意味着在礼仪、信仰上发生了重要的变化。"（《中国考古艺术文集：祖先与永恒》，北京：三联书店2011年版，第25—43页）我相信这场重大的"礼制革命"，跟高本汉所论西周前期的青铜器名转移，跟三足温酒器之衰落、跟饮冷酒习俗之回归，进而跟"五爵"礼制之兴起，皆密不可分。

"觚不觚"与"削觚"
——《论语郑氏注》札记一则

《论语·雍也》:"子曰:觚不觚,觚哉!觚哉!"由于这话的背景不明,此处"觚"为何物,便引发了不同解释[1]。在汉唐经师那里,孔子所说的"觚"一直被解释为饮酒器。到了宋以后,又有人把这个"觚"解释为木简了。

　东汉郑玄曾利用一条"孔子削觚"的史料,来阐述这个"觚不觚"。下面就来讨论这条史料。为了便利,这条史料随后简称"削觚云云"。"削觚云云"来源有二,分别可以在《太平御览》和唐写本《论语郑氏注》残卷中看到。

　《太平御览》所见"削觚云云"又有二源,一是原书,一是转引:

　1. 《太平御览》卷七六一:《语》曰:"子曰:觚不觚,觚哉!觚哉!"孔子曰:"削觚而志有所念觚,不时成。"或曰"觚哉!觚哉!觚,小器耳,心不专一,尚不时成,况于大事也"。[2]

　2. 姚宽《西溪丛语》卷上《觚》:《论语》云:"觚不觚,觚哉!觚哉!"《太平御览》引此注云:"孔子曰:'削觚而志有所念,觚不时成。'故曰'觚哉!觚哉!'"觚,小器耳。心不

---

[1] 可参看高尚榘主编:《论语歧解辑录》,北京:中华书局2011年版,第314—316页;黄怀信:《论语汇校集释》,上海古籍出版社2008年版,第529—533页。
[2] 《太平御览》,北京:中华书局1960年版,第4册第3377页上栏。点校本《太平御览》(石家庄:河北教育出版社2000年版,第7册第135页),亦于"觚"字之后断句。

专一，尚不时成，况于大事乎！"觚，木简也（后引《急就章》及颜师古注，略）。[1]

第1条引自中华书局影印本，此本来自《四部丛刊三编》影宋本，后文简称"影宋本《御览》"。《文渊阁四库全书》所收《太平御览》，却只有"《论语》曰：子曰，觚不觚，觚哉！觚哉"一句，但没有"削觚云云"以下[2]。清人孙星衍所辑《孔子集语》，辑自《太平御览》的多达五十多条，这一条"孔子曰"却没有辑入[3]。推测孙星衍所使用的，就是四库全书本那个系统的《太平御览》。

第2条为北宋姚宽转引，后文将简称为"《西溪》引《御览》"。其"削觚而志有所念，觚不时成"一句，与第1条中"削觚而志有所念觚，不时成"明显不同，二者有觚、觚之异，断句也只能各从其义，或断于"觚"前，或断于"觚"后了。姚宽本人的看法是"觚，木简也"，并引用《急就章》及颜师古注为证。

清人袁钧从《西溪丛语》转引"削觚云云"，并把它辑入了《郑玄论语注》辑本：

> 孔子曰："削觚而志有所念，觚不时成。故曰'觚哉！觚哉！'觚，小器耳，心不专一，尚不时成，况于大事乎？"觚，本（木）简也。
>
> 袁钧注：《西溪丛话》考证曰。《西溪丛话》引《论语》文，云《太平御览》引此注云云，不称郑。然与《集解》马、

---

[1] 姚宽：《西溪丛语》卷上，北京：中华书局1993年版，第23页。
[2] 参看《文渊阁四库全书》，台北：台湾商务印书馆1986年版，第899册第718页上栏。据周生杰考述，这一版本以明抄黄正色本（倪炳校刊本）为底本，以他本校正。见其《〈太平御览〉研究》，成都：巴蜀书社2008年版，第124、134页。
[3] 可参孙星衍辑，郭沂校注：《孔子集语校注》，北京：中华书局2017年版。

何二注及《义疏》所引王肃、蔡谟、褚仲都诸说皆不同，当是郑注。[1]

查袁钧所辑《论语》郑注，不少是直接辑自《太平御览》的，这一条独从《西溪丛语》转引，猜测他所使用的，也是没有"削觚云云"那个版本的《太平御览》，所以只能从别处转引。姚宽的《西溪丛语》，被袁钧误作"《西溪丛话》"[2]；姚宽的"觚，木简也"之语，被袁钧不留神一并辑入了《论语》郑注。

此后从袁钧《郑玄论语注》辑本转引"削觚云云"的学者，往往就误以为"觚，木简也"四字也属郑注，还跟着把《西溪丛语》写成《西溪丛话》。日人月洞让就是这样的："即使是削制木牌这样简单的工作，如果分了心，也有可能失败。干大事更必须专心（《太平御览》《西溪丛话》）。"[3]从月洞让把觚说成木牌，以及把书名写成"《西溪丛话》"，就可知道他既没查阅《太平御览》，也没查阅《西溪丛语》，而是直抄袁钧辑本的。又郑静若："《西溪丛话》引《御览》'也'作'乎'，末增'觚，木简也'四字。"[4]按，"觚，木简也"系袁钧误辑，郑静若似没有核对《西溪丛语》原书。

在诠释"觚不觚"时，南宋朱熹并列二说："觚，棱也。或曰酒器，或曰木简，皆器之有棱者也。"[5]"觚不觚"等于是说"觚不棱"了。而朱熹的"或曰木简"一说，推测就来自姚宽。清代学者段玉裁、朱骏声等，都用"木简"来解释"觚不觚"，但由宋邢昺《论语

---

[1] 袁钧辑：《郑玄论语注》卷三，第七页，《郑氏佚书》，光绪十四年（1888）浙江书局刊本。
[2] 《宋史》卷二〇六《艺文志五》确有"姚宽《西溪丛话》二卷"之文（北京：中华书局1977年版，第5229页下栏），但此书各种版本的通称，都是《西溪丛语》，我仍认为"《西溪丛话》"是袁钧笔误，他并没有去检索《宋史·艺文志》。
[3] 月洞让：《关于〈论语郑氏注〉》，转引自王素《唐写本论语郑氏注及其研究》，北京：文物出版社1991年版，第197—198页。
[4] 郑静若：《论语郑氏注辑述》，台北：学海出版社1981年版，第105页。
[5] 朱熹：《四书章句集注·论语集注》，北京：中华书局1983年版，第90页。

正义》、再往前的梁皇侃《论语义疏》可知，在姚宽之前，注疏家都是用酒觚来解释"觚不觚"的，并没有人解作"木简"，包括汉儒。

汉儒去古未远，他们的经说，有一些都可能源于孔门。《盐铁论·殊路》尤其夺目抢眼："孔子曰：'觚不觚，觚哉！觚哉！'故人事加则为宗庙器，否则斯养之爨材。"王利器因云："盖觚以木为之，言木加以人事刻镂，则为觚，荐之宗庙；否则为弃材，斯养取以为薪给爨烹而已。此盖西汉《论语》经师古义，与何氏《集解》及皇侃《义疏》引王肃等说并微异。"〔1〕若王利器之说不误，则西汉经师曾这样解释"觚不觚"：（假设你是根木头，那你）打算做宗庙里的高贵礼器觚呢，还是做奴仆拿来烧饭的劈柴呢？要做觚呀，要做觚呀！又查《潜夫论·相列》："觚而弗琢，不成于器。"〔2〕也是说觚需经雕琢才能成器，与《盐铁论》"人事加则为宗庙器"异曲同工，大约也是本于西汉《论语》经说的。

袁钧把"削觚云云"辑入郑玄《论语注》，而南朝梁及唐写本《论语郑氏注》残卷，显示袁钧居然做对了，其文确实见于《论语郑氏注》。相关的写本残卷有三，事涉"削觚云云"的段落详下：

1. 日本杏雨书屋刊布李盛铎旧藏敦煌写本残卷：
觚，爵名，容二升。孔☐哉，觚哉者，觚，小器☐〔3〕
2. 吐鲁番阿斯塔那27号墓出土唐写本残卷27∶25a：
觚，爵名，容二升。孔子削觚，志有☐哉，觚哉！☒觚☐
3. 吐鲁番阿斯塔那27号墓出土唐写本残卷27∶36b,37b：
觚，爵名，容二升。孔子削觚，若有所念，觚不时成。故

---

〔1〕王利器：《盐铁论校注》，北京：中华书局1992年版，第273、282—283页。
〔2〕汪继培、彭铎：《潜夫论笺校正·相列》，北京：中华书局1985年版，第313页。
〔3〕转引自夏国强：《日本杏雨书屋刊布李盛铎旧藏敦煌写本〈论语〉残卷叙论》，《孔子研究》2016年第2期，第47页。

曰"觚哉！觚哉！"叹觚小器，心不专一，尚不时，况于大事乎？[1]

第1条据夏国强意见，属于南朝梁写本。后两条为了便利，随后简称"唐写本1""唐写本2"。三者互有异文，唐写本2最为完整。

唐写本1、唐写本2都有"觚，爵名，容二升"之语。可见郑玄是把孔子所说的"觚"释为酒觚的。又查马融："觚，礼器，一升曰爵，二升曰觚。"[2]有人说在"觚不觚"的诠释上，马、郑"截然不同"，唐写本却表明马、郑都把觚释为饮酒器，郑玄补充了"削觚云云"，是在马融的基础上更进一步，不好说成"截然不同"。又"觚，小器"之辞，也证明"削觚云云"中的觚是饮酒器，而非木简——在古文献中，木简不得称"器"。

影宋本《御览》引"削觚云云"，引作"削觚而志有所念觚，不时成"。意思是削觚时心里想的是觚，器形弄混了，削错了，所以没按时削成。《西溪》引《御览》则作"削觚而志有所念，觚不时成"，意思是削觚时思想溜号了，所以没按时削成。就"志有所念""心不专一"而言，二说皆通。按，《御览》中觚、觚二字时有混淆，《西溪》引《御览》作"觚不时成"，唐写本2亦作"觚不时成"，初看上去，似乎弃"觚"取"觚"较好，但也不尽然，详后。

影宋本《御览》与《西溪》引《御览》中的"孔子曰，削觚云云"之文，看上去是孔子拿"削觚"这种事打比方，给人讲道理，并不是说他本人在削觚。唐写本1与唐写本2则不一样，都径作"孔子削觚"，没有"曰"字。以唐写本为据，陈金木便把《御览》

---

[1] 分见唐长孺主编：《吐鲁番出土文书》，北京：文物出版社1996年版，第4册第154页、第171页。
[2] 何晏《论语集解》卷六引，阮本，北京：中华书局1980年版，第2479页中栏。

中的这个"曰"字指为衍文:"'孔子'下衍'曰'字。"〔1〕然而删了这个"曰",文意便不同了,"削觚云云"就由孔子打的一个比方,变成了别人讲的一个孔子故事了,那故事说,孔子在削觚时分心走神了,结果没能按时削成,随后陷入了反省、感慨与自责。这会引来一个疑问:孔子又不是工匠,又不像墨子那样对制造有兴趣,他干吗要削酒觚,而且还要按时完成呢?未知孰是,只能存疑了。

郑玄引用了"削觚云云"来解说"觚不觚",这个做法,对此后的部分注家发生了影响。请看:

  1. 何晏《论语集解》:"觚哉!觚哉!"言非觚也。以喻为政不得其道则不成。〔2〕

  2. 褚仲都《论语褚氏义疏》:作觚而不用觚法,觚终不成。犹为政而不用政法,岂成哉?〔3〕

在第 1 条中,何晏《集解》"为政不得其道则不成"的"不成",与郑注所引"觚不时成",有两个字相同。"非觚"又是什么意思呢?肯定跟"削觚"有关系,那是什么关系呢?"非觚"怎么能扯到"为政不得其道则不成"呢?这跨度也太大了。

再看第 2 条南朝褚仲都疏,就清晰多了。因后文有"觚终不成"之文,所以前文中"作觚"的"作"只能解作"制作","不成"就是觚的制作没完成,"作"跟"不成"是前后呼应的。无疑,褚疏是以郑氏《论语注》所引"削觚"云云,来解释"觚不觚"的。郑、

---

〔1〕陈金木:《唐写本论语郑氏注研究——以考据、复原、诠释为中心的考察》,台北:文津出版社 1996 年版,第 158 页。
〔2〕何晏:《论语集解》,阮本,第 2479 页中栏。
〔3〕皇侃:《论语义疏》引,北京:中华书局 2013 年版,第 145—146 页。褚仲都在南朝梁天监年间(502—519)任五经博士,其《论语褚氏义疏》一书,马国翰由皇侃《论语义疏》辑得一条,遂叹为"吉光片羽"。《玉函山房辑佚书》,扬州:广陵书社 2004 年版,第 3 册第 1830 页。

何、褚三说异同，略如下表1：

表1 郑玄、何晏、褚仲都对"觚不觚"的不同解释

	事由	失误	结果	引申
郑	削觚	心有所念 心不专一	觚（觗）不时成	而况大事乎
何		？	非觚	为政不得其道则不成
褚	作觚	不用觚法	觚终不成	犹为政而不用政法，岂成哉

褚疏中的"不用觚法"四字，尤其不能放过。若"作觚"而"不用觚法"，那用的是什么"法"呢？这样一问，影宋本《御览》的"削觚而志有所念觗"，就有几分道理了，"不用觚法"的背景是"另用了觗法"吗？削觚时心里想的是觗，削法不对头，最终就没削成。为政也是这样，不遵循正确的方法，就不能成功。

由褚疏反观何晏的"非觚"二字，就看到了一线光明："非觚"意谓"削出来的不是觚"，而是觗，或者非觚非觗两不像，啥都不是。随后"为政不得其道则不成"的引申，跟褚仲都的引申如出一辙，那么前文的"非觚"跟褚仲都"不用觚法，觚终不成"，想来也相去不远，出于同一文本、同一思路。何晏《集解》征引郑玄《论语注》约有一百多条，郑注是何晏《集解》的重要参考。至少在解释《论语》"觚不觚"一句上，我觉得郑、何、褚构成了一系。

若采纳影宋本《御览》的"削觚而志有所念觗"，则何晏的"非觚"与褚仲都的"不用觚法"，就能获得稍好的解释。唐写本虽比《太平御览》早三百年，但它们是边远地区小学生的抄书练习，未必就比御用学者利用皇家图书编成的《太平御览》更权威。然而《西溪》引《御览》也同于唐写本，那么也可以说，隋唐时《论语郑氏注》在传抄中出现了异文。

说"郑、何、褚构成一系"，意味着另一系的存在。另一系由王肃、蔡谟、皇侃前后相袭，其核心论点不是"作觚不成"，而是"用

觚失礼"：

1. 王肃：当时沉湎于酒，故曰"觚不觚"，言不知礼也。
2. 蔡谟：酒之乱德，自古所患。……觚失其礼，故曰"觚不觚"。
3. 皇侃：当于尔时，用觚酌酒，而沉湎无度，故孔子曰"觚不觚"也。……言用觚之失道也。[1]

按，韩诗后学为"二升曰觚"之制，平添了一个"觚，寡也"之说（参看本书第26—28页），这提示"觚"的读音通"寡"，这个"寡"即"寡少"，是用来提醒饮酒者控制酒量的，不要喝高了出丑失礼。这就给王肃一个可乘之机，他便在郑注之外另创了"沉湎于酒不知礼"一义，等于把"觚不觚"解作"觚不寡"了，即，用觚饮酒时不顾"寡"之忠告，结果超过了二升之限。

王肃成心跟郑玄立异作对，已涉嫌牵强附会了，其粉丝却络绎而来。除蔡谟、皇侃两人，接受"用觚失礼"这个观点的还有月洞让。月洞让这样诠释何晏："《集解》说：规定只盛一杯的酒器，却不按规定，错误地滥用。当时的政治也不遵从规章。"[2] 月洞让之说显非。觚容二升，"规定只盛一杯的酒器"应作"规定只容二升的酒器"。"不按规定，错误地滥用"是王肃的论点，而不是何晏的论点，从何晏《集解》的"非觚"二字之中，读不出这个意思来。

郑、何、褚由"削觚"或"作觚"立论，着眼于觚的"成"或"不成"，似觚或"非觚"；王、蔡、皇一系由"用觚"立论，着眼于用觚时是否"失礼""失道"。由此再看邢昺的《论语注疏》：

---

[1] 皇侃：《论语义疏》，第145—146页。
[2] 月洞让：《关于〈论语郑氏注〉》，转引自王素《唐写本论语郑氏注及其研究》，第198页。

> 此章言为政须遵礼道也。觚者,礼器。所以盛酒二升曰觚。言觚者,用之当以礼,若用之失礼,则不成为觚也。故孔子叹之"觚哉觚哉",言"非觚"也,以喻人君为政当以道,若不得其道,则不成为政也。[1]

邢昺强糅"不成为觚""用之失礼"为一,可谓"郑、王一锅煮"了。

郑玄是从什么地方摘引"削觚云云"的呢?马国翰、黄奭、王谟、王仁俊等人的《论语郑氏注》辑本,都没有辑入"削觚云云"。其中马国翰认定这段文字出自孔安国,把它另行辑入《论语孔氏训解》了[2]。郭沂上承马国翰,也把"孔子削觚云云"列为《论语训解》的内容[3]。这个"孔氏"就是孔安国,在若干《郑玄论语注》唐写本残卷上,恰好也有"孔氏本郑氏注"字样。"削觚云云"出自孔安国,应列为一种可能性。无论如何,郑玄不会生造史料吧。他所引述的"削觚云云"虽不足以完美阐释"觚不觚",今人却可以另作他用,比如"削觚"二字,在我看来,就表明此觚可"削",系削木而成的,而不是青铜铸的,东汉以前的经师都是这么看的。当然,这已是另一个问题了。

---

[1]《论语注疏》卷六,阮本,第2479页中栏。
[2] 马国翰:《玉函山房辑佚书》,第3册第1648页。
[3] 郭沂:《子曰全集》,北京:中华书局2017年版,第758页。

一词二义：酒之尊与人之尊

一 "道在器中"：饮酒礼器的等级功能

"尊"字一词二义："尊"是盛酒器的通称，字形是手持酒尊之象；"尊"又是最古老的身份用语，在"尊卑"这类词组中与"卑"构成两极。无独有偶，还有一个"爵"字与之类似，也是一词二义："爵"是饮酒器的通称，字形是手持酒爵之形；又是最古老的位阶用语，用为封爵之"爵"。"尊""爵"恰好都是酒器之称，又是历史上两个最重要的等级身份之辞。这透露了什么历史信息呢？

商代的酒器，在青铜礼器中可以占到2/3甚至3/4，首屈一指。在商周时代，尊、爵二者在标识身份、展示地位上发挥过特殊作用，成为权力财富的物化标识，这在汉语史上，就造成了上述的一词二义。而在制度史上，这又提示人们，在原生性社会，或者说在"前行政化时代"，成熟的爵秩品阶尚没有发展出来，这时候区分地位，在更大程度上借助于"物化"与"可视"手段，一些特定物品，由此发展为"原生等级标识"。至于哪些东西会成为"原生等级标识"，则跟社会特点与文化特点相关。

低等动物的"身份"区分，往往体现于职能分工，如工蚁、兵蚁、雄蚁与蚁后之分工，工蜂、雄蜂与蜂王之分工。高级动物如猴群，其"身份"形态就接近人类，呈现出尊卑高下之别了。当然进入现代后，社会又有了两种类型，一类职能分工的分量较重，一类地位高下的分量较重。传统社会则都是地位高下占主导，自初就刻意利用各种物化可视的方式，来强化尊卑高下了。菲律宾棉兰老岛的巴戈博人，其一生的渴望就是通过杀人获得特殊装饰：第二次杀人后可使用朱古力色的领带，第四次杀人后可穿着血红色裤子，达到六次，便可穿着全套血红色衣服，带一个红色袋子了[1]。非洲南罗得西亚的恩德贝酋长国，国民分三等，第一等赞西人可以戴鸵鸟羽毛的头饰，赞西人和第二等恩拉人可以穿猿猴和山猫皮与尾巴制成的短裙，第三等洛兹维人则全都不能[2]。英国盎格鲁-撒克逊时代的爵爷们，用帽子上的貂皮、金环、金叶片、银环与银球的数量，来区分爵级[3]。

　　侯外庐有一个独到看法，他说尊、彝、鼎、爵这样的礼器，本身就是制度，"道在器中"："'礼'是一种特别的政权形式，即所谓'礼不下庶人'，'礼所以别贵贱'，'礼者别贵贱、序尊卑者也'。这一种制度，藏在尊爵彝器的神物之中，这种宗庙社稷的重器代替了古代法律，形成了统治者利用阶级分化而实行专政的制度。这种权利义务专及于一个阶级的形式，完全是为了周代氏族贵族而设的一套机械。礼器的名称的总概念叫做尊、彝、鼎、爵，所谓'唯名与器不可假人'就指贵族的专政。……其实'器'表示古代的专政制度，'道'表示统治者的权力思想。'道''器'一源，'道'更在'器'中。"[4]

---

[1] 林惠祥：《文化人类学》，北京：商务印书馆2011年版，第237页。
[2] 伦斯基：《权力与特权：社会分层的理论》，杭州：浙江人民出版社1988年版，第201页以下。
[3] 公爵帽子上镶有四行貂皮，其冠冕上有一个金环，饰有8个红色金叶片；侯爵帽子上镶有三行半貂皮，冠冕上装有一个银环，饰有4片金叶和4个银球；伯爵软帽上镶有三行貂皮，冠冕上有一镀金银圈，饰有8个银球；子爵帽子上有两行半貂皮，冠冕上有一个银环，饰有6个银球；男爵帽子上镶有两行貂皮，冠冕上有一个浅色银圈，饰有6个银球。阎照祥：《英国贵族史》，北京：人民出版社2000年版，第101—105页。
[4] 侯外庐、赵纪彬、杜国庠：《中国思想通史》第1卷，北京：人民出版社1957年版，第78—79页。

"礼"是一种特别的政权形式,贵贱尊卑之道体现在礼器之中,这个论述,对"周礼"之特点,是一个很好的揭示。中国制度的发展,经历了一条由"俗"而"礼"、由"礼"而"法"的路线。原始风习是"混沌未分"的。"法"的核心则是一整套"纯粹的"、专门化了的法律条文。居于"俗""法"二者之间的"礼",仍保留了"俗"的特点,在相当程度上,仍是风习、道德、礼仪、宗教、政制、法律的混融物[1]。"礼"中含有道德、正义,但它不同于"抽象"的思想体系[2];"礼"中含有制度,但它也不同于"抽象"的正式法规[3]。"形而下者谓之器","礼"有形有象,它在更大程度上,要通过礼物、礼器、礼数及礼仪行为,来发挥功能。作为礼器的尊、彝、鼎、爵,寄托了权力思想,对应着等级地位,相当于具象的制度。"尊"又指身份,"彝"又指法律,"鼎"又指政权,"爵"又指位阶,权力思想和等级制度,蕴含于那些青铜礼器的物理形态和使用方式之中,即蕴含于物化、可视的方式之中。

"尊"是青铜礼器之通称,也是青铜盛酒器之通称,又用以指示身份、表达崇敬,"尊敬""尊崇""尊贵""尊礼""尊仰"以及"定一尊"等等用语,至今仍在常用语汇之列。当古人环顾各种事物,涉身各种场合时,不是别的什么器具,而是青铜礼器,尤其是青铜酒尊,在其心中唤起了最强烈的尊贵之感。这是怎么唤起的呢?或者说,如何利用酒尊来制造尊贵之感呢?试述如下。

---

[1] 这个"俗—礼—法"的分析模式,参看拙作《士大夫政治演生史稿》,北京大学出版社 2015 年版,第三章第一节"礼治:俗、法之间"。
[2] 梁治平曾指出,所谓"礼"不能视为自然法,因为自然法是一种具有普遍意义的抽象体系,"礼"却是"一种具体繁复的规则体系",它与实在法颇为接近了。见其《寻求自然秩序中的和谐》,北京:中国政法大学出版社 1997 年版,第 330 页。
[3] 梅因指出:早期的制度法律通常都混融于礼俗之中,这样的法典"都混杂着宗教的、民事的以及仅仅是道德的各种命令";"至于把法律从道德中分离出来,把宗教从法律中分离出来,则非常明显是属于智力发展的较后阶段的事"。《古代法》,沈景一译,北京:商务印书馆 1996 年版,第 9—10 页。

二　崇高富丽与以小为贵

《说文解字》:"尊,酒器也。从酋,廾以奉之","以待宾客祭祀之礼"[1]。大小篆的尊字像双手捧酋,酋从酉。苏秉琦认为,"酉"字源于原始时代的尖底瓶,原是一种盛酒礼器[2]。朱凤瀚则把"酉"字追溯到了商代的大口折肩尊[3]。王国维称"尊、彝皆礼器之总名也"[4]。又马衡:"礼器之总名,古人概曰尊彝。有合称尊彝者,有单称尊或彝者","《礼经》称盛酒之器皆曰尊,犹之饮酒之器皆曰爵也"[5]。综合相关论述,"尊",第一是礼器之总名,第二是盛酒器之通称。本文随后对"尊"的叙述,将兼指青铜礼器、青铜盛酒器。

朱凤瀚指出,金文中的"尊"字或作"䔰",尊字"加阜旁说明此字本为崇高之义"[6]。"尊"字有崇高之义,文献可征。如《易传·系辞上》:"天尊地卑";如《韩非子·外储说左上》:"屋太尊……此宜卑。""尊"字的这类用法,都是就视觉高度而言的。正如"崇"字的字形像山峰之高,"高"字的字形像台观之高一样,尊字的崇高之义,与酒尊的高耸外形不会没有关系。三代时的堂室布置很简洁空旷,尚没有后世的那些桌椅橱柜,主要的家具只是席与几,主宾又是席地而坐的,这样一来,高耸的青铜重器就更为醒目了。典礼上的酒尊往往成对使用,墓葬中也屡有对壶出土。

---

[1] 许慎:《说文解字》卷一四下《酉部》,北京:中华书局1963年版,第313—314页。
[2] 苏秉琦:酉字"就是尖底瓶演变到最后形式的象形字"。《中国文明起源新探》,北京:生活·读书·新知三联书店1999年版,第124页。
[3] 朱凤瀚:《中国青铜器综论》,上海古籍出版社2009年版,第177页。
[4] 王国维:《观堂集林》卷三《说彝》,北京:中华书局1959年版,第153页。
[5] 马衡:《凡将斋金石丛稿》卷一《中国金石学概要上》,北京:中华书局1977年版,第5、11页。又参容庚、张维持:《殷周青铜器通论》,北京:文物出版社1958年版,第47页。
[6] 朱凤瀚:《中国青铜器综论》,第176页。

张懋镕:"那么宏伟的一对酒壶耸立在那里,其地位不言而喻。"[1]

高耸的器具不独酒尊,独独酒尊孕育出了一个尊卑用字,则除了"高耸"之外,酒尊还有更多特殊之处。周朝分封诸侯,往往伴以青铜重器之赐。"器"而称"重",便因高大贵重而来。包括酒器在内的青铜重器多寡,与商周墓主的身份贵贱成正比。这些重器,是在祭祀、宴飨等隆重场合展示出来的。段玉裁:

> 凡酌酒者必资于尊,故引申以为尊卑字,犹贵贱本谓货物而引申之也。自专用为尊卑字、而别制鐏樽为酒尊字矣。《周礼》六尊:牺尊、象尊、箸尊、壶尊、大尊、山尊,以待祭祀、宾客之礼。……飨礼、食礼亦必用尊,故约之曰"以待祭祀、宾客之礼"[2]。

"贵贱本谓货物",这个货物不是指一般物品,而是特指某人所拥有的财富,贵贱是用财富来衡量的。树比酒尊更高,山比酒尊更高,但人们不说"树贵""山贵",却说"尊贵",便因为树、山不是个人财富。财富还包括各种木器、石器、玉器、陶器,还包括车马冠服等形形色色的器具用品,"尊"为何一枝独秀、技压群芳呢?因为"尊"是青铜礼器,青铜礼器代表了商周工艺的最高水平,代表了商周美术的最高成就,在物质生产与文化创造上都具划时代意义。在祭祀、宴飨等用酒场合,形制雄伟、纹饰富丽的牺尊、象尊、箸尊、壶尊、大尊、山尊之类分外夺目抢眼。"大钟鼎,美重器,华虫疏镂,以相缪纷;寝兕伏虎,蟠龙连组"[3],就是权势地位的绝好炫

---

[1] 张懋镕:《青铜壶缘何一枝独秀?——兼论商周青铜器的生命力问题(代序)》,收入裴书研《中国古代青铜器整理与研究·青铜壶卷》,北京:科学出版社2015年版,代序第10页。
[2] 段玉裁:《说文解字注》,上海古籍出版社1981年版,第752页上栏。
[3] 《淮南子·本经》,张双棣:《淮南子校释(增订本)》,北京大学出版社2013年版,第874页。

耀。概括说来，青铜礼器不但"高耸"，而且"高贵"。

青铜酒尊的高耸外形，赋予了"尊"字以崇高之义。然而事情还有更复杂的地方，根据礼书，酒器的使用反而是"以小为贵""以下为贵"的。酒器"以小为贵"，说见《礼记·礼器》：

> 有以小为贵者：宗庙之祭，贵者献以爵，贱者献以散；尊者举觯，卑者举角。五献之尊，门外缶，门内壶，君尊瓦甒。此以小为贵也。
>
> 郑玄注：凡觞，一升曰爵，二升曰觚，三升曰觯，四升曰角，五升曰散。五献，子男之飨礼也。壶大一石，瓦甒五斗，缶大小未闻也。[1]

"以小为贵"的原则涉及了两样酒器：庙祭所用的饮酒器，飨礼所用的盛酒器。在宗庙祭祀时，饮酒器依献酒者之贵贱，而有爵与散，觯与角之别。郑注"一升曰爵……"那段话出自《韩诗》学派的传述。据《韩诗》所述，贵者所用的爵仅容一升，贱者所用的散可容五升；尊者所用的觯仅容三升，卑者所用的角可容四升。孔颖达疏因云："是尊者小，卑者大。"尊者的饮酒器反而较小，卑者使用的饮酒器反而较大，由此体现了"以小为贵"。

再看盛酒器。飨礼上使用的盛酒器有三种，缶、壶、瓦甒。瓦甒最小，仅容五斗，供国君饮用；壶大一倍，能容一石，供卿大夫饮用；放在门外的缶，容积最大，供堂下站立的士饮用。缶的容积，礼书失载，史无明文。孔颖达疏推测说，"近者小则远者大，缶在门外，则大于壶矣"，是所谓"小尊近君，大尊在门"。王夫之径

---

[1]《礼记正义》卷二三，阮本，北京：中华书局1980年版，第1433页上栏、中栏。

云"(缶)当倍壶,容二石也"[1]。又,在燕礼上,国君使用的两个瓦大(即瓦甒),与卿大夫使用的两个圆壶,是并排摆放在一起的,其大小对比就更显眼了。可见除了饮酒器,尊者的酒尊也是比较小的,盛酒器也是"以小为贵"的。

此外在饮酒礼上,还会依献酒对象之贵贱,而换用大小不同的饮酒器。《仪礼·大射仪》:

> 主人洗、酌,献士于西阶上。士长升,拜受觯,主人拜送。
> 郑玄注:献士用觯,士贱也。
> 贾公彦疏:言"献士用觯",对上献大夫已上觚。觚二升,觯三升,用大者贱,用小者尊,故云"士贱也"。[2]

那么请看:向大夫献酒,用二升之觚;向士献酒,换用三升之觯。是献尊者则用小爵,献卑者便换用大爵。又《仪礼·燕礼》也有"献士于西阶上"与"拜受觯"的礼节,与大射礼类似,根据郑玄注,这仍是"献士用觯,士贱也"之意,同于大射礼。

"以小为贵"的观念从何而来呢?周人对酒又敬又怕。周初统治者就发布政令,把商朝灭亡归结为"惟荒腆于酒",把周朝兴盛归结为"不腆于酒";申明"饮惟祀",酒是用于祭祀、敬神敬祖的;规定日常活动"无彝酒""罔敢湎于酒";要求臣民培养节制的酒德,"德将无醉"[3]。相应地,一种新奇的酒器礼制应运而生。它被设计成这个样子:饮酒器容量五等,分别为一升、二升、三升、四升、五升,"以小为贵";盛酒器容量三等,分别为五斗、一石、大于一石,

---

[1] 王夫之:《礼记章句》卷一〇《礼器》,《船山全书》,长沙:岳麓书社2011年版,第4册第589页。
[2] 《仪礼注疏》卷一八,阮本,第1042页下栏。
[3] 参看《尚书·酒诰》,阮本,第206—207页。

亦"以小为贵"。以节酒为美德的观念，逐渐形成。权贵们须为人表率，在饮酒时身先士卒，带头少喝；而饮酒时用小爵，就跟权贵身份联系起来了。

其实在很多时代，包括当代，大碗喝酒、大块吃肉都不是上等人的做派。若酒爵较小，浅尝辄止，贵族风度、节制美德便宛然在目了。除了饮酒，吃饭亦然，"三饭而止，君子食不求饱"，也是一种贵族风范。可参看《礼记·礼器》：

> 有以少为贵者：……天子一食，诸侯再，大夫、士三，食力无数。
>
> 郑玄注：一食、二食、三食，谓告饱也。食力，谓工、商、农也。
>
> 孔颖达疏：尊者常以德为饱，不在食味，故每一飨辄告饱。……食力，谓工、商、农，庶人之属也。……此等无德，以饱为度，不须告劝，故飨无数也。[1]

天子吃完一道饭，随即"告饱"，宣称吃足了。这是"天子一食"。诸侯两道饭告饱，大夫士三道饭告饱。至于"食力"者，即从事体力劳动的工匠、商人、农夫，可以一直吃到真饱为止，无须"告饱"。孔疏解释说，这就是有德与"无德"的区别。吃得越少，越显风度。礼制刻意设计成这个样子：让你感觉"贵族以节制为荣"。

尊者使用较小的盛酒器，还可以显示专有、独占。大夫、士的酒尊是众人共用的，容量较大；国君的酒尊仅供个人专用，其小巧的外形，反有"一人独尊"之效，更具尊贵感。现代社会也有"以小为贵"的现象，例如，吃小灶的是一等人，吃大食堂的又是一等

---

[1]《礼记正义》卷二三，阮本，第1432—1433页。

人；小轿车接送的是一等人，挤公交地铁的又是一等人。

还须指出，尊者的酒爵虽然较小，装饰却更为精美。天子、国君之爵，以玉为饰的称"玉爵"，以瑶为饰的称"瑶爵"，以璧为饰的称"璧角""璧散"，以象骨为饰的称"象觚"。至于大夫、士所用之爵，就只有疏刻，而无他饰[1]，简陋得多了。

还不能忽略，酒尊之"尊"固然有崇高之义，但其摆放却是"以下为贵"的，即，摆放得越矮反倒越高贵。《礼记·礼器》：

> 有以下为贵者：至敬不坛，扫地而祭。天子、诸侯之尊废禁，大夫、士棜、禁。此以下为贵也。
>
> 郑玄注：废犹去也。棜，斯禁也，谓之棜者，无足，有似于棜，或因名云耳。大夫用斯禁，士用禁。如今方案，隋长局足，高三寸。[2]

棜、禁是摆放酒器的长方形箱式器架，从出土青铜实物看，也是相当精美华丽的。可参看本书第 20 页图 3 "棜禁诸器"，以及本文图 1。"天子、诸侯之尊废禁"，是说天子、诸侯的酒尊不用器架。"大夫、士棜、禁"，根据郑玄注，应理解为大夫用棜，而士用禁。棜也称"斯禁"，斯禁是无足的；士用禁，禁有足，高三寸[3]。天子、诸侯不用斯禁、禁，其酒尊是直接放在地上的，那就很矮了。大夫的酒尊放在斯禁之上，摆放效果就高得多了；士用的禁有三寸高的足，比大夫的器架又高了三寸，而且其饮酒的缶体形更大，因而更为显眼。身份越高，供其饮用的酒尊摆放得越矮，越不显眼，这又是为什么呢？

---

[1] 可参孙希旦：《礼记集解》卷二三，北京：中华书局 1989 年版，第 638 页。
[2] 《礼记正义》卷二三，阮本，第 1433 页中栏。
[3] 棜、禁的形制用法，参看扬之水：《关于棜、禁、案的定名》，《中国历史文物》2007 年第 4 期。

图 1　梜或斯禁

1. 龙纹禁，西周。2013 年宝鸡石鼓山出土。陕西省考古研究院等：《周野鹿鸣：宝鸡石鼓山西周贵族墓出土青铜器》，上海书画出版社 2014 年版，第 229 页
2. 龙纹禁，西周。1928 年宝鸡戴家湾出土，天津博物馆藏。同上书，第 274 页
3. 龙纹禁，西周。1901 年宝鸡戴家湾出土。美国大都会博物馆藏。同上书，第 251 页

王夫之有一个很迂曲的解释："禁，承尊架也。人君之尊，或用舟，或用丰，皆如盘就地措之，不用禁。'禁'之为言'戒'也，君尊，不敢施戒焉。"[1]王夫之释"禁"为"戒"，这是袭用郑玄了。《仪礼·士冠礼》郑玄注："禁，承尊之器也，名之为禁者，因为酒戒也。"[2]王夫之意谓，此物之所以称"禁"，其寓意是"戒"，即要求使用者节酒，然而对国君是不能施戒的，所以国君的酒尊就不使用禁了。可是郑玄这个"禁＝戒"之说于古无征，跟汉儒的"觚，寡也，饮当寡少"，"觯，适也，饮当自适也"，"角，触也，不能自适，触罪过也"，"散，讪也，饮不能自节，为人所谤讪也"相去不远，都是借助音读率易引申。由于对国君不能施禁，所以就把他的酒尊摆在地上这个论点，殊不足信。

对酒尊的摆放"以下为贵"，前人的解释不如人意。那我来做一尝试吧。古人席地而坐，器物放置得低一些，拿取就方便一些。查阅汉代画像砖石中的宴飨场面，以及汉代壁画中的宴飨场面，餐具与酒具通常都放在地上。若比较春秋以上与秦汉以来的墓葬，就会有两个时代之感。后者早已不拘泥古礼，社会风气高度世俗化了。由此推知，把餐具与酒具放在地上，在汉人心目中是最便利、最随意的做法。顺便说，当代日本民居，往往仍是席地而坐；物品在地上随意放置，也是常见的景象。

从战国宴乐图所见的春秋饮酒场面看，酒尊或放在地上，或放在有足的架子上，两种情况都有。架子的形状类似于俎。酒尊放在架子上，就便于站立酌酒，不必弯腰，这是比较适合于立饮，适合礼书所描述的那种主宾频繁移动、彼此献酒的场面的。

至如国君宴请臣下的燕礼，跟大夫相互宴请就不相同了。据礼书

---

[1] 王夫之：《礼记章句》卷一〇《礼器》，《船山全书》，长沙：岳麓书社2011年版，第4册，第590页。
[2]《仪礼注疏》卷三，阮本，第956页上栏。

所记，在燕礼进程中，国君在席地而坐之后，基本不用起身，他委托宰夫承担献主，代替他频繁走动，与来宾献酬。在这时候，供卿大夫饮酒的两个方壶放在斯禁上，以便主宾站立酌酒。士在堂下站立，供其饮酒的缶就需架得更高一些。供国君饮酒的两个瓦大放在国君对面，把它们直接放在地上，而不是高高架起来，这是最让国君感觉舒适的摆法，因为这样摆放，与国君席地而坐的姿态相符，与国君视线的高度相符，也同国君日常闲居时的习惯相符。就是他人看来，摆在地上的瓦大与安坐席上的国君，在视觉上也最为协调。我这样悬想国君的态度：我是主子，哪怕宴请臣下，一切布置都要让我最便利、最舒适，包括我那两个瓦大的摆放；你们是奴才（"臣"），来我家做客，斯禁上那两个方壶，既代表我一己的显赫，也代表我施给你们的恩惠。可以认为，把礼宾的两个华丽方壶置于华丽的斯禁之上，是用来炫耀的；把一己饮用的瓦大放在地上，是用来提供舒适的。除了前者，后者也是特权：只有国君（及天子）才有资格在燕礼上安坐如山，怎么舒适、怎么便利就怎么待着，随心所欲，卿大夫士全都不能。

可见，可视化等级标识之发挥作用，不仅仅有"线性"的方式，还有各种微妙精巧的方式。酒尊以"尊"为称，也就是以高耸为称，但其使用又是"以小为贵""以下为贵"的。大者贵还是小者贵，高者贵还是低者贵，均须具体分析。酒器等级礼制与现行等级秩序的配合，在各个细节上各有洞天，异彩纷呈。

三　陈设曰尊与奉酒以献

《说文解字》："尊，酒器也。从酋，廾以奉之。""廾"是双手捧物，在"尊"字中所捧的就是酒尊。"廾以奉之"是一个动作，表明了"尊"字也用为动词。"尊"是个什么动作呢？首先是陈设礼器的动作。

安徽寿县蔡侯墓出土铜器，有自名为"飤䕇""飤䵺""飤鼎""头鼎""飤臣""用戈""龢锺""歌锺""行锺""盥缶""盥匜"的，也有自名为"尊缶""尊盘""尊匜"的。唐兰认为，器名之前的限定词之异，涉及了器物的功用之异：

> 称为"尊缶""尊盘""尊匜"等器，跟"盥缶""盥匜"，显然是有区别的。凡称为"尊"的器，是指在行礼时放置在一定的位置的器。《左传》昭公十二年说："以文伯宴，樽以鲁壶。"《士冠礼》"侧尊一甒醴在服北"，郑玄注"置酒曰尊"。胡培翚《仪礼正义》说："置酒谓之尊，犹布席谓之筵。皆是陈设之名，非谓酒器。'侧尊一甒醴'，犹言特设一甒醴耳。"这个说法是很正确的，鼎在铭刻里有时称为"尊鼎"，可见即使并非盛酒之器，也可以称尊，"尊鼎"等于是陈设用的鼎；"食鼎"则是食用的。"尊缶""尊匜"是陈设用的缶和匜，"盥缶""盥匜"则是盥洗用的。这正如在锺里面，有"龢锺""歌锺""行锺"之别。功用不同，名称也就不同。[1]

"尊"为"陈设"之意，在古文献中有很多例子。除了唐兰上文列举的那一例，又如《仪礼·士冠礼》："尊于房户之间"；《士昏礼》："尊于室中北墉下"；《大射仪》："司宫尊于东楹之西两方壶"；《士虞礼》："尊于室中北墉下，当户，两甒醴、酒"。这些"尊"字都是动词，指的都是在典礼上陈设酒器[2]。所以"尊+器

---

[1] 唐兰：《〈五省出土重要文物展览图录〉序言》，收入《唐兰全集》，上海古籍出版社2015年版，第3册第989页。
[2] 分见《仪礼注疏》卷三、卷四、卷一六、卷四二，阮本，第956页上栏、第963页中栏、第1029页中栏、第1167页中栏。"尊"作为动词，还有一种用法。《礼记·礼器》："盛于盆，尊于瓶。"阮本，第1435页。这个"尊"是向瓶中注酒，也是对尊施加的一种动作。

名",也表明此器是在典礼上用于陈设的。

对器物自名现象,后来学者又提供了更多分析,进一步显示自名中的限定词涉及了此器的特征、性质、用法[1]。诸如"尊缶""尊盘""尊匜""尊簠""尊鬲""尊壶""尊罍""尊瓽""尊盉"之类自名,若依唐兰之说,都是陈设于行礼场合的器物。虽然也有学者觉得,这些器名里的"尊"字只是尊、高之意,类似"宝鼎"之"宝"。不过尊、高与"陈设"其实并无矛盾。强调其尊、其高也就是强调观赏效果,也就表明了此器不是用于"食""盥"等等的实用器具,而是用于陈设以供观赏的器具。

黄盛璋赞成唐兰的意见:"同一人所作之器,即有一称'宝×',一称'尊×'之例,可证尊器仅表示其器尊贵,与用途无涉","至于对称时如蔡侯两缶,一称蔡侯盥缶,一称蔡侯尊缶,称尊缶的可能是表示此缶行礼时可用于陈列,所以较为尊贵,而称盥缶的则为一般用器,不用于行礼时陈设,以别于用作礼器之尊缶"。若同一形制的两件器物或"尊"或否,那么称"尊"的那一件显然就是用于陈设的,"蔡侯尊缶""蔡侯盥缶"便是一个好例子。黄盛璋进而推论:"按'尊'字为双手奉酒器之象,当象在宗庙祭祀中奉酒敬神,本意实为动词,解为酒器系由此引申而来,至尊贵意则更由宗庙祭器引申。"[2]"尊器"陈设于隆重典礼之上,典礼的隆重程度,决定了那些礼器、酒器的尊贵程度。

《说文解字》释"尊"为"廾以奉之",目的是"以待祭祀、宾客之礼"。谭戒甫也认为"尊"是奉酒之意,但他所强调的不是奉酒

---

[1] 如张亚初把鼎名分为16类132种。见其《殷周青铜鼎器名、用途研究》,《古文字研究》第18辑,北京:中华书局1992年版,第273页以下;陈双新把钟、镈自名中修饰语分为5大类32种。见其《青铜乐器自名研究》,《华夏考古》2001年第3期。何颖也以器形为纲,对其各种自名做了分类归纳。见其《先秦青铜酒器自名研究》,河南大学2013年硕士论文。
[2] 黄盛璋:《释尊彝——奠器说正谬》,收入其《历史地理与考古论丛》,济南:齐鲁书社1982年版,第343—344页。

之器，而是所奉之人，即奉酒致敬的对象："按酌酒实尊，必双手奉上以示敬，引申为凡尊敬之称。"作册夨令簋："尊俎于王姜"，"用尊事于皇宗"；殷器邲其卣："王□尊文武丁。"对这三条铭文，谭戒甫指出前一个"尊"就是"待宾客"，后两个"尊"就是"待祭祀"[1]。这样，就把《说文解字》所说的"以待祭祀、宾客之礼"，从"人"的方面具体化了。无论是以酒奉生人，还是以酒奉鬼神，都属"尊礼"，被奉酒的对象也就是"尊者"了。礼器之所以称"尊"，源于奉酒以献；人之所以为"尊"，也来自奉酒以献。

春秋礼制又有了不小发展，很多物品都被等级化了。在祭祀、宴飨之礼上，不光要奉酒，也会奉食，奉食所使用的鼎、簋、豆等食器，也有等级差异，可以区别尊卑。何休云："礼祭，天子九鼎，诸侯七，卿大夫五，元士三也。"[2]《周礼》又云"王日一举，鼎十有二"，这"鼎十有二"，据郑玄说包括"牢鼎九，陪鼎三"[3]。这就形成了一个列鼎等差。"列"既有"组合"之义，也有"陈设"之义。列鼎的研究者提出，天子之所用鼎，可能如《周礼》所云最高为十二鼎；西周末及东周以来，卿士、诸侯最高也用九鼎（有时还有陪鼎）；鼎与簋是搭配使用的，如九鼎八簋、七鼎六簋之类[4]。又如豆的使用，同样等级鲜明。《礼记·礼器》："礼有以多为贵者……天子之豆二十有六，诸公十有六，诸侯十有二，上大夫八，下大夫六。"同书《乡饮酒义》："六十者三豆，七十者四豆，八十者五豆，

---

[1] 谭戒甫：《周初矢器铭文综合研究》，《武汉大学学报》1956年第1期。
[2] 《春秋公羊传注疏》卷四，阮本，第2214页上栏。
[3] 《周礼注疏》卷四，阮本，第660页上栏。
[4] 参看郭宝钧：《山彪镇与琉璃阁》，北京：科学出版社1959年版，第13页；北京大学历史系考古教研室编：《商周考古》，北京：文物出版社1979年版，第203页以下；俞伟超、高明：《周代用鼎制度研究》，《北京大学学报》1978年第1、2期，1979年第1期。李学勤：《东周与秦代文明》，北京：文物出版社1984年版，第203页。相关研究还有一些，也有学者强调"列鼎"制度的复杂性，如林沄：《周代用鼎制度商榷》，《史学集刊》1990年第3期。

九十者六豆,所以明养老也。"[1]

　　由此可见,食器的等级性也很鲜明,那么,为什么酒尊独"尊"呢?为什么古人说"尊卑"却不说"鼎卑""豆卑"呢?一言以蔽之,就因为"尊"这个词是商族造出来的。一个统计显示,晚商时酒器占青铜礼器的70%弱[2]。另一统计显示,殷墟四期青铜礼器中的酒器占比,第一期为79%,第四期为69%[3]。商人嗜酒,可见一斑。所以是从酒器之名而不是食器之名中,派生出了"尊"这个身份用词。学者指出:"从出铜礼器的成批墓葬材料中可以看到,西周早期以后,礼器中食器的比重逐渐加大,酒器则相对地减少。到了西周晚期至东周初期,最常见的礼器是鼎、簋、盘、匜、壶五类,鬲、甗、豆次之,酒器则居于更次要的地位"[4];"西周中叶以前,酒器的比重较大,可以说是'重酒的组合'。西周中叶以后,酒器减少,食器增多,逐渐变为'重食的组合'"[5]。周初"限酒令"看来相当有效。"重酒的组合"体现为"爵+觚"组合,"重食的组合"体现为"鼎+簋"组合。"鼎"成了政权的象征,成了一个政治符号。但人们依然说"尊卑"而不说"鼎卑",究其原因,就是商人是文字创造者,他们先行把酒尊之"尊"引申为尊卑之"尊"了。这就是"先下手为强"的道理。说到这里,难免有人会这么想:若周在商前,或周前无商,没准儿"尊卑"这个词真会变成"鼎卑"的。

　　但仍要指出,在出土实物中,西周中期后,酒器数量远不如食器这样一点,能证明食器使用频度高,但不能证明酒器不尊贵。周统治者要求"无彝酒",即日常生活中不得纵酒。酒不喝也死不了

---

[1] 分见《礼记正义》卷二三、卷六一,阮本,第1431页下栏、第1683页中栏。
[2] 郭宝钧:《商周铜器群综合研究》,北京:文物出版社1981年版,第122页。
[3] 岳洪彬:《殷墟青铜礼器研究》,北京:中国社会科学出版社2006年版,第305页。
[4] 北京大学历史系考古教研室:《商周考古》,北京:文物出版社1979年版,第203页。
[5] 郭宝钧:《商周铜器群综合研究》,第91页。

人，一日两餐则不能少，天天都得吃饭，所以食器比重大，酒器比重小。但祭祀、礼宾之时，酒仍不可或缺，因为在祭祀与礼宾之时，奉食远不如奉酒的致敬功能强大。众所周知，以酒致敬是各个社会的普遍习俗，古今中外大抵如此。那绝非偶然，而是酒精（乙醇）麻醉神经、刺激大脑的强大功能所决定的。饮酒所造成的兴奋欣快，至今没有任何一种食品可以相比，除了毒品。饭食更难以相比，无法取而代之。如果你经常参加宴请，就会发现有酒或无酒，气氛判然不同。对这一点，早在原始社会饮用自然果酒的先民那里，就已充分感知到了。所以周朝酒器的等级意义，我认为并未衰颓，整齐精致的酒器等级制是在周朝衍生出来的，便是明证。只有祭祀、礼宾时才能饮酒，反将造成"物以稀为贵"，变成偶或一遇的盛会。

不但酒器有等级之别，就连酒本身也有等级之别。不同种类的酒也是尊卑各异的。醴与酒相比，则醴尊于酒，所以贵族飨礼及冠、昏、聘、丧等典礼用醴，而乡里的饮酒礼只用酒；玄酒、醴醆、粢醍、澄酒四者等而下之，祭祀时需分别放置在室、户、堂及堂下等不同地方[1]。

"酒"与"礼"的联系千丝万缕。苏秉琦认为"酉"字是尖底瓶之象形："由它组成的会意字如'尊''奠'，其中所装的不应是日常饮用的水，甚至不是日常饮用的酒，而应是礼仪、祭祀用酒。尖底瓶应是一种祭器或礼器，正所谓'无酒不成礼'。"[2]王国维认为，用来盛玉而奉神人的器具谓之"豊"，"推之而奉神人之酒醴亦谓之醴"，再进一步，"奉神人之事"便通谓之"禮"了[3]。杨宽也认为"禮"源于"醴"："醴"是用来敬献的高贵礼品，飨礼上的献醴仪

---

[1] 可参见周聪俊:《说醴》,《第三届中国文字学国际学术研讨会论文集》,台北:辅仁大学出版社1992年版,第236页。
[2] 苏秉琦:《关于重建中国史前史的思考》,《考古》1991年第12期,第1114页。
[3] 王国维:《观堂集林》卷六《释礼》,北京:中华书局1959年版,第291页。

式称为"豊";这种敬献仪式既用于贵宾,也用于贵神,因而"豊"又从"示"作"禮"。推而广之,凡是用醴来敬宾的仪式,也都称为"禮"了。杨宽还引凌廷堪之说以证之:"凡宾主人行禮毕,主人待宾用醴,则谓之禮;不用醴,则谓之傧。"[1]虽然王国维、杨宽对"豊"字构形的解释还有推进余地,裘锡圭、林沄另有更好解说[2],但"醴"与"禮"存在密切关系这一点,仍显而易见。周聪俊概括说:"(豊)字从珏从壴以会'行禮'之义,进而奉神祇之酒醴则谓之醴,奉神祇之事谓之禮,初皆用豊,其后分化为'醴''禮'二字,各有专字可役。"[3]诸家说法虽不尽相同,但都反映了"醴"与"禮"相为表里,醴酒在上古典礼中具有特殊意义,进而酒器在上古典礼之中,也具有了特殊意义。

四 "卑"字来源臆测:低矮低贱之饮器?

表示"低下"之义时古人使用"卑"字,如尊卑、崇卑、高卑等。甲骨文有"陴"字,陴就是城墙上的矮墙。卑、陴二字之关系,也许类似于尊、鐏二字之关系。朱凤瀚说尊字"加阜旁说明此字本为崇高之义",则卑字加阜旁,也许说明卑字本有卑下之义。

尊、崇、高等字,都有具体所象之物,分别象酒尊之高、象山

---

[1] 杨宽:《西周史》,上海人民出版社2003年版,第768页以下。
[2] 裘锡圭认为:"豊字应该分析为从壴从珏","本是一种鼓的名称"(《甲骨文中的几种乐器名称——释庸、豊、鞀》,《中华文史论丛》1980年第2辑,第71—72页)。又林沄:"豊字何以从珏从壴,这是因为古代行礼时常用玉和鼓。孔子曾经感叹说:'礼云礼云,玉帛云乎哉!乐云乐云,锺鼓云乎哉!'这至少反映古代礼仪活动正是以玉帛、锺鼓为代表物的。"(《豊豐辨》,《古文字研究》第12辑,北京:中华书局1985年版,第183页)郑杰祥又云"礼"字中的"玉"是一种棒状玉器,上有粗节,它在早期高级墓葬中经常被发现(《释礼、玉》,收入《华夏文明》第1辑,田昌五主编,北京大学出版社1987年版,第355页以下)。
[3] 周聪俊:《说醴》,《第三届中国文字学国际学术研讨会论文集》,第236页。

峰之高、象台观之高。类似现象,又如"廣"的本义是殿上的大屋;"薄"的本义是苇、竹编织物,如席、帘之类,"蚕薄"即蚕帘;"短""矮"二字从矢,乃因为"有所长短,以矢为正"。以此类推,"卑"字可能也关涉着某种具体事物。这个事物,第一应是常见的东西,有代表性;第二是能给人低矮卑下之感,故卑字本有卑下之义;第三,这东西还可能跟"尊"字所涉事物是同类事物,同类事物就容易形成对比,也便于对比。

许慎释"卑":"贱也。执事者。从ナ甲。"[1]"ナ"即左手,许慎把"卑"说成是左手持甲之形,那"甲"是什么东西呢?有人提出"甲为带柄器械状","持械做事为下等人所为,卑贱。"[2]刚才提到"尊"有二义:"高耸"与"高贵";与之相应,"卑"字也有二义:"低贱"与"低矮"。"执事"的身份虽可以同"低贱"联系起来,跟"低矮"却没有必然关系,"下等人"中也有身材高大的人吧。

另有一些推测,则把"卑"跟酒器联系起来了,认为"卑"字的手持之物是缶、扁壶或横壶之类。这样一来,就跟"尊"来自酒尊,字作手持酒尊之形这一点,相映成趣了。下面把若干论点简述如下,以供参考。

高田忠周认为卑字从缶:"今据金文,字明从甶、从反攴","因谓甶为缶名,缶、甶,贱者所取之器","即贱者执事之意在焉"[3]。林义光看法略同,也认为卑字从甶,"甶,缶也"[4]。"缶"可以用为酒尊。许慎:"缶,瓦器,所以盛酒浆。"[5]在饮酒典礼上,缶被用作盛酒器之一。如前所述,在飨礼上,君主用的瓦甒大五斗,大夫

---

[1] 许慎:《说文解字》卷三下,第65页上栏。
[2] 李学勤主编:《字源》,天津古籍出版社、沈阳:辽宁人民出版社2012年版,第226页右栏,卑字条。
[3] 高田忠周:《古籀篇》,台北:大通书局1982年版,第1425页。
[4] 林义光:《文源》,上海:中西书局2012年版,第236页。
[5] 许慎:《说文解字》卷五下,第109页上栏。

用的壶大一石，没资格登堂入室，立于堂下的士使用缶，缶容量大于壶。就缶的使用者身份最低而言，缶是可以跟"低贱"联系起来的；但就容量而言，缶反而是最大的，外形并不低矮。

马叙伦也加入讨论，斟酌诸说而下己意，称林义光的"缶也，手持之"之说"亦可从"，不过最终，"伦谓朱说为是"[1]。"朱"就是清人朱骏声。朱骏声认为"卑"字中左手所持的，应是一件"圆榼"，是酒器之象形：

> 按许说形声义俱误。此字即椑之古文，圆榼也，酒器象形，ナ持之，如今偏提一手可携者。其器椭圆，有柄，故《考工·庐人》注云："齐人谓柯斧柄为椑。椑，椭圆也。"《广雅·释器》："匾榼谓之椑。"《史记·大宛传》注"饮器，椑榼"。索隐："谓今之偏榼也。"字亦作匾。《纂文》："匾匾，薄也，不圆也。"犹《广雅·释木》"下枝谓之椑榹"。《一切经音义》："关中呼广薄为㮺匾也。"从匚扁声，匾、卑双声。转注为尊卑。凡酌酒必资乎尊，礼器，故为贵；椑者，如《左传》"摄榼承饮"、《孔丛子》"子路嗑嗑尚饮十榼"，便于提携、常用之器，故为贱。亦如货贝有贵贱，转而为人贵贱之称也。[2]

朱骏声认为"卑"是"椑"的本字，而"椑"就是圆榼、匾榼之类扁圆形的酒器。其"凡酌酒必资乎尊，礼器，故为贵"之说，跟段玉裁的"酌酒者必资于尊，故引申以为尊卑字"如出一辙，但朱氏的推进之处，是把"尊卑字"中的"卑"字也落实为酒器，落

---

[1] 马叙伦：《说文解字六书疏证》卷六，北京：中国书店1985年版，第2册第80页。
[2] 朱骏声：《说文通训定声·解部》，北京：中华书局1984年版，第533页。

实到一种低廉便携的常用酒器之上了，其器形特点一是椭圆，二是广薄或扁。又王念孙也认为"椑之言卑也"，"然则正圜者谓之榑，圜而匾者谓之椑"，"匾与椑一声之转"，而"匾榼谓之椑"[1]。总之，朱、王二氏都认为椑、卑息息相关，而"椑"既指涉盛酒器，又指涉扁圆形，所以椑榼亦名匾榼。

由此推想"卑"字中的手持之物，可能是某种扁圆形的常用品，古人举目即见，便从中抽象出了一个"扁圆"之义。因为这东西质料为木，所以又给"卑"字增加"木"旁，作"椑"；因为这东西外形低矮，所以又有了"卑"义。

正如环、方、角等词，既可以指具体事物，如玉环、土方、墙角，也可以指抽象的环、抽象的方、抽象的角一样，椑（卑）既可以指某种具体器具，也可以指抽象的扁圆。这抽象的扁圆所涉具体器具，也有两类：立置的扁圆器具，平置的扁圆器具。

"椑"以其"扁圆"之义冠之于榼，便有了"椑榼"之名，"椑榼"又称"匾榼"，也就是形体扁圆的扁壶。扁壶是立置的扁圆器具。"椑"以其"扁圆"之义冠之于盘，便有了"卑匜"之名，"卑匜"又称"匾匜"，也就是盘、盆之类。盘、盆是平置的扁圆器具。这一点可参王念孙："《篆文》云：'匾匜，薄也。今俗呼广薄为匾匜，关中呼䃺匜。'器之大口而卑者，与广薄同义，故亦有瓯题之名。又匾匜与䃺匜一声之转，大口而卑者谓之瓯，犹下文匾榼谓之椑矣。"[2]"卑匜""椑榼"中的卑、椑二字，把非扁圆形的盘或榼排除在外，区分开来了。在日常生活中，扁壶、圆盘随处可见，在人们心目中，二者就是扁圆形的主要代表。

---

[1] 王念孙：《广雅疏证》卷七下《释器·匾榼谓之椑》，上海古籍出版社2016年版，第1122—1123页。
[2] 王念孙：《广雅疏证》卷七下《释器·题瓯瓯也》，第1110—1111页。

现代学者推定"椑"为扁壶[1]，也有释之为横形壶的[2]。"椑"字从木，这表明"椑"是竹木制品。金属扁壶另行写成"錍"。另有一个"甈"字，从卑从瓦，"瓦"是陶器的通称，"甈"则为陶质的瓶形容器，虽不是扁圆的，但陶扁壶的出现也很早。山西襄汾陶寺遗址出土了一件朱书"文"字陶扁壶，距今4000年以上[3]，当是最古老的扁壶之一。在古人的记忆中，最早出现的竹木陶器最简陋，是庶人用的，所谓"古者污尊抔饮，盖无爵觯樽俎。及其后，庶人器用即竹柳陶匏而已"[4]。若拿庶人用的竹木椑或陶椑跟精美富丽的青铜礼器相比，前者很容易引发"低贱"之感。

　　与之同时，椑作为私家日用品或"便于提携、常用之器"[5]，其体形又很小。铜錍的容量有三四斗的[6]。至于削竹而成的竹椑、挖木

---

[1] 孙机："榼是包括圆、方、扁各类器形的酒器，而椑则专指匾榼即通称之扁壶而言。"见其《说"椑"》，《文物》1980年第10期，第81页。裘锡圭："汉代所说的榼通常就指扁壶。"见其《说鈚、榼、椑榼》，收入《古代文史研究新探》，南京：江苏古籍出版社1992年版，第584页。朱凤瀚："椑可能是指状似扁壶而腹横截面为椭圆形者。"见其《中国青铜器综论》，第225、231页。
[2] 林巳奈夫以临沂银雀山出土与临沂画像石中的卧式圆筒形盛酒器为椑榼。见其《漢代の文物》，京都大学人文科学研究所1976年版，第98页，图5-154、5-155。黄盛璋强调前后之扁和上下之扁有别，"凡扁则上下必变卑短，而左右变长阔，故扁圆谓之椑，此'椑'从'卑'声，在字义上所以具有卑、短、圆之义的来源"，"椑榼只能是横形壶"。见其《关于壶的形制发展与名称演变考略》，《中原文物》1983年第2期。冀小军也从"上下厚度"与"前后厚度"的区别出发，认为椑榼"指古代一种器身呈卧式圆筒形的盛酒器"。见李学勤主编：《字源》，第523页左栏，椑字条。
[3] 李健民：《陶寺遗址出土的朱书"文"字扁壶》，《中国社会科学院古代文明研究中心通讯》第1期，2001年1月。收入解希恭主编：《襄汾陶寺遗址研究》，北京：科学出版社2007年版，第620页以下。
[4] 桓宽：《盐铁论·散不足》。王利器：《盐铁论校注》，北京：中华书局1992年版，第351页。
[5]《左传》成公十六年（前575年）晋楚鄢陵之战："使行人执榼承饮，造于子重。"杨伯峻：《春秋左传注（修订本）》，北京：中华书局2016年版，第973页。随军携带的酒榼，想来不会很大。那么这条史料也算是一个旁证，它暗示榼体形较小，具有便携性。
[6] 1974年山西太原出土了一件铜扁壶，有铭文"土匀容四斗錍"，高31.5厘米，容量7500毫升。以此推算，其时一斗合今1750毫升，一升合今175毫升。参看胡振祺：《太原检选到土匀錍》，《文物》1981年第8期。又襄汾陶寺出土的那件"文"字扁壶，似属礼器，高约27.4厘米。由其高度推测其容量，只三斗左右。

而成的木椑，其容量可能连一斗都达不到，数升而已[1]。比之崇高的青铜礼器，比之容五斗的瓦甒、容一石的方壶，竹木椑的体积不及其1/5、1/10，必然是非常"低矮"的。总之，至少就竹木椑而言，是可以兼"低贱""低矮"而有之，一身二任的。

除了"前后扁"的椑榼，朱骏声、王念孙所提到的卑匜、區匜，也就是"上下扁"的圆盘，也不妨纳入视野。盘子通常用为食器、水器，但也是可以用为酒器的。贵族财力雄厚、器具种类繁多，有专用的青铜酒器；至如普通人家的木盘、瓦盘，就难免一器多用，兼为酒器了。战国以来，贵族饮酒开始流行椭圆形的扁腹耳杯了。汉墓出土的"卑匜"，其器形为圆盘，是用作食器的；同时出土的耳杯，则兼为食器与酒器[2]。由汉墓中卑匜与耳杯的情况向上追溯，耳杯也许是由圆盘分化、演变而来的，因有双耳，盘身就变成椭圆形了。瓦质的盘称"甌"或"甌题"，被认为不足以登

---

[1]《初学记》卷二八《竹》引晋郭义恭《广志》："汉竹，大者一节受一斛，小者数升为椑榼。"（北京：中华书局1962年版，第694页）可见椑榼之小者，其容量只有数升，连一斗都不到。作为盛酒器，确实过小了。又《史记》卷一二三《大宛列传》："匈奴破月氏王，以其头为饮器。"集解引韦昭："饮器，椑榼也。"司马贞索隐："谓今之偏榼也。"（北京：中华书局2014年版，第3806页）或云，这件头骨饮器应是饮酒器，而不是盛酒器。传世的头骨饮器都是半圆形的，与椑榼形状不同。半圆形头骨的容积，实测约500—700毫升（谨此向进行实测，为我提供帮助的热心朋友致谢）。韦昭及司马贞用椑榼来解释头骨饮器，虽有不妥，但由此可知，韦昭、司马贞二人所熟知的椑榼，跟人的头骨容积相近。成人头骨容积约1500毫升，若以175毫升为一升，则大小相近的椑榼容积约八升多；若以200毫升为一升，则为七升半，都不到一斗，跟《广志》"小者数升为椑榼"之说大致相合。这样的竹椑榼只有铜质"容四斗鐏"的1/5那么大。《北史》卷一九《元韶传》："马脑榼容三升，玉缝之。皆称西域鬼作也。"（北京：中华书局1974年版，第708页）这件来自西域的玛瑙榼小至三升，不代表汉地竹木椑榼的习惯形制。

[2]江陵凤凰山一六八汉墓遣策所见，有"食大卑匜""炙卑匜""尺卑匜""八寸卑匜""绪卑匜""脍卑匜"等名，相应的实物都是小圆盘（B型盘），计24件；耳杯100件，有自书"钦柯"的，也有自书"画杯""鱼杯""黑杯"等。可参湖北省文物考古研究所：《江陵凤凰山一六八号汉墓》，《考古学报》1993年第4期。又马王堆一号汉墓出土小盘20件，遣策称"卑匜"，书有"君幸食"，应系食器；同墓出土的耳杯，遣策称之为"小具杯"，其50件书有"君幸食"，其40件书有"君幸酒"，分别为食器与酒器。可参湖南省博物馆、中国科学院考古研究所：《长沙马王堆一号汉墓》，北京：文物出版社1973年版，上册第77、82—83、87页。

大雅之堂[1]，属于"陋器"[2]，甚至是用来喂狗的[3]。外形扁圆、"大口而卑"的卑匪、匾匪，即木盘、瓦盘，也会被平民用来饮酒，而这可能是卑字"低贱"之义的又一来源。哪怕只作为日常容器，不作为酒器，卑匪、匾匪也是可以跟青铜礼器形成对比的。

从心理规律说，在"近取诸身，远取诸物"时，或在取譬引喻之时，最容易形成对比的，必定是同类事物，如"黄钟弃毁"与"瓦缶雷鸣"之对比，如"鲲鹏"与"蓬间雀"之对比，如"金玉缘"与"木石盟"之对比。贵、贱之所以成为反义词，也是因为二者都指钱币。马叙伦："以贞、贱为小贝推之，疑贵是大贝。"[4]"贱"是小贝，若以"贵"为大贝，则贵、贱二者好比一元硬币与一角硬币的关系[5]。总之，段玉裁所谓"贵、贱本谓货物，而引申之也"，王念孙所谓"亦如货贝有贵贱，转而为人贵贱之称也"，都可以取信。基于同一规律，与"尊"形成对照、构成两极的，在古人视野中会是哪些器物呢？

这样看来段玉裁"凡酌酒者必资于尊，故引申以为尊卑字"的论断，朱骏声"凡酌酒必资乎尊，礼器，故为贵"，椑榼、卑匪"便于提携、常用之器，故为贱"的论断，便不无道理了。当古人的视线从盛大典礼上雄伟壮观的青铜酒尊，从崇高富丽的"金罍""兕

---

[1]《楚辞·七谏》："甑瓯登于明堂兮，周鼎潜乎深渊。"洪兴祖：《楚辞补注》，北京：中华书局2006年版，第1157页。意谓甑瓯本不该进入明堂。
[2]《说苑·反质》："瓦甑，陋器也。"向宗鲁：《说苑校证》，北京：中华书局1987年版，第529页。
[3]《淮南子·说林》："狗彘不择甑瓯而食。"张双棣：《淮南子校释（增订本）》，北京大学出版社2013年版，第1765页。
[4] 马叙伦：《说文解字六书疏证》卷一二，北京：中国书店1985年版，第4册第66页。
[5] 还有另一可能，"贵"是一篑贝，即一筐贝、很多贝。《说文解字》卷六下："贵，从贝，臾声。臾，古文蒉。"第131页上栏。从贝从臾的这个"贵"字是战国时出现的。臾被认为与蒉、遗及馈相关。参看季旭升：《说文新证》，福州：福建人民出版社2010年版，第542页；李圃主编：《古文字诂林》，上海教育出版社2004年版，第6册第229—232页。蒉是筐或簸箕。贵字由贝、臾组成，也许是用来支付的一筐贝之象形。遗、馈意为投赠。

觥"""金斗""玉卮"移开,转观卑小简陋的日用木桸、卑匜之时,低矮、低贱之感,就将油然而生。

"卑"的字形到底该怎样解释,尚没有众望所归的答案。而清人留下了一个思路:"卑"由某种同"尊"外形相反、构成对照的日常容器引申而来,这想法未必毫无价值。概而言之,存在着一种可能,"尊"来自高大华贵的青铜酒器,"卑"来自扁圆形的木桸、卑匜,木桸、卑匜就是那种同"尊"外形相反、构成对照的,给人低矮、低贱之感的日常容器。

* * *

"酒之尊"与"人之尊"存在着内在联系,尊贵之"尊"是从酒尊之"尊"引申而来的。其间联系,首先就是青铜礼器或酒器的"高耸"与"高贵"。进而"以小为贵""以下为贵"又提示人们,酒尊以其视觉效果发挥等级功能的途径是多样化的,其间的用意与感受也是多样的。"尊"作为动词,本义是置酒、奉酒。"陈设曰尊",表明青铜礼器最具可炫耀性;"奉酒曰尊"又表明,无论是奉鬼神还是奉宾客,酒最具致敬功能,酒器便成了礼典的核心要素。清代学人提示,卑、桸相关。木桸、卑匜的低矮、低贱,跟青铜礼器的高耸、高贵构成两极。当然,这一点有待考古文字学者来证实或证伪。

"酒之尊"与"人之尊"的关系给人的启发,就是前行政化时代的等级秩序,仍带有浓厚的原生性,其时身份展示、地位标识,在更大程度上要借助于物化的、可视的方式,包括借助于酒尊。"尊"字的一词二义,便是酒尊之等级功能在汉语史上留下的痕迹。

"当代学术" 第一辑

美的历程
李泽厚著

中国古代思想史论
李泽厚著

古代宗教与伦理
儒家思想的根源
陈　来著

从爵本位到官本位（增补本）
秦汉官僚品位结构研究
阎步克

天朝的崩溃（修订版）
鸦片战争再研究
茅海建著

晚清的士人与世相（增订本）
杨国强著

傅斯年
中国近代历史与政治中的个体生命
王汎森著

法律与文学
以中国传统戏剧为材料
苏　力著

刺桐城
滨海中国的地方与世界
王铭铭著

第一哲学的支点
赵汀阳著

生活・讀書・新知 三联书店 刊行

"当代学术" 第二辑

七缀集
钱锺书 著

杜诗杂说全编
曹慕樊 著

商文明
张光直 著

西周史（增补二版）
许倬云 著

拓跋史探（修订本）
田余庆 著

近代中国社会的新陈代谢
陈旭麓 著

甲午战争前后之晚清政局
石　泉 著

民主四讲
王绍光 著

心灵秩序与世界历史（增订本）
奥古斯丁对西方古典文明的终结
吴　飞 著

海德格尔与伦理学问题（修订版）
韩　潮 著

生活·讀書·新知 三联书店 刊行

"当代学术"第三辑

三松堂自序
冯友兰著

中国文明起源新探
苏秉琦著

美术、神话与祭祀
张光直著

杜甫评传
陈贻焮著

中国历史通论
王家范著

清代政治论稿
郭成康著

无法直面的人生（修订本）
鲁迅传
王晓明著

反抗绝望（修订版）
鲁迅及其文学
汪　晖著

竹内好的悖论（增订本）
孙　歌著

跨语际实践（修订译本）
刘　禾著

生活・讀書・新知 三联书店 刊行